法制度からみる現代中国の統治機構

その支配の実態と課題

熊達雲
Xiong Dayun

明石書店

まえがき

1923年1月29日、中華民国の創立者孫文は『中報』創刊50周年記念特集に「中国革命史」を発表し、中国の発展のために3段階の路線図を描いてみせた。彼がいうには、中国の革命は「軍政の時期」、「訓政の時期」と「憲政の時期」に分けて進めなければならないと。翌年、彼はさらに「国民政府建国大綱」を著し、具体的に3つの段階でそれぞれ推し進めなければならない課題および推進方法を解説した。自ら立てた路線図を実践に移すことができなかった孫文の後を受け継いだ蔣介石は、孫文が描いた訓政のビジョンを脇に置き、国民党の一党専制を仕上げることに余念がなかった。その結果、国民党の腐敗をもたらし、共産党と政権を争う国内戦争に負けてしまうことになった。

中国共産党が勝利を手にするであろうと鋭い観察力を持っていた民主同盟の責任者黄炎培は1945年7月に国民参政員として共産党指導部の所在地延安を訪問し、共産党のトップ毛沢東と徹夜で懇談を行ったという。懇談中に黄は毛沢東に対し、中国共産党は政権を勝ち取った場合に、「其興るや勃なり、其亡ぶや忽なり」という王朝交替の周期律をいかに免れるつもりかを質問した。それに対し、毛沢東は思い切って次のように答えたという。「われわれは新しい道を見つけ、このサイクルを抜けることができる。この新しい道とは民主主義である。人民に政府を監督させて初めて政府は仕事に懈怠することができず、すべての人が責任を持って行動すれば、指導者がいなくなっても政権が終わってしまうことがない」と。

中国共産党は政権を勝ち取り、今年で65年目になる。前半の30年は毛沢東が最高責任者として自分のセリフを忘れなかった模様である。彼はいつも自分が創立した共産党に対し疑いをかけ、共産党の構成員、特に多かれ少なかれ権力を手にしている共産党の役員に対する警戒心を緩めなかった。人民に政府を監督させる方法としては「大鳴、大放、大字報、大弁論」という「四大自由」を発明し、憲法にも盛り込んだ。つまり、国民に政府役員や直接の上司に対し、いつでも公開に批判できる権力を授与したことになる。ただし、「四大自由」は毛沢東によって歪められて、自分の政敵を攻撃する武器となり、文化大革命の混乱をエスカレートさせた原因の一つでもあった。「四大自由」に欠陥があるものの、国民の鋭い監督の下に置かれて、共産党の役員や官僚たちの腐敗が大きく抑えられたのも事実で、「誤った文化大革命を引き起こした」といった政治的過誤を犯したとされた毛沢東が逝去して40年近く経ったいまでも一般国民の多くに尊敬されているのはそのためであろう。

改革開放政策が実施されて三十数年経過した現在、国民の生活水準は大きく改善されたが、共産党に対する国民の信頼は向上するどころか、一向に下がり続けた。国民が政府役員や各級の権力者を監督する「四大自由」が社会の不安定要因とされ、憲法から排除された。しかしそれに代わる新しい監督のシステムが開発されず、国民が無力な地位に追い込まれた。その結果、政府役員や権力者が監督を受けずに、恣意に公の財産を私腹化することができる「腐敗天国」に入ったのも同然である。今現在、「汚職をしない役員がほとんどいない時代になってしまったかなあ」と国民に嘆かれるほどである。共産党の最高指導部さえこのまま放置しておけば、「共産党が滅び、中華人民共和国が崩壊しかねない」という危機意識を深め、「王朝交替」の周期律に直面しなければならなくなった。

冷静に振り返れば、改革開放後の三十数年間、中国政府は経済成長に絶大な力を注いだが、導入しつつあった市場経済の性質に合わないような政治の仕組みの見直し、新しい政治、法制の整備への取り組みにまったく手をつけなかったかといえば、そうではない。しかし、経済発展への取り組みと比べれば、政治改革への熱意がそれほど高くないのも事実であった。したがって、現在の中国は経済の足と政治の足が揃わない巨漢となっており、走行のスピードが速くなると倒れるかもしれないと国民から心配されている。

本書で取り扱われているのはまさに経済の足より短い政治、法制の足である。ただし、経済の足より短いものの、身体が伸びるに従い、その他の器官も伸びていくのと同じように、政治、法制の足も経済の発展とともにそれなりに伸びた。ただ、両足の伸び方が均等ではなかった。本書の内容を10年前に筆者が執筆した『現代中国の法制と法治』(明石書店、2004年)と読み合わせれば、その成長ぶりが判明すると思う。

本書に目を通せば、中国の現行政治、法制度に改革しなければならないところが多くあることがわかるであろう。最高指導部を含む中国人も同じような感想を持っているものが多いと思われる。したがって、習近平を総書記とする中国共産党指導部はその問題の厳重性を悟り、中国の現行体制に関する「理論に対する自信、制度に対する自信、道に対する自信」を強調しながら2013年年末に開催された第18期中央委員会第3回全体会議（3中全会）で未来10年間にわたる高層部の改革のビジョンを打ち出した。本書は中国現状の記録であるが、10年後の中国に変化があるか、どこに変化が起こったかをみる一つの参照物となるように願う。

ただし、本書は研究書ではなく、あくまでも中国の政治、法制の一部の現状を概説する読み物であると断っておきたい。したがって、本書は基本的には中国の政治、法制の在り方に関する説明が多く、その分析または批評を控えている。そして、執筆中に多くの人の研究成果を参考にさせていただいたが、ほとんど注釈をつけず、重要なところだけはカッコ付きで文中に記入し、参考文献として本書の最後に掲げる形をとっている。しかし、これは決して他人の労働を尊重しない意味ではない。ここに謹んで本書の参考にさせていただいた書籍の著者に対し心より御礼を申し上げたい。

また、読者にも一言伝えておきたい。本書は中国の政治、法制全般に関する書物ではないが、扱っている内容についてはなるべく多くのイメージ図および表を用いてわかりやすく説明するように努めた。寧ろ説明の文章よりもイメージ図を眺めたほうが理解しやすいかもしれない。したがって、文章を読むのが苦手な方でも一冊手に取っておくことを勧めたい。

法制度からみる現代中国の統治機構
——その支配の実態と課題

◉目 次

第3章　法律はどのように作られるか

第1章　中国の支配構造の成立過程とその実際
――共産党の一党支配を中心に

1　中国共産党の歩みと組織構造

1840年代に妖怪としてヨーロッパに現れはじめた共産主義が、1917年ツァーロシアでの奪権が成功したことを受け、日本を経由して中国に伝わってきたのは1910年代である。1921年7月に指導部がモスクワに設けられていた第三インターナショナルの援助のもとに、中国共産党は上海で成立した。57人のメンバーから構成される無名な政治団体をもって船出した共産党は、わずか28年間で世界で人口の最も多い国で政権を取得し、現在に至っている。他方、共産党の大本営といわれたソビエト共和国連邦では共産党政権が1991年に滅び、ソ連自体も崩壊してしまった。それをきっかけに、中国共産党も間もなく消え、共和国も崩壊、または分裂するのではないかと予想した人が少なくなかった。それ以来、20年以上経った現在、共産党指導下にある中国はさまざまな紆余曲折を辿りながら、崩壊するどころか、2010年に世界第2位の経済大国の地位を42年も維持してきた日本を初めて追い越し、アメリカに次ぐ経済大国へと上り詰めた。共産党が滅びる気配は当面まだみえない。したがって、国内において経済格差の拡大、環境悪化等の問題に悩まされている中国国民は第2位の経済大国に喜びを感じない人が多いものの、世界中からますます中国に注目が寄せられるようになったのは事実である。

中国はなぜそのような成績を手にすることができたか。その経過において中国共産党は政権党としてどのような役割を果たしたか。本章はなるべく主観的な評論を抑え、中国で政権をとり、それを維持してきた中国共産党の内在的なものを概説し、その組織構造を究明したうえに、中国社会を支配する仕組みがどのように編み織られているかをみる。なお、共産党の統治手腕も簡単に紹介してみたい。

(1) 政権党になるまでの道のり

表1－1に示したのは中国共産党の「政権党になるまでの道のり」の年表である。この年表からわかるように、共産党が政権党になるまでの28年間は4つの段階に分けられる。

1921～1927年は第1段階で、党としてどのような道を歩むかについてさまざまな試行錯誤を経ていた模索段階といえよう。1928～1936年は第2段階であり、政権党たる国民党と闘い、党の生き残りを図るための抗争段階であったろう。1937～1945年は第3段階であり、日本軍との戦争を優先させ、国民党と手を組んで日本軍の侵攻に抵抗し、実力を保存しながらその発展を図

表1－1　政権党になるまで中国共産党の道のり

年	重要事件
1921年	7月23日、共産党第1期代表大会が上海で開催。毛沢東ら12名の党員が全国約50数名の党員を代表して会議に出席、北京大学教授陳独秀が中央局の書記に選出される。
1924年	国民党と提携、第1回統一戦線が成立、共産党は国民党と手を組んで北洋軍閥打倒の国内戦争に参加。
1927年	4月、蔣介石が上海でクーデターを起こし、共産党を追放するキャンペーンを行い、国共統一戦線が分裂。8月、朱徳ら共産党員出身の軍人が南昌蜂起を発動、共産党直属の軍隊（労農赤軍）を初めて創立。9月、毛沢東ら共産党員は湖南・江西境界地方で農民蜂起を発動し、間もなく失敗。その後、井崗山に入り、朱徳らの蜂起軍残部を迎え、最初の根拠地を創立。
1934年	蔣介石の5回にわたる包囲撲滅作戦に敗れ、労農赤軍は井崗山根拠地から脱出、11の省をまたぎ、2万5000里（約1万2500キロ）を踏破して、1935年10月に陝西省の延安に辿り着き、延安根拠地を創立、共産党の再出発を始める。
1935年	1月、貴州省遵義城で遵義会議が開催され、毛沢東ら新指導部が選出される。
1936年	12月、西安事件をきっかけに共産党と国民党の2回目の提携、抗日戦争へ取り組む。
1945年	4～6月、中国共産党第7期全国代表大会が延安で開催され、毛沢東をはじめとする指導部が選出され、新しい中国の建設の準備に取り組む。 8月14日、日本降伏。 10月、毛沢東が蔣介石の呼びかけに応え、延安から重慶へ赴き、和平交渉を行い、「政府と中共代表の会談紀要」（双十協定）が締結されたが、間もなく国内戦争勃発。
1949年	国内戦争に共産党が勝利し、国民党政権は台湾へ逃亡、10月1日、中華人民共和国が樹立。

（出典：中共中央党史研究室『中国共産党歴史』第1巻［1921～1949］の内容をもとに筆者作成）

り党勢を拡大させた段階とみられる。1946～1949年は国民党との決戦段階で、中国共産党は国民党の4分の1に相当する人口、8分の1の軍人、劣勢な武器をもって、世界最強国アメリカをバックアップとする国民党との内戦において、最終的勝利を収めた。

この28年間に数えきれない多くの出来事に遭遇した共産党にとって、次に述べる二つの事件が共産党の生き残りおよび発展に重要な役割を果たしたと思われる。

一つは共産党が国民党軍の包囲撲滅作戦に敗れ、井崗山根拠地から脱出しなければならなかった過程に発生した事件である。移動先が数度変更していたこの大規模な脱出作戦の混乱により共産党と第三インターナショナルとの連絡が断ち切れてしまった。それまでに共産党の最高指導部の人事を含むほとんどの重大問題を決めてくれた第三インターナショナルはこのために、移動中の中国共産党に対し指図や指令等ができなくなった。これが逆に共産党にとって幸運の始まりとなる。共産党指導部は貴州省の遵義城で反省会議を開催するとき、完全に中国共産党自身の力と判断で指導部を再編させ、第三インターナショナルから派遣されてきた元指導部によって、軍事指導の職務から排除された毛沢東を再び共産党の最高指導部の責任者の一人として迎え入れ、国民党との軍事闘争の最高指揮官に任命したのである。その決定をきっかけに、脱出作戦における受け身的な劣勢を挽回し、国民党の包囲を抜けることができ、陝西省の延安に辿り着くことができた。軍人作家金一南は『苦難輝煌』においてまさにこれを共産党を勝利へ導く幸運だったとコメントしている。筆者も同感である。

もう一つは延安に辿り着いた直後に発生した出来事であろう。1936年、1年間の長距離の遠征を経て弱まりきった共産党の赤軍が延安に着いて間もなく、蔣介石は共産党に最後の一撃を与えようとして南京から西安に飛んできて、張学良に共産党撲滅作戦を命令したところ、逆に張学良、楊虎城ら国民党の軍人たちによって監禁される身となった。いわゆる西安事件である。根本的な原因は父、張作霖を爆殺し、その地盤たる東北地方を占領し、率いる軍隊を出身地から追い出した日本軍の侵略を脇に置いて共産党の撲滅を優先させた蔣介石の政策に不満を爆発させたことにある。したがって、日本軍の中国侵攻が中国共産党が生き残ることを助けたことになる。1961年1月、中国を訪問した日本社会党中央委員黒田寿男と対談した折に、毛沢東が黒田の日本軍の中国侵略に対する謝罪に対し、以下のように述べたという。日本軍の中国侵略によって中国が教育を受け、一致団結し、武装闘争を行うようにして、解放戦争のために有利な条件を作ってくれた。したがって、「むしろわれわれは日本軍に感謝すべきである」と。その裏には前述の背景があったからであろう（『毛沢東外交文選』１９９４年12月、４６１頁）。

ただし、幸運とチャンスを逃さず、それを捕まえて現実に転化させるには高度な知恵を必要とする。ましてや、複雑を極める環境の中に、瞬く間に消えてしまうような幸運とチャンスをしっかりと捕獲してそれを長期間に有利に用いることはさらに神業のような難しさであろう。したがって、このチャンスを捕まえて相次いでそれを勝利に繋げた共産党には必ずやなにか秘訣があったろうと考えられる。

(2) 政権党としての歩み

中華人民共和国の樹立によって、共産党は山の奥から都会に入り、政権党となった。それ以来、共産党は各種の試練に耐えて65年にわたって永年政権党として中国を支配してきた。表１－２は政権党としての共産党の歩みである。それを繙くと、この65年の歴史は１９７８年の第11期中央委員会第３回全体会議（３中全会）を境に大きく２つの時代に区分することができる。前半は毛沢東時代、後半は鄧小平時代といえよう。

毛沢東時代では、文化大革命というような波瀾万丈の時期もあったが、総じていえば社会主義の基礎づけをし、国民を立ち上がらせるため、さまざまな試行錯誤が繰り返されたと思われる。しかし、毛沢東がユートピア式の目標を執拗に追求したところ、国民は跪く状態から立ち上がったとはいえ、

表1－2　政権党としての歩み

年	重要な事件
1949年	10月1日、中華人民共和国が樹立される。
1950年	6月25日、朝鮮戦争、勃発。10月、朝鮮戦争へ参加。6月30日、土地改革法公布、土地改革開始。
1953年	第1次5か年計画を実施、計画経済体制に入る。
1954年	9月、第1期全人代開催、20日、中華人民共和国憲法が採択される。
1956年	資本主義生産資料所有制に対する改造が完成、社会主義に入る。
1958年	社会主義建設総路線提出、大躍進、人民公社登場。
1961年	3年自然災害発生、餓死者が大量に出現。
1966年	文化大革命始まる。
1975年	1月、第4期全人代開幕、「農業、工業、国防および科学技術の近代化」を再提出。
1976年	1月、周恩来総理逝去、第1次天安門事件が起こる。朱徳（7月）、毛沢東（9月）が相次いで逝去、文化大革命の急進派の毛沢東夫人江青をはじめとするいわゆる「四人組」が逮捕される。
1978年	第11期3中全会が開催、文化大革命の誤りを反省、改革開放政策の導入を決定。
1981年	第11期6中全会開催、「建国以来の党の若干の歴史問題についての決議」が採択、毛沢東および文化大革命に対する批判展開。
1982年	中国共産党第12期全国代表大会開催。党指導部の指導体制を見直し、主席制を廃止し、総書記を党のトップとする新体制が始動。
1989年	第2次天安門事件発生。江沢民体制に入る。
1992年	鄧小平は普通の党員として広東省などを視察し、改革開放が加速。
1997年	2月、鄧小平逝去。7月、香港回帰の実現、「一国二制度」の実験開始。
2000年	「三つの代表」理論提出、富裕層の共産党加盟が認められる。
2001年	WTO加盟実現。
2002年	共産党第16期全国代表大会開催、胡錦濤新指導部が船出。
2003年	第16期3中全会開催、市場経済へのシフト加速の決議採択。
2012年	習近平新指導部成立。
2013年	第18期3中全会開催、ソーシャル・ガバナンスの近代化を中心とする改革が始まる。

（出典：中共中央党史研究室『中国共産党歴史』第2巻［1949～1978］およびその他の資料をもとに筆者作成）

体の肉付けはうまくできなかった。それに対し、鄧小平時代では、痩せきった国民を肉付けるために、毛沢東のやり方を見直して、現段階の社会主義を初級段階と定義し、市場経済の手法を導入し、国門を開いて西洋先進諸国の優れるところを取り入れ、国民経済の発展を最優先課題に置いた。その結果、中国は1979～2012年にわたって平均的に9・8％の高経済成長率を実現した。GDP

も１９７８年の３６４５億人民元から２０１２年には51兆９３２２億人民元になり、１人あたりの所得は３８１元から３万８４２０元となり、価格の要素を控除したあとの実質の増加は16・２倍に達した。

しかし、国民経済の高度成長が実現された代わりに、経済格差の拡大に伴う国民の不満、環境の全面的悪化による生活の質の低下などの問題がエスカレートしている。それに加えて、幹部職員の腐敗はますます深刻化し、共産党に対する信頼度は建国後の最悪に達していると思われる。

その危機的状況に直面して、共産党指導部は特にここ十数年来、たびたび毛沢東の「受験論」を引き出し、革命時代の共産党の姿を取り戻そうとしている。

「受験論」とは、１９４９年３月、中華人民共和国が樹立するまえに、毛沢東が同僚たちを連れて臨時指導部のある河北省西柏坡から北京に向かうとき、吐き出したセリフである。毛沢東が思うには、共産党は国民党政権を打倒して新政権を樹立することになったが、引き続き刻苦奮闘の精神、謙虚で慎重なる態度を保てるかは新しい試練となる。新政権が国民の期待に応えられるか、国民党政権が崩壊した二の舞を免れるかどうかは、試練に直面しなければならない。もしこのような試練に落第した場合に、せっかく手に入れた政権を再び失う可能性があると警告を発した。

（３）共産党の党員には簡単になることができるか

統計によれば、２０１２年末現在、中国共産党の党員数は８５１２・７万名で、表１－３に示したとおり、この人数は１９４９年建国時の19倍である。今現在、共産党員が全人口に占める割合は約

表１－３　中国共産党党員人数の年度別統計

年	月	党大会の期数	人数（万人）	年	月	党大会の期数	人数（万人）
1921	7月	一大	57人	1973	8月	十大	2,800
1922	6月	二大	195人	1977	8月	十一大	3,500
1923	6月	三大	432人	1982	9月	十二大	3,965
1925	1月	四大	994人	1987	10月	十三大	4,600
1927	4月	五大	5.7	1992	年末	十四大	5,200
1927		大革命失敗後	1	1997	年末	十五大	6,042
1928	6月	六大	4	2002	年末	十六大	6,694
1934			30	2005	年末		7,080
1937	年初		4	2007	年末	十七大	7,415
1940			80	2008	年末		7,593
1945	4月	七大	121	2009	年末		7,800
1947	12月		270	2010	年末		8,026.9
1949	10月		448	2011	年末		8,260.2
1956	9月	八大	1,073	2012	年末	十八大	8,512.7
1969	4月	九大	2,200	2017	年末		8,954.6

（出典：http://dw.ycxy.com/201204/32598.html［アクセス：2014/03/24］より）

6・3％となり、つまり、16人に1人の国民が共産党員である計算となる。[1]なお、２０１２年における共産党員の性別、職業等の構造別の状況は表１－４に示したとおりである。この数字をみれば、中国共産党はプロレタリアートの政党といいながら、労働者出身の人数は２０１２年になっても８・５１％に過ぎず、むしろ農業・林業・漁業従事者の出身者が３割弱を占めている。そして、党や政府機関の職員や企業、事業体の管理職員および技術者が合計32％も占め、中国共産党は既に知識人が最も多いシェアを占める政党となっている。

共産党員の人数がこれほど速く増加しているので、共産党に加盟するのは非常に容易であろうと想像する人がいるかもしれない。事実は逆で、共産党員になるには煩雑な手続を経なければならないのみでなく、条件等の要求も厳しいといわなければならない。

附図１および附表１（巻末に掲載。以下附表は同様に巻末に掲載）をみればわかるように共産党への加盟手続

表１－４　2012 年における中国共産党員の性別、職業等の構造別統計

	性別、民族、学歴、年齢の構造			
項 目	女性党員	少数民族党員	短大以上学歴の党員	35 歳以下の党員
人数（万人）	2026.9	580.2	3408.1	2180.1
比率（%）	23.8	6.8	40	25.6

	職業構造							
項 目	労働者出身	農業・林業・漁業従事者出身	党、政府機関の職員	企業、事業体の管理職員、技術者	高校生、大学生、院生	定年退職者	その他の職業従業員	総人数
人数（万人）	725	2534.8	715.7	2019.6	290.5	1553.8	673.3	8512.7
比率（%）	8.51	29.78	8.41	23.72	3.41	18.25	7.91	99.99

職業構造の比率は筆者が計算したものである。なお、性別等の構造は合計 100％にはならない。
（出典：http://blog.sina.com.cn/s/blog_4efe65c30102egud.html［アクセス：2014/03/24］の内容をもとに筆者作成）

は非常に複雑で、党員が享受すべき権利と比べれば履行すべき義務のほうがよほどその実行が難しいことがわかる。

人々がこれほど厳しい手続を覚悟して競って共産党に入ろうとする理由はなんであろうか。中国共産党は政権党になって、政治、経済を含むすべての社会分野で指導権を握り、その構成員がそれぞれの分野で頭角を表す確率が増えたことは魅力的だろう。かつ、一部の職業は共産党員の資格を持っていれば就職しやすくなる。非合法な政党として存在していた頃の共産党と違い、そこへの加入は命の危険を心配しなくなったどころか、利益の享受も確実に期待できる。したがって、共産党規約に掲げられた共産主義の目標を実現させるために共産党に入るよりも、自分の人生設計を早道で現実化させようとして共産党に入党した者が少なくなかろう。これは、厳しい条件をクリアして共産党員になったあと、大なり小なり幹部職員になった共産党員の一部が汚職腐敗者として検挙された原因でもあろう。

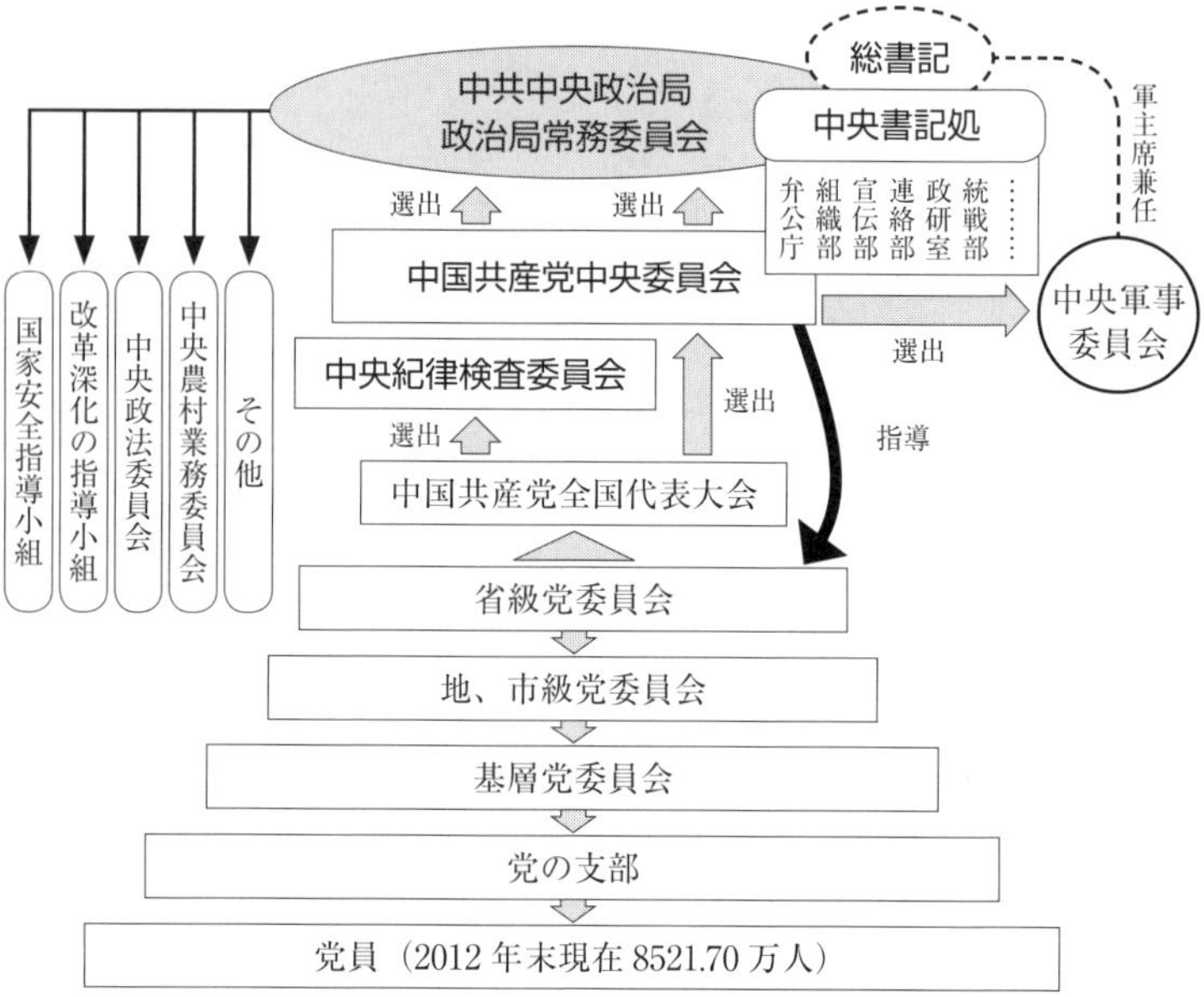

図1－1　中国共産党の組織図　（出典：関連資料をもとに筆者作成）

（4）共産党の組織構造

マンモス政権党となった共産党はこれほど厖大な人数の党員をいかにコントロールし、いかに彼らをして党の目的を実現するために働かせるのだろうか。これは基本的には個々の党員の自覚や覚悟に任せるものが多いが、党の組織の力が必要とされる。次は、図1－1の中国共産党の組織図をもとに説明を進めたい。

図1－1は中国行政エリアに沿って描いた共産党のピラミッド型の組織図で、共産党組織の一部分に過ぎない。他には、行政官庁、企業グループ、金融機関、教育機関、医療機関ないし農漁村といった末端のところまで全部、党組織の網が編まれている。たとえば、大学ではトップから数えると、党組

（指導部）、機関党委員会（事務部課の連合体）、党基層委員会または党総支部委員会（学部レベル）、党支部委員会（学科レベル）、党小組（専攻レベル）が設けられている。学生に党員の数が多い学部または学科では学生党員のみで設けられる党支部委員会や党小組もある。また附表2と附表3に示したように共産党の事務機関および行政官庁、農村地域で党の下部組織にも共産党の基層委員会と党支部が設立されている。

また、中国共産党規約によると、すべての共産党員は職務の高低を問わず必ず特定の党支部または党小組に所属し、平党員とともに学習会や反省会に参加し、党支部の監督を受けなければならないこととなっている。これは幹部職を担当する共産党員を党員全体の監督下に置く措置であるはずだが、ここ十数年来、共産党内部の管理が弛んでしまったために、共産党員出身の幹部職公務員、特に高官クラスの役員たちに対する監督の機能がほとんど果たされなかったのも同然であり、汚職腐敗の共産党員が夥しく出たことになる。

2　中国の支配構造における共産党

(1) 中国の支配構造における共産党の位置づけ

中国憲法の前文には共産党の地位について次のような文言が綴られている。「中国の各民族人民は、引き続き中国共産党の指導の下に、マルクス・レーニン主義、毛沢東思想、鄧小平理論および『三つの代表』の重要思想に導かれて、人民民主主義独裁を堅持し、社会主義の道を堅持し、改革開放を堅持し、……着実に工業、農業、国防および科学技術の現代化を実現し、物質文明、政治文明および精神文明の調和のとれた発展を推進して、我が国を富強、民主的、かつ、文明的な社会主義国家として建設する」と。この中で、明確に共産党による指導を定めている。他方、憲法第5条では「……4、すべての国家機関、武装力、政党、社会団体、企業および事業組織は、この憲法および法律を遵守しなければならない。この憲法および法律に違反する一切の行為に対しては、その責任を追及しなければならない。5、いかなる組織または個人も、この憲法および法律に優越した特権を持つことはできない」とも規定されている。無論、すべての政党とは共産党も入っているはずであろう。つまり、共産党も憲法および法律に認められる範囲内で活動をしなければならない。一見して互いに衝突し合いかねない2つの規定はどのように統合されているのだろうか。

まず、図1－2中国における支配構造図を見てみよう。

図1－2からわかるように、中国の支配構造の中に、共産党は政権党として構造図の最上位に位置しており、党の総書記が軍事委員会主席を兼務して武装力を掌握し、国家主席を兼務して法律の公布権を手にし、直接に省以下の党組織を指導するが、行政、司法は直接に党最高指導部の配下に置かずに、中華人民共和国全国人民代表大会（以下、全人代）を経由して、間接的な指導を受ける形をとっているようにみえる。

ところが、実際の政権の運営中に共産党はどのようにして立法権、行政権、司法権にかかわるのだろうか。

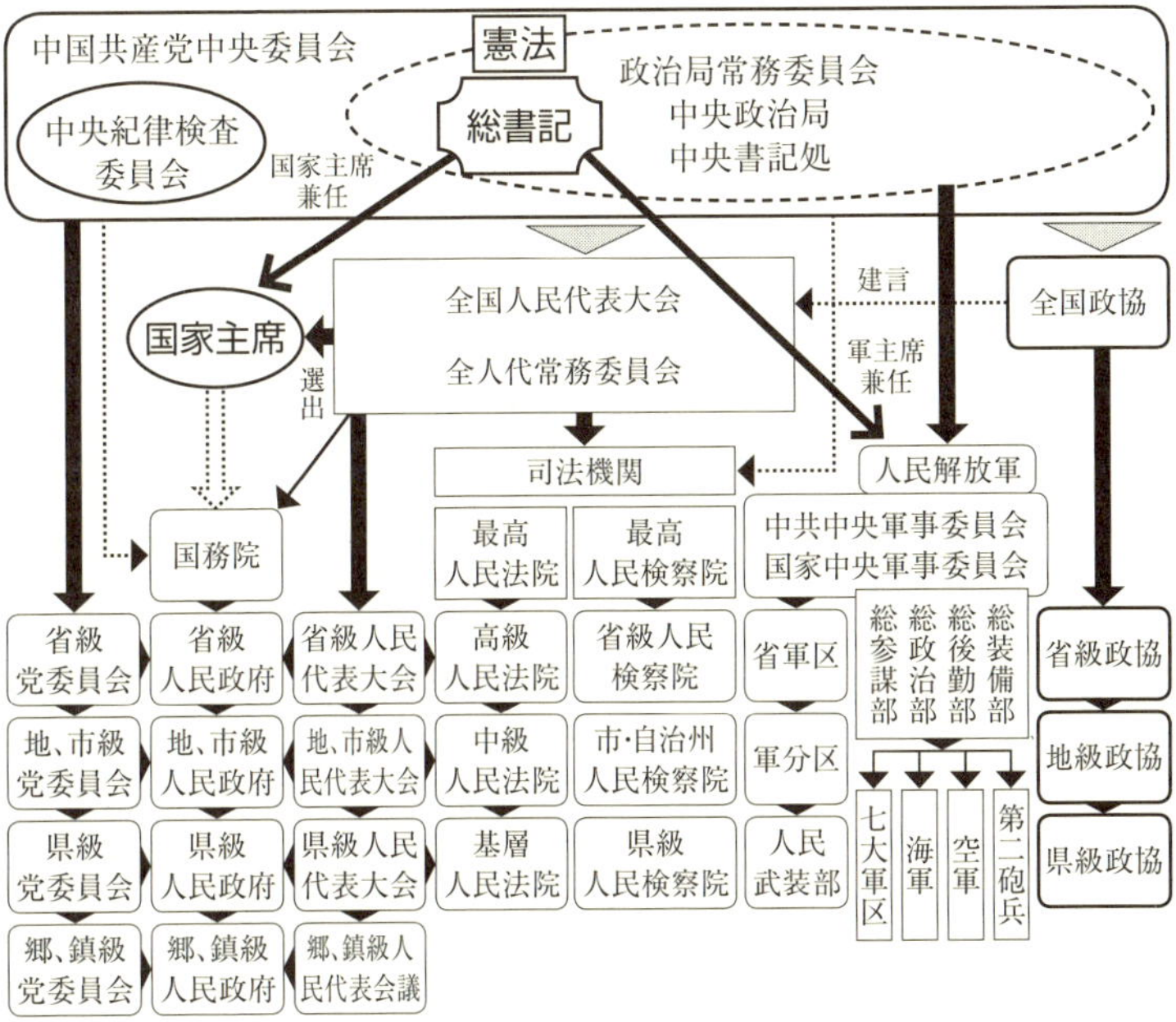

図１－２　中国における支配構造図

（出典：関連資料をもとに筆者作成）

（２）共産党と立法、行政、司法等との関係

工業先進諸国においては、ほとんど三権分立の理論に基づき、国家権力を立法権、行政権と司法権に分立させ、相互に制約と均衡を保たせる体制が採用されている。この中で、政権党は国会での多数議席を確保することにより、立法および行政を操り、最高裁判所の裁判官の指名権を利用して司法権に影響を与えるのである。

それに対し、中国は、三権分立の理論を拒否し、政権党たる中国共産党の指導の下、すべて権力を人民に属させるという原理で全国人民代表大会を設け、立法権、行政権、司法

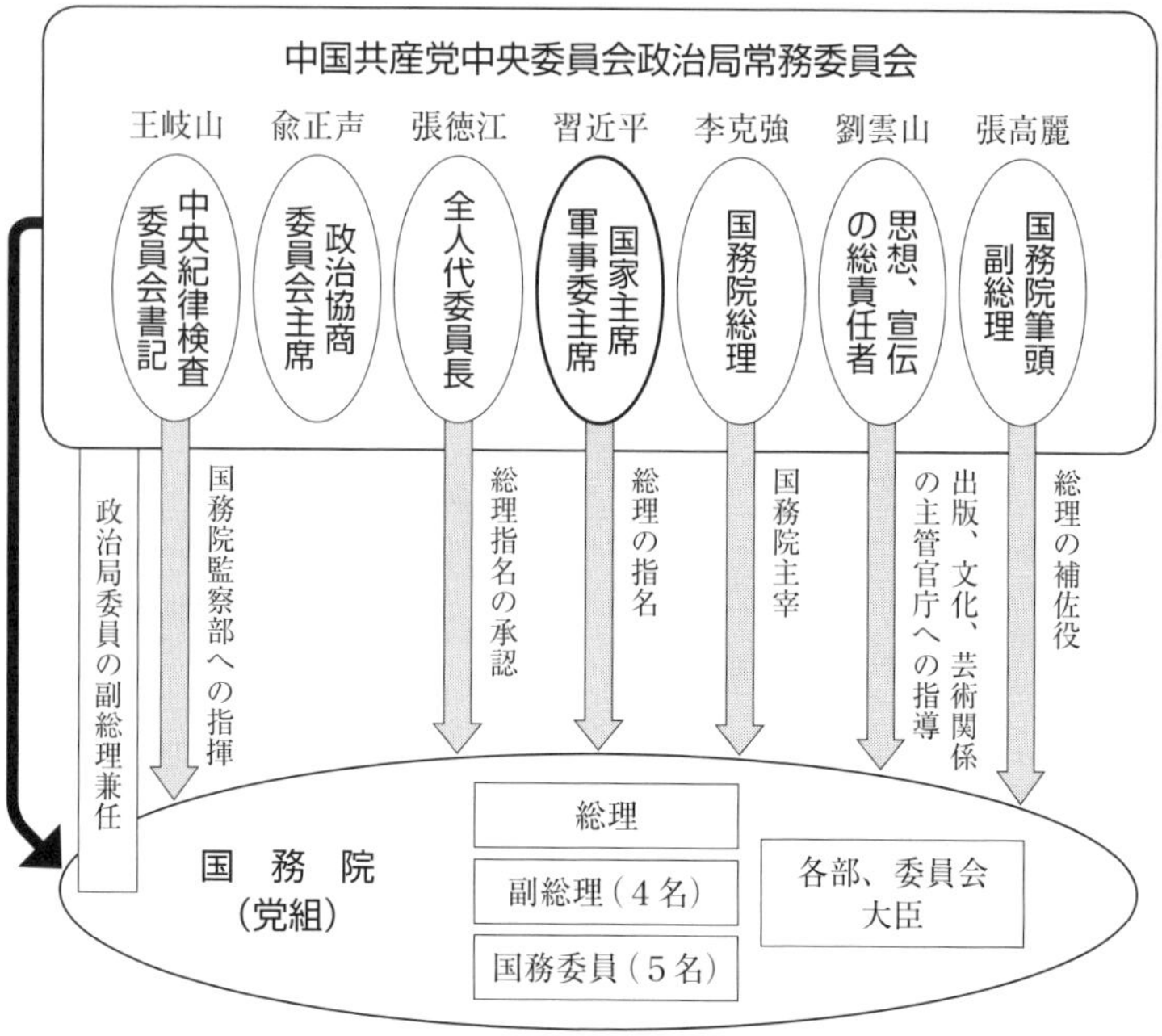

図1－3　共産党最高指導部の構成員と立法および行政との関係図（人事部分）
（出典：筆者作成）

権および軍事指揮権を統率する体制をとっている。次はこの体制下における共産党と立法、行政、司法等との関係を説明してみたい。

▼共産党最高指導部の構成員と立法府、行政府との人事関係

図1－3は2012年11月に改選された中国共産党第18期中国共産党中央委員会（中共中央）政治局常務委員会、すなわち中国の最高指導部の構成メンバーの国家機関とのかかわり方を描いたものである。図からわかるように、トップの総書記習近平は国家主席、中央軍事委員会主席、李克強は国務院総理、張徳江は立法機関の全人代常務委員会委員長、兪正声は中国人民政治協商会議全国委員会の

主席、張高麗は国務院筆頭副総理をそれぞれ兼任している。残りの劉雲山と王岐山は国家機関の職務を兼任せず、党務に専任しているが、劉雲山は中央精神文明建設指導委員会の主任を兼任し、国務院管轄の25の官庁がその構成機関となり、その指導下に置かれている。また、国務院の監察部には王岐山所管の中央紀律検査委員会という2つの機関名があり、職員が同じという合同機関の体制をとり、事実上中央紀律検査委員会の事務局の役割を果たしている。

▼共産党と全人代との関係

共産党指導部は主に3つのルートを通して全人代を指導している。第一は全人代代表における共産党員のシェアを過半数以上に確保することである。第2章の表2－1に示したとおり、第3期全人代まで全人代代表に共産党代表の占めるシェアはそれぞれ55・5％、57・8％、54・8％であった以外はすべて6割以上を占めており、最も高い第4期では76・3％までに上ったのである。これをもって法律案等に共産党指導部の意思を貫かせる。

第二は全人代常務委員会の主任は共産党常務委員会の委員が兼任し、政治局委員の一人が副委員長兼秘書長を務め、これをもって全人代常務委員会と共産党指導部との意思疎通を随時に保てることになる。なお、各専門委員会の主任、副主任はほとんど定年で退任した省級の党委員会書記または中央官庁の元部長が委嘱される。

第三は全人代会議が開催される期間に代表団および代表小組ごとに党の臨時組織が設けられ、会議期間に党の上意下達が維持される。常務委員会の内設機関には党組をはじめ、機関党委員会、党支部、党小組といった党の組織が設けられ、立法府の事務職員の行動および思想を党中央の指導指針に従わせるように図る。

▼共産党と国務院との関係

どこの国でも行政府は一番権力を握っており、政権党が必死にコントロールをしようとするところであろう。中国も例外ではなく、政権党がその掌握に懸命である。党のトップ総書記が兼任する国家主席の指名に基づき、全人代大会の承認を受けて総理大臣に就任するものは共産党最高指導部中央常務委員会の構成員である。それ以外に、筆頭副総理大臣も常務委員が兼任し、他の副総理はすべて政治局委員が就任し、各部大臣には象徴的に2、3名の非共産党員出身者が担当する外はすべて共産党中央委員会の委員または候補委員が委嘱される。

人事だけではなく、業務の面でも間接的ではありながら共産党指導部の指導を受けなければならない。これは、主に共産党中央部で業務の性格に応じて成立される各種の指導小組、業務委員会を通して行われる。たとえば、中央農村業務委員会は主に、農林水産関係の主務官庁、中央金融安全指導委員会は金融関係とかかわる主務官庁、中央精神文明建設指導委員会は出版、新聞、文化等にかかわる主務官庁、中央財経指導小組は財政、経済関係の主務官庁を指導する。

共産党中央指導部にこのような業務指導委員会または小組を設ける狙いは主に二つ指摘される。一つは行政業務に党の指針および意志をスムーズに貫かせることである。もう一つは行政官庁の縄張り主義をなくしまたは減少させ、政策の決定が全局的な見地に基づき行われることであろう。第18期3中全会では300項目以上の改革プログラムを作ったが、それを着実に推進していくためには、やはり共産党を中心とする横断的な組織が必要とされる。総書記の習近平が組長を務め、総理李克強とそ

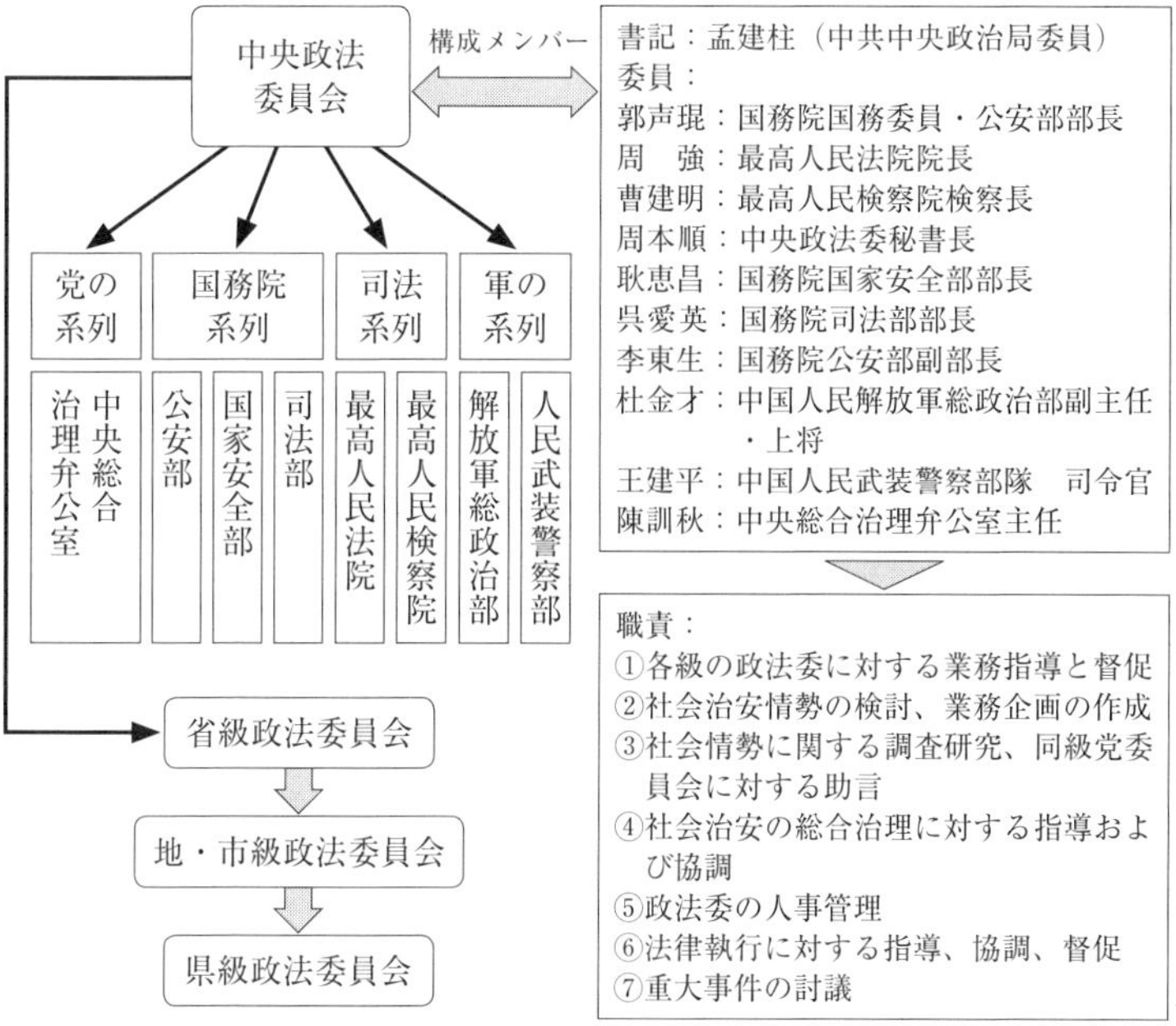

図１－４　政法委員会の組織構造図および職責

（出典：関連資料をもとに筆者作成）

の他の常務委員2人が副組長を担当する「全面的に改革を深化する中央指導小組」の成立はその典型的な表れである。いうまでもなく、行政官庁にも同じく党組をはじめとする党の組織が設置され、党の指導と思想を党員出身の職員に届けるように保障する。

▼共産党と司法との関係

共産党は中央指導部に設置されている「中央政法委員会」を通して司法と繋がっている。しかし、中国は裁判権を独立した権力とみなさず、それを検察権、捜査権、行刑権等の権力に入れて政法権とまとめて一括的に指導を行っている。図１－４に示したのは中央政法委員会の組織構造図である。

図1－4からわかるように、中央政法委員会が指導する機関には最高人民法院と最高人民検察院のほかに、行政府の警察機関の公安部、国家安全部および司法行政を司る司法部および軍と武装警察ないし党系列の中央総合治理弁公室も入っている。委員会のトップとしての書記は政治局委員の孟建柱が担当しているが、委員は構成機関のトップ責任者を全部網羅している。最高人民法院はこの中において他の機関と並列する1機関に過ぎず、特別な地位を与えていない。

現在、中国は訴訟の中で、往々にして最終判決に従わず、強制執行を無視する敗訴者がいる一方、勝訴判決の執行ができず、裁判所の無力さからその執行を諦める多くの勝訴者は最終的に行政府ないし共産党の指導部に陳情してその解決を求めようとする。毎年全人代会議が開催される3月に、各地の陳情者は地方政府の妨害を乗り越え北京に集まり、最高指導部にその解決を嘆願するという珍現象が起こるのは、裁判所の地位が低いことに原因があるのだろう。

（3）共産党とその他の党派との関係

外国人の中には、中国は共産党以外に政党がないと思うものが少なくなかろう。現実は中国には共産党以外に「民主党派」と呼ばれる政党が8つも存在している。ただ、これらの政党は外国の野党とは異なり、政権党の共産党と執政権を争う存在ではなく、共産党の諫友として参政党の役割に甘んじている。共産党指導部もこれらの参政党のために政治参加のスペースを用意している。中国人民政治協商会議がそれである。図1－5は第12期中国人民政治協商会議全国委員会の組織構造図である。

図1－5の組織構造図を見れば、政協全国委員会は立法府の全人代とほぼ同じ規模であり、内設の

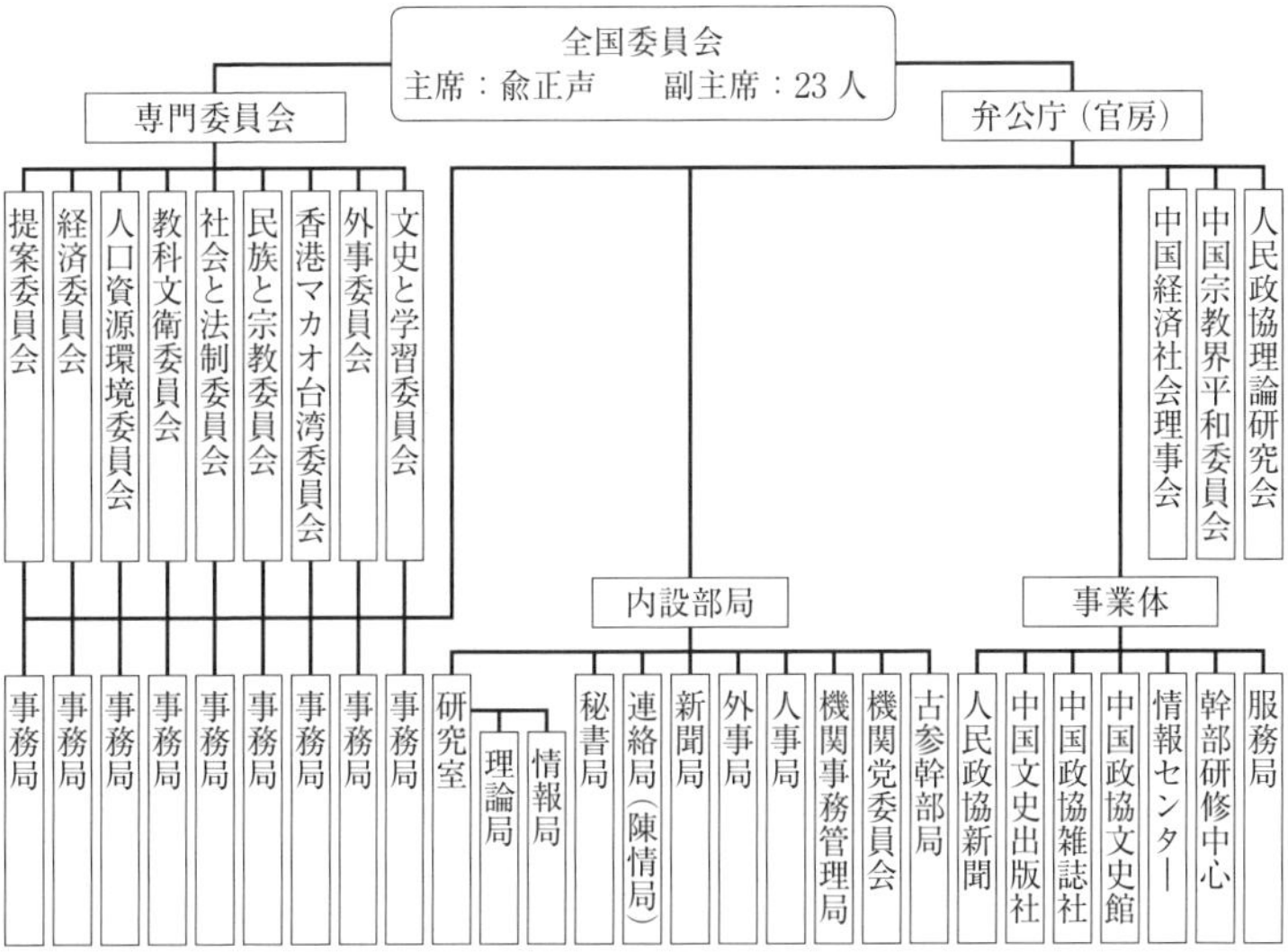

図1－5　第12期中国人民政治協商会議全国委員会組織構造図
（出典：中国人民政治協商会議全国委員会ホームページの資料をもとに筆者作成）

専門委員会も9つ設けられ、すべての重要分野を網羅しているように思われる。そして、附表4に掲載されている歴代の主席の顔ぶれをみれば、毛沢東、周恩来、鄧小平など元老級の人物が政協全国委員会を主宰してきたことがわかる。政治協商会議が共産党によって重視された証左といえよう。**表1－5**からわかるように、政治協商会議は34の党派と団体から構成され、広範な代表性を持っているようにみえる。

本来、1949年9月に最初に開催された全国人民政治協商会議は中央人民政府を組織する政治母体であるとともに、共産党を含む各党派および人民団体が政治を議論し、政策建言を行う議論機関でもあった。

当初、政治協商会議委員たちの意見を聞き入れる制度として「双週座談会」が設けられた。それは、1950年3月から毛沢

表１－５　中国人民政治協商会議全国委員会に参加する団体および分野別名称

1. 中国共産党	18. 中華全国帰国華僑連合会
2. 中国国民党革命委員会	19. 文化芸術界
3. 中国民主同盟	20. 科学技術界
4. 中国民主建国会	21. 社会科学界
5. 中国民主促進会	22. 経済界
6. 中国農工民主党	23. 農業界
7. 中国致公党	24. 教育界
8. 九三学社	25. 体育界
9. 台湾民主自治同盟	26. 新聞出版界
10. 無党派人士	27. 医薬衛生界
11. 中国共産主義青年団	28. 対外友好界
12. 中華全国総組合	29. 社会福利と社会保障界
13. 中華全国婦女連合会	30. 少数民族界
14. 中華全国青年連合会	31. 宗教界
15. 中華全国工商業連合会	32. 特別招待の香港人士
16. 中国科学技術協会	33. 特別招待のマカオ人士
17. 中華全国台湾同胞連誼会	34. 特別招待の人士

（出典：中国人民政治協商会議全国委員会ホームページ　http://www.cppcc.gov.cn/2011/11/23/ARTI1322013701379833.shtml［アクセス：2014/04/05］より）

東の提唱に基づき、各民主党派、無党派の委員たちの合同提議により導入されたものである。

会議は当初、「自ら問題を設定し、自ら分析を行い、自ら問題を解決する」という「三つの自ら」および「相手に攻撃をせず、勝手にラベルを貼らず、事後の批判の口実として利用されず」という「三つのノー」の精神を貫き、多くの建言が出されたという。参加者の階級が高く、見識が広く、発言の形式が自由であり、建言の質が優れることで、「神様の会議」と呼ばれたほどであった。１９６６年の文化大革命が起こるときまで、合計１１４回も開催された。

文化大革命以来、この形式による協商制度が停止してしまい、政治協商委員たちは「全国的視察」（5年の任期内に省、自治区、直轄市にまたがる視察が）１回、「現地視察」（本人所属の省、自治区、直轄市内の視察）および「特別視察」（国や中央官庁が一部の委員を招き、特定の重要問題または重要プロジェクトに関する専門視察）を行う仕事ぐらいしかなく、政治的役割が委縮し、「年度委員」

表１－６　政協における双週協商座談会の議題

番号	期日	議題
1	2013. 10. 22	当面のマクロ経済の情勢について、成長を保持し、構造を調整し、改革を促し、経済発展の良好なる勢いをいかに統合するか。
2	2013. 11. 7	建築の産業化の推進について。
3	2013. 11. 21	いかに政協の分野別の有利な地位を生かし、勤労者の身の回りの利益を護り、社会の公平正義を促すかについて。
4	2013. 12. 5	科学技術の体制改革を深め、オリジナルの創造能力の向上に力を注ぐことについて。
5	2013. 12. 24	自動車の排ガスを減少し、都会の大気汚染を軽減することについて。
6	2014. 1. 9	原子力発電およびグリーンエネルギーについて。
7	2014. 3. 20	安全生産法の修正について。
8	2014. 4. 3	『全民健身条例』の施行、国民の身体素質の向上について。

（出典:「中国国情」http://guoqing.china.com.cn/2014-03/03/content_31648951_2.htm［アクセス：2014/03/22］に掲載された内容をもとに筆者作成。ただし、第７回目は http://politics.people.com.cn/n/2014/0321/c1024-24695039.html［アクセス：2014/03/22］、第８回目は http://news.xinhuanet.com/politics/2014-04/03/c_1110095904.htm［アクセス：2014/04/05］による）

（年に１回の全国会議への参加）、「四半期常務委員」（四半期ごとの政協常務委員会議への参加）と「月主席」（月ごとの主席会議への参加）と呼ばれ、「政治の花瓶」とさえ揶揄されるほどであった。

２０１３年末に成立した第12期中国人民政治協商会議全国委員会は兪正声主席の提唱および推進により、「双週座談会」の名称を借用して、共産党と各民主党派および無党派人士との政治協商の方法を復活させ、政府の政策、重要な法律案、重大な社会問題について各方面の意見を聴取するようになった。２０１３年10月22日の第１回を皮切りに現在まで８回開催された。表１－６は各回の会議での議題である。

この他に、政治協商会議の政策形成に加わる形としては、委員たちが出した提案の取扱状況を点検するための「重点提案処理状況協議会」、特定の政策について主務官庁の行政役員と直接に協議する「主務官庁との協議」および専門的な課題について意見を交わす「専門課題協議」などのルートがある。

共産党指導部はまさにこれらのような形を生かして参政党や人民団体からの意見を収斂し、政権党および政府の政策、国の法律に反映させようとしている。

3 共産党の統治手法は試練に耐えられるか

(1) 国民を味方に引き付ける——大衆路線とはなにか

中国共産党が相次いで勝利を手にすることができたのは、前述した厳密な組織の力によるところが大であるとともに、国民を自分の味方として引き付ける統治手腕がその一つだと思われる。中国では大衆路線と呼ばれている。

実をいうと、普遍選挙を通して国家の支配権を争う「二党交替制」または「複数政党制」の「民主国家」においても、政権を勝ち取るためにその国の選挙権のある国民から多数の支持を得なければならない。その支持を得るために、党の施政綱領、施政の重点方向を多数の国民の目を引き付けるところに置かなければならない。あまりにも政権を勝ち取り、またはそれを奪回したいために、当面明らかに実現の不可能な政策目標を選挙の綱領に掲げる政党も現れる。これは「迎合主義」と批判される。無論、「迎合主義」で選挙を勝ち取った政権党は往々にして約束が実現できず、次の選挙で敗れてしまい、短命政権となる。

中国共産党は武力闘争を経て、政権党になったのである。平和の時代に入って、本来ならば工業先進国で行われているような普遍選挙を通して統治の正当性を獲得するべきだと思われるが、共産党はいまだにそこまで踏み出していない。したがって、中国共産党は選挙による失敗を恐れることなく、ほしいままに勝手な政策を施行することができるのではないかと推測する人がいるだろう。

ことはそれほど簡単にはならない。『孔子家語』に「夫れ、君とは舟なり、人とは水なり。水は舟を載せる可き、亦、舟を覆す可き」とある。この中に、君は君主の意味で、人は庶民を意味する。唐代では名宰相魏徴はいつもこのセリフを「民、舟を載せる可き、亦、舟を覆す可き」に言い直して、建国皇帝の李世民に語り、臣民の意見に耳を貸し、彼らの利益を重視しなければならないと主張した。開明な皇帝と評価された李世民はそれを嘉納して、施政を推し進めた結果、２８９年間の長期統治が続いた唐王朝の礎を築きあげた。

中国の伝統的な統治術に詳しい毛沢東はその観念を取り入れ、近代的な政治理論をもって包装したうえに、それを「大衆路線」として共産党の施政原理の一つに仕上げたと思われる。では、大衆路線とはなにか。『中国共産党規約』では次のように定められている。「すべては大衆のためで、すべては大衆を頼りにし、大衆から来て大衆の中へ入り、党の正しい主張を大衆の自動的な行動に転化させる」という。言葉の表現はあまりにも抽象的すぎるため理解しかねる人が多いと思う。したがって、それを少し敷衍してみたい。つまり、政府が取り扱うすべての事業は終極の目標が国民の利益のためであり、それを遂行するあらゆる方法が国民の力を利用する。なにをやるか、どのようにやるかについては国民からその知恵を収集し、それを受け入れて決定したことが現実に適合するかどうかは国民の実践によってチェックを受ける。そのようにして初めて政府の主義主張は国民に納得され、自らそれを実行に移すであろう。

しかし、現在の中国においてどのような方法をもってこの大衆路線を貫くのだろうか。検証してみたところ、主に次のような手法が指摘できる。

第一に、調査研究を重視し、国民の意見をなるべく政策に生かすように努めることである。つまり、重大な政策を策定する場合に、必ず現場での聞き取りなどの方法をもって調査を行い、国民および社会全体の要望およびニーズを理解したうえに、政策の軽重緩急および遂行方法を決める。

この場合、政策案の起草者から政府役員まで地方へ赴き、視察を行い、自ら現場の事情を把握しようと努めるとともに、関係者と座談会または懇談会を開いて、草の根の意見を直接聞き入れる。

共産党の最高指導部も必ず地方視察を行い、社会の現状を把握しようとする。たとえば、第18期3中全会の『全面的に改革を深化する若干問題に関する中共中央の決定』を策定する場合に、中央最高指導部は専門家を中南海（中国共産党の本部などがある地区）に迎え入れ、重要な理論的問題や現実について解説するのみでなく、常務委員の7人はみな北京を離れ、地方へ赴き、各方面の意見を聞き取るように努めた。清華大学教授胡鞍鋼の統計によれば7人の常務委員の各地方への調査研究は延べ35回にも及び、足跡は全国の大部分の省級地方に残された。そして、意見聴取の決定稿の作成過程において、討議に参加した人は数千人に達し、地方や官庁および軍隊の高層責任者のみでなく、各分野の専門家、実務家も含まれていた。[2] 表1－7は党のトップである総書記の習近平と国務院総理の李克強が新指導部が成立した2012年の年末からの約1年間に行った地方視察の概要である。

また、中国では次年度の経済運営方策を練るために、毎年の年末に中央経済業務会議が開催される

表1－7　習近平、李克強の地方視察とその内容

	習近平総書記			李克強総理		
番号	視察先	視察期間	視察の内容	視察先	視察期間	視察の内容
1	広東省	2012年12月7～11日	改革および経済事情	江西省、湖北省	2012年12月27～30日	中小企業の発展、貧困の応援
2	河北省	2012年12月29～30日	貧困の援助について	モンゴル自治区	2013年2月3～5日	農民出稼ぎ、老朽平屋の建直し、貧困の応援
3	海南省	2013年4月8～10日	農業、観光経済および海洋問題について	江蘇省、上海市	同上3月27～29日	農業、新型の都会化、上海自由貿易区
4	天津市	2013年5月14～15日	農業、就業、科学技術の創新について	河北省	同上6月7～8日	農業、就業、企業、環境問題
5	四川省	同上5月21～23日	地震、救災について	広西自治区	同上7月8～10日	経済の運営、改革開放、民生の改善
6	河北省	同上7月11～12日	下部組織における党の建設、大衆路線について	甘粛省	同上8月17～19日	金融による農業への応援、零細企業、災害後の再建
7	湖北省	同上7月21～23日	科学技術の創新、農村の土地制度、三農問題	遼寧省	同上9月9日	教育の公平、教育の品質問題
8	遼寧省	同上8月28～31日	就業、科学技術の創新、企業制度、民生の保障	黒竜江省	同上11月4～6日	災害後の再建、貧困の応援、農業
9	湖南省	同上11月3～5日	貧困の応援、科学技術の創新など			
10	北京市	2014年2月25日	都市建設、環境保護、民生の保障			

（出典：「新華網」http://news.xinhuanet.com/politics/2013-11/10/c_118075367.htm［アクセス：2014/02/27］の記事内容をもとに筆者作成。ただし、10回目はhttp://news.xinhuanet.com/politics/2014-02/25/c_119498782.htm［アクセス：2014/02/27］による）

慣例がある。適切な経済運営の政策を制定するためには、会議開催の数か月前から財経業務担当の職員ないし大臣のみでなく、中央政治局常務委員もみな各地方へ視察に赴き、社会経済の現状および問題ないし方向性について、各級の党務、行政責任者および企業経営者、研究者、消費者から直接に意見を聞き入れるように工夫する。これはほぼ定例化されている。

第二に、直接大衆に訴え、国民の政治参加を動員して事業の推進力を強

化する。中国共産党は一枚岩ではない。ときには意見の相違が激しく、コンセンサスをなかなか得にくい場合がある。特に、最高指導部で政策の形成および遂行をめぐり意見が統一されないとき、または、中央の政策が既存利益集団または一部の地方によって妨害されるときに、この手腕はよく使われる。毛沢東による人民公社、大躍進キャンペーン、文化大革命の発動、鄧小平による改革開放政策の導入、天安門事件直後の改革加速の大号令および現在進行中の習近平による腐敗撲滅の作戦などがその典型的な事例といえよう。

ただし、この手法は両刃の剣ともいわれている。たとえば、毛沢東が劉少奇ら文化大革命の反対派の抵抗を抑えて、青年学生を中心とする熱狂的な支持を得て引き起こした文化大革命は中国社会の大混乱および経済発展の後退をもたらした反面、鄧小平が文化大革命の支持派の抵抗を抑えて国民の大多数の支持を得て導入した改革開放政策は中国に生活の改善と国力の向上をもたらしてくれた。しかし、制度の整備を後手にまわした結果、改革開放政策にも経済格差の拡大によって二極分化の社会になりつつあるというマイナスな部分が存在している。

(2)「実事求是」とはなにか

中国では「実事求是」という言葉がよく耳に入る。中国共産党および政府はそれを政策遂行の指針と原則に掲げている。「実事求是」の四文字はいったいなにを意味するのだろうか。

「実事求是」の言葉の初出は歴史家の班固《はんこ》(紀元32－92年)が著した『漢書』という古典である。同書には河間献王の劉徳が「修学好古、実事求是」(学問を修め、古典を好み、実事求是)だとある(『漢書』

第53巻、中華書局、２４１０頁）。唐代に入って、学問家顔師古《がんしこ》（紀元５８１－６４５年）は「実事求是」について次のように解説した。「事実を得ようと務め、ことあるごとに真実を求めようとする」という。つまり、劉徳は古典を考証するとき、実証的な態度と方法をもって本当の古典を求めるように努めていたという。

清代中期に実学の思想が高まるに従い、漢代の実事求是の考え方が再び重視されるようになり、それを学問研究の主旨および基本的な方法とした。したがって、実事求是は歴史上、学問研究に対する態度および方法論として提起されていた。

１９４１年、マルクス主義に対する共産党内の間違った学習の方法および態度を正そうとして、毛沢東は『改造我們的学習』（われわれの学習を見直そう）を発表し、実事求是を理論と実践とを統一させる科学的な態度として提起し、マルクスの基本的原理を中国の現実と結びつけなければならないと訴えた。毛沢東はいう。「『実事』とは客観的に存在しているあらゆる事物であり、『是』とは客観的事物の内部関係、すなわち規則性である。『求』とはそれに対するわれわれの探究である」（『毛沢東選集』第3巻、８０１頁）と。

それ以来、実事求是は中国共産党の学習に対する態度および方法から広げ、党および政府が事業および政策を遂行する指針と原則にされた。文化大革命終了後、改革開放の政策を導入するにあたり、鄧小平はまさに「実事求是」を生かして、改革開放に懐疑的な態度をとる人々を納得させたのである。彼は次のように指摘した。「一つの党、国、民族においては、なにもかも書物から出発し、思想が強直化し、迷信が流行るのであれば、前へ進むことができず、その生命力が停止し、党が滅び、国が亡びるだろう」「思想を解放し、実事求是を堅持し、すべてが現実から出発し、理論を実践と結びつけて初めて、社会主義の建設は順調に行われるであろう……」（『鄧小平文選』第2巻、143頁）と。ここで、鄧小平は実事求是の重要性を共産党や国家の存亡にかかわる高みまで引き上げたのである。

では、中国共産党および政府は政治経済および社会事務、とりわけここ三十数年間にわたる改革開放の事業を遂行する過程に、実事求是をいかにして実践してきたのだろうか。

（3）政策の遂行における漸進主義と実験主義およびコンセンサス形成の重視

▼漸進主義

改革開放政策の策定と遂行はまさにその好例であろう。周知のように、中国の改革開放政策を導入し、計画経済体制から市場経済へシフトする事業は歴史上前例のない厖大かつ冒険的な事業といえよう。国民からの理解と支持を受けず、進み方が社会経済の発展度合いに合致しなければ、途中で挫折してしまうリスクが伴う。そのために、中国政府はまず、真理かどうかをチェックする物さしがなにかの議論を展開して国民の慣性的な考え方を正した。次に、改革開放の目標を「まずまずの生活の実現」とし、経済発展の恩恵を国民生活の改善と結びつけることにより国民の支持を取り付ける。さらに、既存の社会状態に強すぎる衝撃を与えないために、改革の進め方は突破しやすいところから着手し、漸次に難しい分野に拡張していく漸進主義を採用した。「先富論」「猫論」「石論」といったような方策をとったために、改革開放は中国社会に大きな混乱を引き起こさずに順調に進められた。

▼実験主義

新しい政策または事業を推進する場合に、いくら調査研究が綿密に行われ、遂行の段取りがいくら細かく設定されたとしても、現実に１００％合致することは不可能に近い。したがって、政策の遂行にあたり必ず予想できぬ事態が生じる。このような未知性によって政策の効果が害されることを最小限度に抑えるために、中国は重大な政策、特に全国範囲で推進しようとする大規模な事業を推進する前に、必ず若干の地域を選んで先駆けて実験を行うのである。たとえば、市場経済の手法を導入する場合には、深圳など5つの地方を経済特区として実験し、市場経済の仕組みが経済特区の社会に損害を与えなかったばかりか、経済特区の社会発展を加速し、住民の生活を大いに改善したことが確認できたのち、市場経済へのシフトを大胆に全国規模で展開しはじめた。また、商工業に対し、利潤上納の方法を税金上納の方法に切り替えるときも数年間にわたって一部の地域と企業での実験を経たのちに敢行したのである。農業税の廃止も安徽省などの地方での実験を経て全国に展開された。とにかく、大きな改革が行われる前に全部実験をしなければならない。今、深圳で行っている裁判官の職業化の試行もこれからの司法制度に対する改革の前触れであろう。

▼コンセンサス形成の重視

胡錦濤指導部の時代に入ってからさらに「学習型の政党」建設を提起し、意識的に重要な施策をめぐり、最高指導部の構成員が集まり、勉強会を開き、専門家や実務家による講義または解説を聴講したうえに議論し合い、コンセンサスに達して、政策を策定するようになった。このやり方は現在の習近平指導部によって受け継がれ、昨年1年間だけで12回の勉強会を挙行した。表１－８はその勉強会

表１－８　中国共産党第 18 期中央委員会政治局における勉強会とその内容（2012-2013）

回 数	期 日	学習の内容	講師と進行方法
第１回	2012/11/17	共産党第 18 期大会の精神の学習および貫徹を深めていこう	習近平が主催してスピーチをし、政治局常務委員会委員７人全員、学習課題について感想を述べた。
第２回	2012/12/31	より大きな政治的勇気と知恵をもって改革を深める	中央党史研究室李向前研究員、国家発展改革委員会マクロ経済研究院王一鳴研究員
第３回	2013/1/28	意思を揺るがさずに和平による発展の道へ	外交部部長楊潔篪、中共中央対外連絡部部長王家瑞、商務部部長陳徳銘による発言。
第４回	2013/2/23	法による治国の全面的推進について	全人代常務委員会法工委主任李適時、最高人民法院副院長沈徳咏、最高人民検察院副検察長胡沢君、司法部部長呉愛英、国務院法制事務局主任宋大涵
第５回	2013/4/19	中国歴史における腐敗撲滅および清廉推奨について	中国社会科学院歴史研究所卜憲群研究員、政治学研究所房寧研究員
第６回	2013/5/24	生態文明の建設について	清華大学環境科学と工学研究院教授・中国工程院院士郝吉明、中国環境科学研究院研究員・中国工程院院士孟偉
第７回	2013/6/25	中国特色の社会主義の理論および実践	馬凱、劉奇葆、範長龍、孟建柱、趙楽際、胡春華による重点発言。
第８回	2013/7/30	海洋強国の建設について	中国海洋石油総公司副総技師・中国工程院院士曾恒一、国家海洋局海洋発展戦略研究院の高之国
第９回	2013/9/30	創新による発展の戦略の実施について	北京市中関村にて視察調査、解説と議論とを結びつける形式。
第 10 回	2013/10/29	住宅の保障体系および供給体系の整備	清華大学土木水利学院劉洪玉教授、住宅建設部政策研究センター秦虹研究員（教授）
第 11 回	2013/12/3	歴史唯物主義の基本原理および方法論	中国人民大学郭湛教授、中央党校韓慶祥教授
第 12 回	2013/12/30	国の文化ソフトパワーの向上	武漢大学沈壮梅教授、全国宣伝幹部学院黄志堅教授

（出典：「人民網」http://politics.people.com.cn/n/2013/1231/c1001-23992450.html［アクセス：2014/02/27］より）

の課題および講師の顔ぶれである。

（4）党による幹部管理と党による武装力の掌握

▼党による幹部管理

毛沢東は「政治路線が決まった後、幹部は決定的な要素である」（『毛沢東選集』第2巻、526頁）と述べたことがある。したがって、中国共産党は革命闘争の時代も政権党になった現在も大量の人材の育成に非常に力を入れている。共産党の主義主張を政治経済、社会管理、文化教育などあらゆる分野に貫かせるために、党の綱領を理解し、そして専門知識と管理能力を同時に持つ優秀なリーダーを大量に必要とする。これは共産党が党員の人数を懸命に増やしていく根本的な原因であろう。

毛沢東の時代では共産党に加盟したいものに対し、政治的な条件と階級の純粋性に注意を払ったが、改革開放によって中国社会が大きく変化したのに伴い、江沢民は中国共産党が先進的な生産力の代表でなければならないといった「三つの代表」理論を打ち出した。その背景には、自由主義やリベラリズムが仰がれやすい豊かになった中産階層、および私営企業の経営者層、つまりマルクス主義の理論では搾取傾向のあるとみられるブルジョア階層も抱き込もうとする政治的な意図があると思われる。とにかく、社会上の有能な人材をすべて共産党内に網羅しようとする。ただ、このやり方では、共産党の党員数は増えるものの、共産党はさまざまな考え方の持ち主の集合体となり、イデオロギーの政党から普通の政党に変わっていく時代が訪れるだろう。

党内の遠心力の増大を防ぐために、共産党の指導部は幹部職員の選抜と昇進には細心な選別作業を行っている。党による幹部管理とはその目的を実現するための手段であろう。第10章で述べるように、幹部職務管理表や4級下までの管理から2級下までの管理などの方法がとられてきた。公務員制度が導入された現在でも、中立不党と標榜される工業先進国の公務員とは違い、中国の公務員制度は共産党の指導下に置かれ、個々の公務員は共産党の指導を擁護する義務が課されている。

党による幹部管理とはなにか。具体的には第10章で述べるのでここでは詳細は省くが、簡単にまとめると、次のような仕組みとなっている。幹部の候補者指名、資格審査、思想品行に対する調査、能力の評定、考課、昇進昇格、賞罰などについてはその幹部のランクに応じて主管権のある党務機関が作業を主宰し、最終的な決定は党の各級委員会で行われる。

このようなやり方は主管上司が個人の好悪に基づき腹心を培い、派閥の形成の弊害を防ぐ目的もあるが、党指導部の役員、特にトップ書記に対する監督が機能しなかったため、党委員会での集団決定は知らないうちにナンバーワンの書記個人の決定権となり、党による幹部管理は一部の地方では党書記の個人管理と変質してしまった。

▼党による武装力の掌握

1927年9月9日、毛沢東は秋収穫期の農民蜂起を指揮し、国民党との軍事闘争を始めた。しかし、国民党の強力な軍事力によって農民蜂起は失敗し、5000人もいた農民蜂起軍は革命を諦めて退出者が続出し、あっという間に約1000人にまで減少してしまった。この現象にブレーキを掛けるために毛沢東は江西省の三湾村で蜂起軍を改編し、軍人の中で共産党の各級組織を設置し、党の支部を中隊に設け、労農赤軍における組織の規律を強化するとともに政治理論と共産主義の思想を教えることにした。これによって農民蜂起軍は安定し、戦闘力も増強するようになった。これは中国共産党の「党による武装力の掌握」原則が導入されたきっかけである。それ以来、毛沢東の提唱と推進の下に、「党による武装力の掌握」は中国軍の揺るぎない原則となり、共産党に相次いで勝利をもたらした。建国後の１９５３年12月に開催された「全国の軍事系統における党の高級幹部会議」で中央軍事委員会副主席の彭徳懐が行った基調報告「４年来軍事活動の総括および今後軍事建設に関する若干の基本的問題」の中で、人民郡代が正規化、近代化に向かう建設過程に党による指導および政治的業務を強化し、軍の各級指導は「党委員会の集団指導下の首長の分業責任制を実行しなければならない」と明確に要求した。翌年４月に『中国人民解放軍政治業務条例』が策定されるとき、毛沢東はまた自ら中国人民解放軍における中国共産党の政治的業務は「軍の生命線」であるという内容を書き込み、法規の形でその原則を固定化させた[3]。

図１－６は中国共産党が軍事力をコントロールする仕組みのイメージ図である。この図からわかるように、中国人民解放軍は中国共産党中央委員会およびそれに直属する中央軍事委員会に直属している。中国憲法には中央軍事委員会は全人代によって選挙されると規定されているが、基本的には中国共産党の中央軍事委員会に対する承認投票であり、その顔触れはまったく同じである。鄧小平時代に中央委員でもない鄧小平が中央軍事委員会の主席を務め、党による武装力の掌握という原則を外れた一時期以外は、ほとんど共産党のナンバーワンが軍の主席を兼任している。

政治思想の宣伝や将校の人事については総政治部を頂点とする各級の政治部によって掌握される。各級の政治委員は軍の司令官と並列する将官で、主な仕事は軍内の政治動員、共産党の党務および管

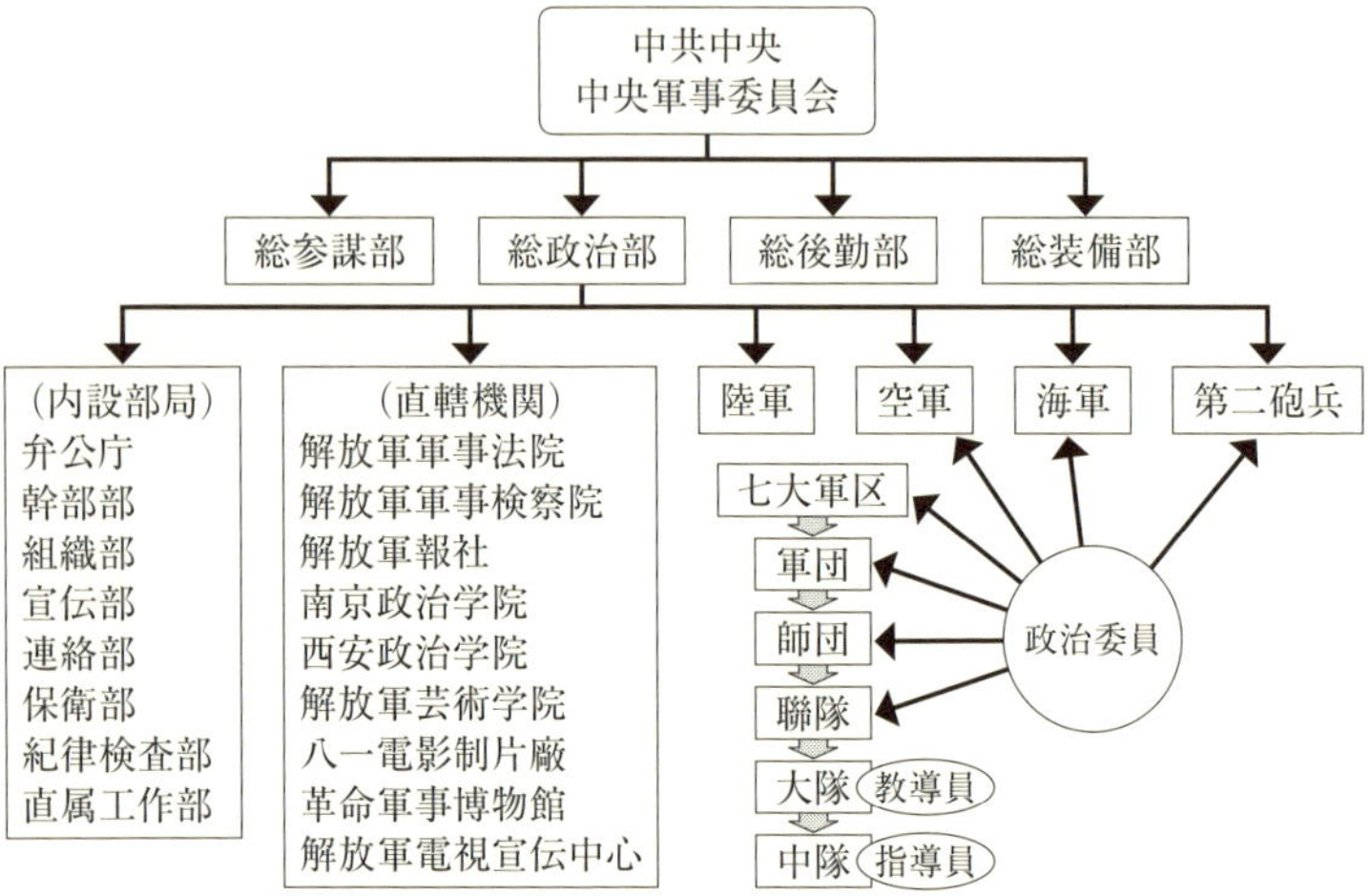

図１－６　共産党による軍事力の掌握仕組み

（出典：関係資料をもとに筆者作成）

轄下の軍人幹部に対する教育、考課、研修および昇進昇格の業務を司る。大隊以下の軍事組織内では政治思想の教育等の党務を担当する教導員（大隊）、指導員（中隊）が配置され、党支部が設けられている。中国共産党はまさにこれらの措置を通して武装力に対するコントロールを行い、軍に対する絶対的な指揮権を確保する。特に、ソ連で党による武装力の掌握の弱化によりソ連共産党があっという間に崩壊し、ソビエト共和国連邦が滅びた歴史的事件を目撃した中国共産党は毛沢東によって確立された中国式の党による武装力の掌握という原則をさらに強化しつつあった。

第2章 人民代表大会と国家最高権力機関

1　人民代表大会――中国の立法機関

(1) 人民代表大会とはなにか

前述したように、共産党は国の事務全般に対する指導権を掌握したものの、その指導部は立法、行政、司法等の事務を直接に処理するのではなく、分業体制を採用しそれぞれの職権を司る機関を設けて、政権党の方針、意志を実現させるようにしている。その中の立法事務は人民代表大会（以下、人代と略す）によって行われる。

中国憲法には「すべて権力は人民に属する」という原則が定められており、それを実現する機関は人代である。憲法によると、「中華人民共和国全国人民代表大会（以下、全人代と略す）は国家最高権力機関である」「地方各級の人民代表大会（以下、地方人代と略す）は地方の国家権力機関である」と定められている。

全人代は立法権を中心に、国家指導者の任免権、予算等の決定権と国政への監督権といった幅広い権限を与えられており、行政機関、裁判機関、検察機関および軍事指揮機関などの国家機関を組織する母体でもある。いうまでもなく、諸権の中で、立法権は全人代の最も日常的、基本的な権力である。憲法によると、全人代は憲法の制定、修正権と基本法律の制定権を持ち、全人代常務委員会は法律の解釈権、基本法律以外の法律の制定、修正権、行政法規や地方人代で採択された地方条例の取消権などが付与されている。

人民代表大会は次のような原則に基づいて行動する。

第一に、各級の人民代表は人民に選ばれ、人民に対し責任を負い、人民の監督を受けなければならない。

第二に、人民の選挙によって選ばれた代表機関は集中的に国家権力を行使し、その他の国家機関を組織し、これらの機関の業務を監督する。

第三に、国家機関およびその職員は人民の監督を受けなければならない。

第四に、各少数民族は民族自治地域内で自治権を行使する。

第五に、人民代表大会は一連の監督制度を確立し、全人代常務委員会が人民代表大会に従い、国家行政機関が人民代表機関に従い、下級機関が上級機関に従い、すべての国家機関が人民に従う。

長い間、中国の人代を「議行合一」、すなわち立法と行政を一体化させた機関と唱える説があるが、それは現状に合致していない。

確かに、パリコミューン（1871年3月に成立、2か月間存立）の時期に、マルクスとエンゲルスはコミューンの「議行合一」の体制を賞賛、支持し、レーニンはソビエト（1917年）樹立の初期に、特に1924年ソビエト憲法にソビエトの「議行合一」体制を規定したことがある。しかし、ソビエト政治経済の発展とともに、1936年ソビエト憲法は既に「議行合一」の体制を見直し、ソビエトを議行合一から議会と行政との相対的な分離の体制に変えた。

中国においては、共産党は井崗山の根拠地で一時期に「議行合一」の政権建設の実践を行っていたが、1954年憲法から「議行合一」を実行した痕跡がない。現行憲法ではさらに全人代常務委員会の委員は行政機関や裁判、検察機関の兼務を禁止されている。現在、全人代は国家最高権力機関であり、立法業務を司るとされている。国務院は最高執行機関であり、行政業務を主管する。最高人民法院は最高裁判機関であり、最高人民検察院は法律監督機関であり、それぞれ裁判と法律監督の業務を主管する。ただ、全人代は民主集中制を実施しているため、その他の国家機関を組織する母体として、主に立法権、人事任免権、予算などの国家事務の決定権および監督権の行使を通して行政権、司法権をチェックするものの、自ら前面に出て行政権、司法権を行使することはない。

(2) 民主集中制の意味

全人代制度の研究者蔡定剣によると、1905年、レーニンは社会民主党の意思を統一し、党内に存在していた小グループの習性を克服するために、党内で集中を堅持しながら、民主を拡大するという民主集中制を党の建設理論として提起したという。その後、レーニンはさらに国家制度の建設についても民主集中制によく言及した。たとえば、1918年、レーニンは「論文『ソビエト権力の当面の任務』の最初の草稿」の中で次のように指摘した。「われわれは、民主主義的中央集権制を支持する。そして民主主義的中央集権制が、一方では官僚的中央集権制と、他方では無政府主義と、どんなにかけはなれているかを、明瞭に理解しなければならない。中央集権制の反対者は、いつもきまって、中央集権制に偶発的に付随するものとたたかう手段として、自治と連邦制を提唱する。実際には、民主主義的中央集権制は、けっして自治を排除するものではなく、むしろ反対に、その必要を前提とするものである」（『レーニン全集』第27巻、大月書店、1961年第4刷、210頁）と。したがって、レーニンが国家政権の整備に関して打ち出した民主集中制は、多民族の状況下で統一した中央政権を樹立し、地方自治と中央集権との関係を解決する手段として提起されたものである。ちなみに、引用文中の「民主主義的中央集権制」は「民主集中制」と中国語訳にされている。

民主集中制は中国共産党に引き受けられた。1937年、毛沢東はイギリス人記者バートラムのインタビューを受けたとき、民主集中制について次のように説明した。「民主と集中との間に、乗り越えられない溝が存在していない。中国にとっては両方が必要である。一方、われわれが要求している政府は真に民意を代弁する政府でなければならない。この政府は全中国の広範な人民大衆によって支持、擁護され、人民も政府を支持する自由があり、政府の政策に影響を与えるあらゆるチャンスを持たなければならない。これが民主制の意義である。他方、行政権力の集中化も必要であり、人民の要求している政策が民意機関で採択され、選ばれた政府に送付された場合、政府がそれを執行することになる。執行のとき民意によって採択された方針に違反することさえなければ、その執行は妨害されることなく順調であろう。これが集中制の意義である」と。この話からわかるように、中国において民主集中制を国家制度に適用させた場合には、民主とは政府の組織や国家権力は人民の支持を基礎にすることを意味し、集中とは行政権力を集中的に行使し、民意機関で制定された法律や政策を執行することを意味していた。１９４５年、毛沢東は『連合政府について』の中でも前記の意義と同様な民主集中制を論じていた。

しかし、１９５４年、民主集中制が国家政権の組織原則として憲法に正式に書き込まれて以来、民主集中制に関する理解は前記の意義から少しずつ外れていった。民主集中制を政治生活の一般的準則、人民内部の矛盾を処理する過程における個人と組織間との関係を扱う準則として拡張し、紀律と服従を強化する手段として使われ、民主の部分がますます軽視され、集中の面が強調されるようになった。民主集中制が一部分の人がワンマン政治や個人独裁を行う都合のよい口実と変質しつつあったことは事実である。

一方、国政運営の原則として中国憲法に定められた民主集中制は次のような内容とされている。まず、国家機関と人民との関係上では、「全国人民代表大会および地方各級人民代表大会は、すべて民主的選挙によって選出され、人民に対して責任を負い、人民の監督を受ける」。次に、人民代表機関とその他の国家機関との関係上では、「行政機関、裁判機関および検察機関は、いずれも人民代表大会によって組織され、これに対して責任を負い、その監督を受ける」。最後に、中央と地方の国家機関の職権区分上では、「中央の統一的指導のもとに、地方の自主性と積極性を十分に発揮させる原則に従う」とされている。この中で、第一の分野では民主の側面、第二の分野では民主と集中の二側面、第三の分野では主に集中の側面がそれぞれ体現されている。

(3) 人民代表大会制度の形成の経緯

前述したように、中国の人代制度はいうまでもなくマルクス、エンゲルス、レーニンの理論に基づいている。人代制度を理解するためにはその理論を概説する必要があろう。

プロレタリアート政権の樹立を最初に提起したのはマルクスとエンゲルスである。1871年パリコミューンが樹立した後、マルクス、エンゲルスはコミューンの経験を総括し、プロレタリア国家政権の建設理論を打ち出した。マルクスは『フランスにおける内乱』(第二次草稿)の中で次のように指摘している。「コミューンは、すべての市民の普遍選挙によって選出された市会議員で構成されなければならなかった。彼らは(選挙人に対して)責任を負い、即座に解任することができた。この機関の構成員の大多数は、当然に、労働者か、労働者階級の公認の代表者から成り立つであろう。それは議会ふうの機関ではなくて、同時に執行し立法する行動的機関でなければならなかった。警官は、中央政府の手先ではなくなって、コミューンの公僕とならなければならず、行政府の他のあらゆる部門の職員と同様に、コミューンによって任命され、またいつでも解任されうるものとならなければならなかった。職員はみな、コミューンそのものの議員と同様に、労働者なみの賃金で彼らの仕事を果たさなければならなかった。裁判官もまた、選挙され、解任でき、そして責任を負うものとならなければならなかった。社会生活のあらゆる問題についての発議権は、コミューンの手に留保されなければならなかった。一言でいえば、あらゆる公的機能は、今後も中央政府に属するのであろう少数の機能でさえ、コミューンの吏員によって、したがってコミューンの監督のもとに執行されるはずであった」（『マルクス＝エンゲルス全集』第17巻、大月書店、１９６６年、５６５頁）と。

この話の中で、マルクスは次の四点を指摘したと思われる。第一に、新たな政権機関は人民代表から構成される。第二に、人民代表機関は議会ふうのものではなく、行政と立法を同時に司る行動的機関である。第三に、代表たちは選挙人によって直接に選ばれ、直接に選挙人の監督を受け、また政府の職員を任命し、彼らに対して監督を行う。第四に、代表機関は社会生活のあらゆる問題についての発議、決定権を握る。この四点、特にこの中の「議行合一」の理論は後の社会主義国家の経典として祭り上げられた。

レーニンはマルクス、エンゲルスの理論を継承し、さらにそれを発展させた。彼はブルジョアジー議会の仮面と欺瞞性を批判する傍らに、プロレタリアートはその政権建設において反対の方法をとり、「おしゃべり小屋」ふうの議会制を廃止し、「真に民意を代弁し」、すべての権力を手にした国家権力機関を建設しなければならないと唱えた。彼は『国家と革命』の中で「議会制からの活路は、代議機関と選挙制の廃棄にあるのではなく、代議機関をおしゃべり小屋から『行動的』団体へ転化することにある」と指摘した（『レーニン全集』第25巻、大月書店、１９６１年、４５６頁）。このような「行動的」機関を建設するために、彼はさらに次のように強調した。第一に、代表機関は普遍、平等、直接、無記名投票に基づき、しかも、選挙自由が充分に保障される条件下で選挙によって選出されなければならない。第二に、真に人民専制を示すために、代表機関は完全な、分割できない統一とした権力を掌握しなければならない。そのため、レーニンは十月革命にあたり、「すべての権力をソビエトに帰す」

と主張した。第三に、代表機関の代表は人民の監督を受けなければならない。

中国共産党は、政権組織の形式においてまさにその理論を踏まえ、ソ連の実践を参考に、中国の政治、経済事情を吟味しながら、試行錯誤を繰り返して実験を重ねていった。1940年、毛沢東は『新民主主義について』の中で、中国革命の勝利後、政権組織の形式について人民代表大会を実行する構想を打ち出し、「中国は全国人民代表大会、省人民代表大会、県人民代表大会、区人民代表大会、ないし郷人民代表大会のシステムを採用し、そして、各級の代表大会によって政府を選出する」と唱えた。

中華人民共和国樹立後、全国人民政治協商会議の過渡期を経て、1954年から正式に人民代表大会制度を実施した。しかし、この制度を正式に実施するとき、マルクスおよびレーニンが構想していた「普遍、平等、直接、無記名投票」の原則が修正され、直接選挙から後退し間接選挙となった。これは、中国の人代制度に導入の当初から生まれながらの欠陥が存在している所以である。

2　人民代表大会の組織構造

(1) 全人代の組織構造

中国の行政ランクは中央、省・自治区・直轄市、地区（地区級市）、県（県級市）、郷（鎮）の5級体制に分かれている。それに対応して、人民代表機関も5級となっており、全人代、県以上地方人代と基

表2－1　人民代表の党派、性別、民族および階層の構成　（単位：％）

	第1期	第2期	第3期	第4期	第5期	第6期	第7期	第8期	第9期	第10期	第11期	第12期
共産党	55.5	57.8	54.8	76.3	72.8	62.5	66.8	68.4	71.48		70.27	
民主党派	25.5	42.2	45.1	8.3	14.2	18.2	18.2	19.1	15.44	16.08	29.72	
無党派				15.4	13	19.3	15	12.5				
女性	12	12.2	17.8	22.6	21.2	21.2	21.3	21	21.81		21.33	23.4
少数民族	14.4	14.7	12.3	9.4	10.9	13.6	15	14.8	14.36	13.9	13.76	13.69
労働者、農民	5.1	11.1	12.6	51.61	47.3	16.6	23	20.6	18.89	18.46		13.42
知識人				12	15	23.5	23.4	21.8	21.07	21.14		20.42
幹部				11.2	13.4	21.4	24.7	28.3	33.16	32.43		34.88
軍人	4.9	4.9	3.9	16.8	14.4	8.97	9	9	8.9	8.97		
帰国華僑	2.5	2.5	2.5	1	1	1.3	1.6	1.2	2.45		1.2	1.2

（出典：第1～9期のデータは楊鳳春『中国政府概要』［北京大学出版社、2002年8月、96頁］による。第10～12期は筆者がhttp://news.ifeng.com/mainland/special/2013lianghui/content-3/detail_2013_02/27/22538817_0.shtml、「人民網」http://www.people.com.cn/GB/shizheng/1026/2369476.htmlに掲載された数字で換算したものである。データがないものは空欄となっている）

層人代の三層に分類されている。全人代は全国の立法機関として頂上に位置している。ここでは主に全人代を中心に中国の立法機関の内部組織構造および運営方法を概説することにしたい。

全人代は省、自治区、直轄市、解放軍ごとに選出された代表により構成される。人民代表の選出方法は県以下の地方人代では選挙人の直接選挙により、県級以上の地方人代では1級下の人民代表大会の代表からの間接選挙により選ばれる。全人代の定員は3000名以内（第11期、12期はともに2987人）に抑えられている。代表は主に労働者、農民、知識人、軍人および国家機関の職員が中心で、任期は5年とされる。第1期～第12期全人代の代表における党派および階層の構成は表2－1を参照されたい。

図2－1の組織構造図からわかるように、全人代は全国人民代表大会と全人代常務委員会の二重構造となっている。毎年3月に開催される全人代の会議はすべての人民代表が北京に集まる唯一の会合であり、代

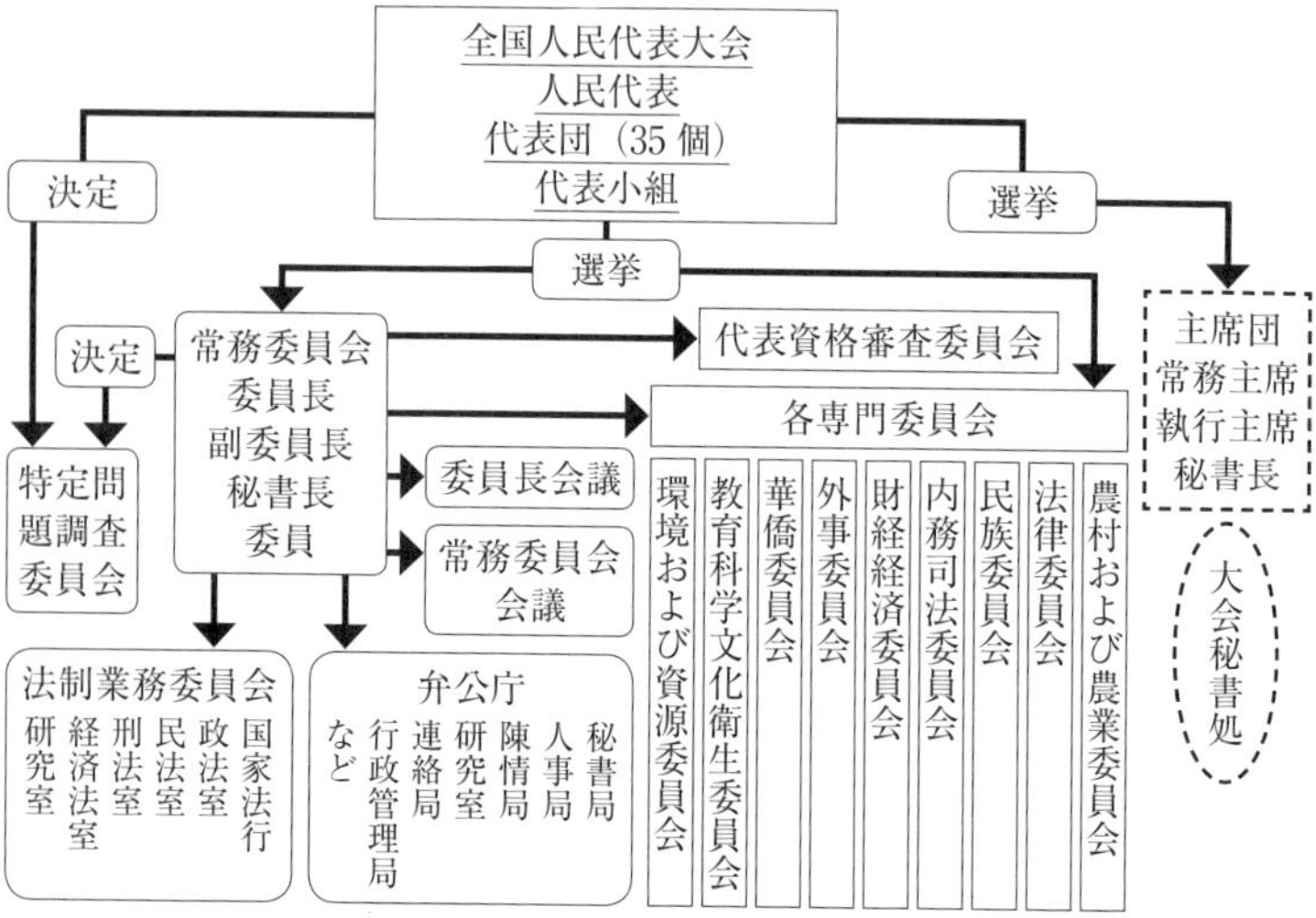

図2－1　中国全国人民代表大会組織構造図
（出典：北京大学政府管理学院副教授楊鳳春作成）

表たちは国是を議論するよりもお祭りの気分で情報交換を大事にする向きがみられる。

（2）全人代常務委員会の組織構造

全人代は会議制をとっており、その日常業務を取り扱うのは全国人民代表大会常務委員会という常設機関である。全人代の閉会期間に、常務委員会は全人代の権力を行使することになる。

全人代常務委員会は委員長1名、副委員長若干名（第12期全人代は13名）、秘書長1名（副委員長が兼任）と委員（第12期は161名）から構成される。全人代常務委員会には全人代に直属する専門委員会以外に、業務および事務機関と代表資格審査委員会が設けられている。また、委員長会議を設けて全人代常務委員会の日常業務を取り扱うこととなっている。図2－2はその組織構造図である。

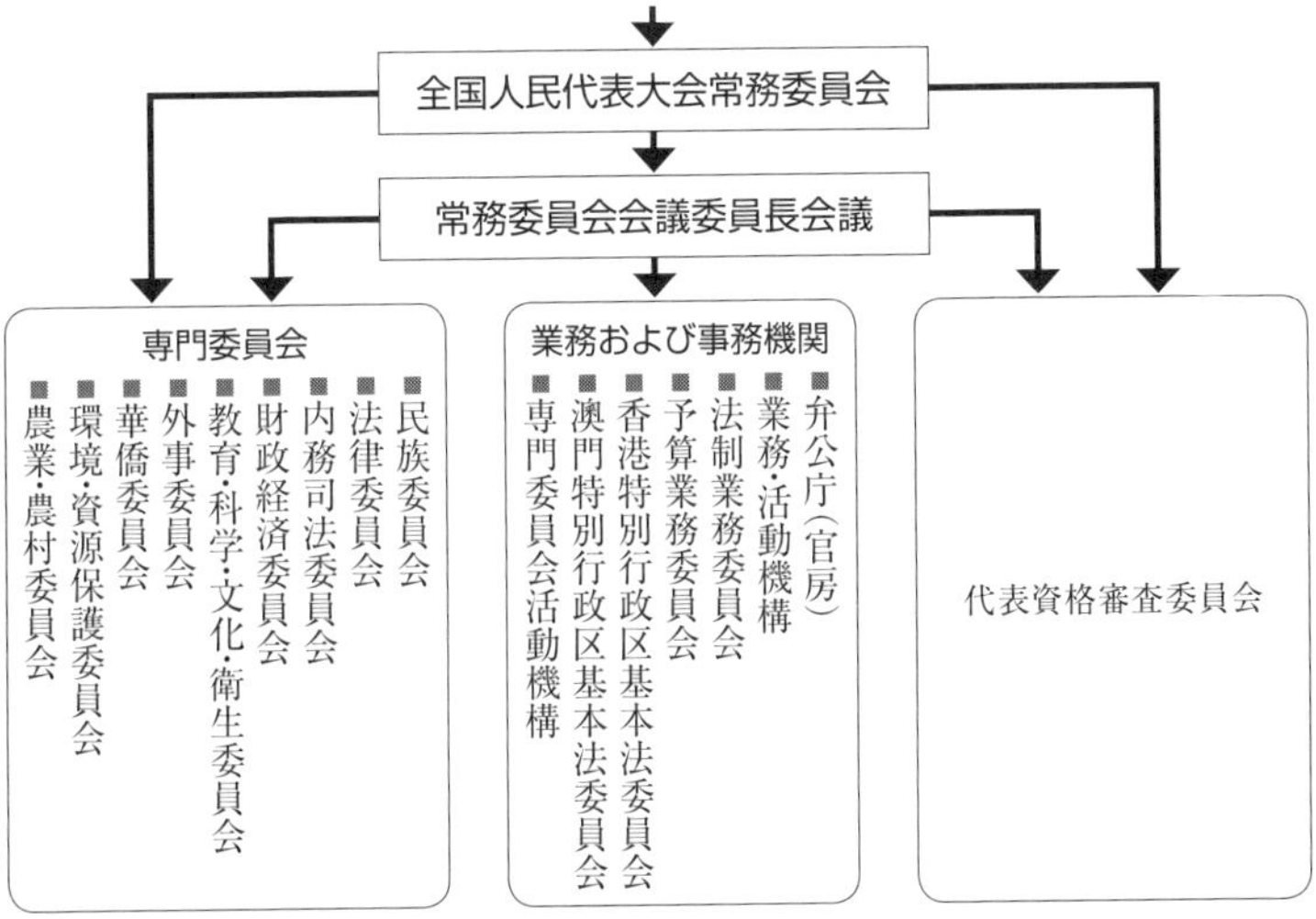

図２－２　全人代常務委員会の組織構造図
（出典：「新華網」http://news.xinhuanet.com/ziliao/2004-11/15/content_2221419.htm［アクセス：2013/12/10］）

（3）全人代の運営方法

全人代代表の人数が多いため、会議の方式は主席団会議、全体会議、代表団会議と小組会議を採用している。代表はそれぞれ省級エリアごとに組織される35の代表団に所属し、各種の活動報告の聴取および採決、予算・決算の決定、法律案の採決、人事案の採決などについては全代表が集まる全体会議が開催される以外に、代表の討議および審議活動は基本的に代表団ごとに行われる。そして、代表団も少人数ではないため、審議、討議は省内のブロックごとに組織される小組会議で行われる。各小組ないし各代表団の意見を集約するためには、会議期間中に「会議簡報」と題する書類が回される。全人代の会議の仕組みは図２－３を参照されたい。

全人代は年に会議を1回開催し、会期は約1週間余りを目安としている。会議の内容は

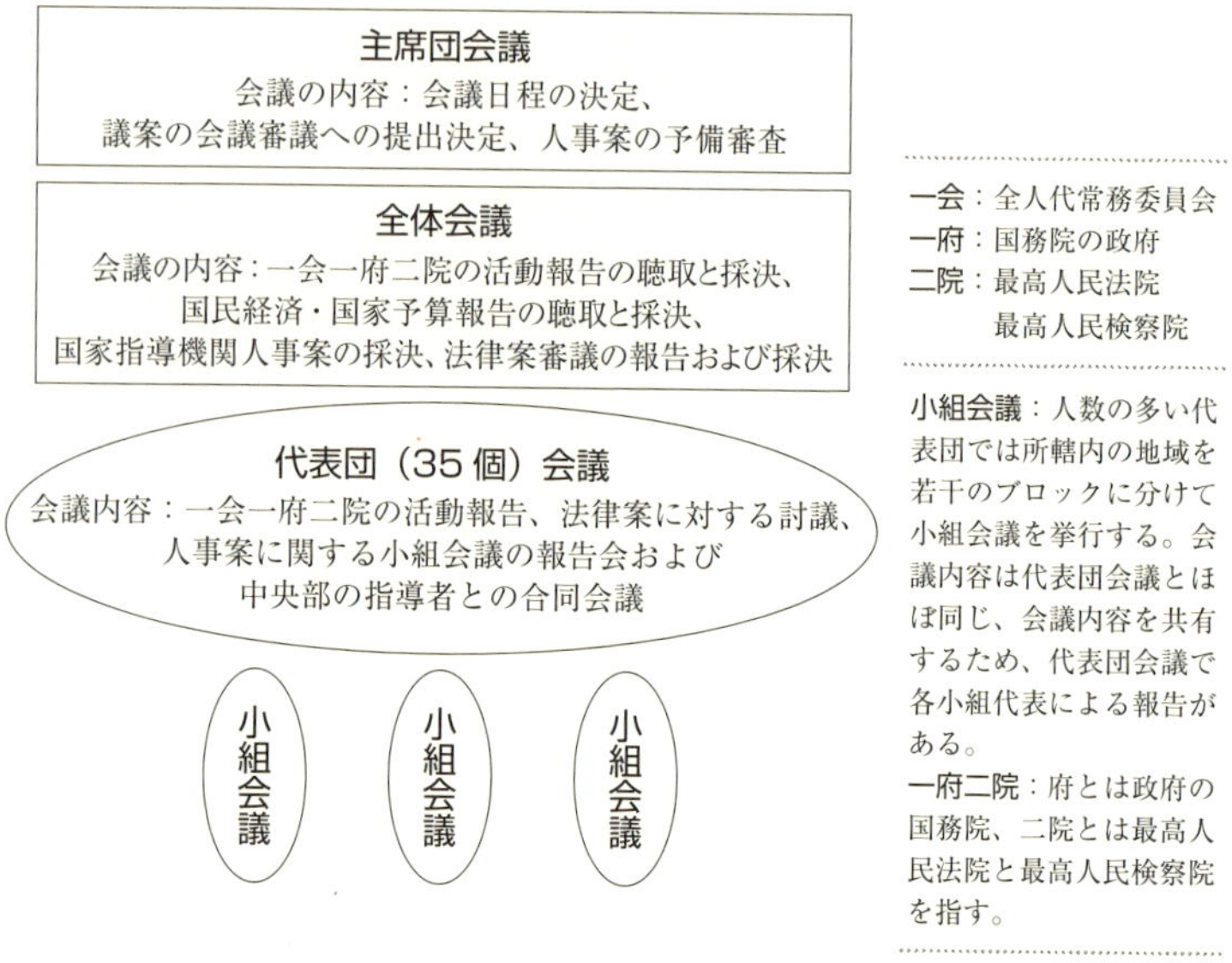

一会：全人代常務委員会
一府：国務院の政府
二院：最高人民法院
最高人民検察院
小組会議：人数の多い代表団では所轄内の地域を若干のブロックに分けて小組会議を挙行する。会議内容は代表団会議とほぼ同じ、会議内容を共有するため、代表団会議で各小組代表による報告がある。
一府二院：府とは政府の国務院、二院とは最高人民法院と最高人民検察院を指す。

図２－３　全人代の会議方式　（出典：筆者作成）

国務院総理による活動報告、全人代常務委員会委員長による活動報告、最高人民法院院長および最高人民検察院検察長による活動報告の聴取と審議、国家予算および決算報告の審議、法律案の審議と採決、国家人事の討議と決定、社会経済の発展企画の審議と決定などがある。

全人代常務委員会では図２－４に示されるとおり、常務委員会会議と委員長会議によって運営されている。

全人代常務委員会会議は２か月ごとに開催され、必要がある場合には臨時に招集される。会議は常務委員会委員長が主催し、場合によっては副委員長に依頼して副委員長が主催することも可能である。常務委員会会議は常務委員会構成員の半数以上の出席を必要とする。

常務委員会会議が開催されるとき、国務

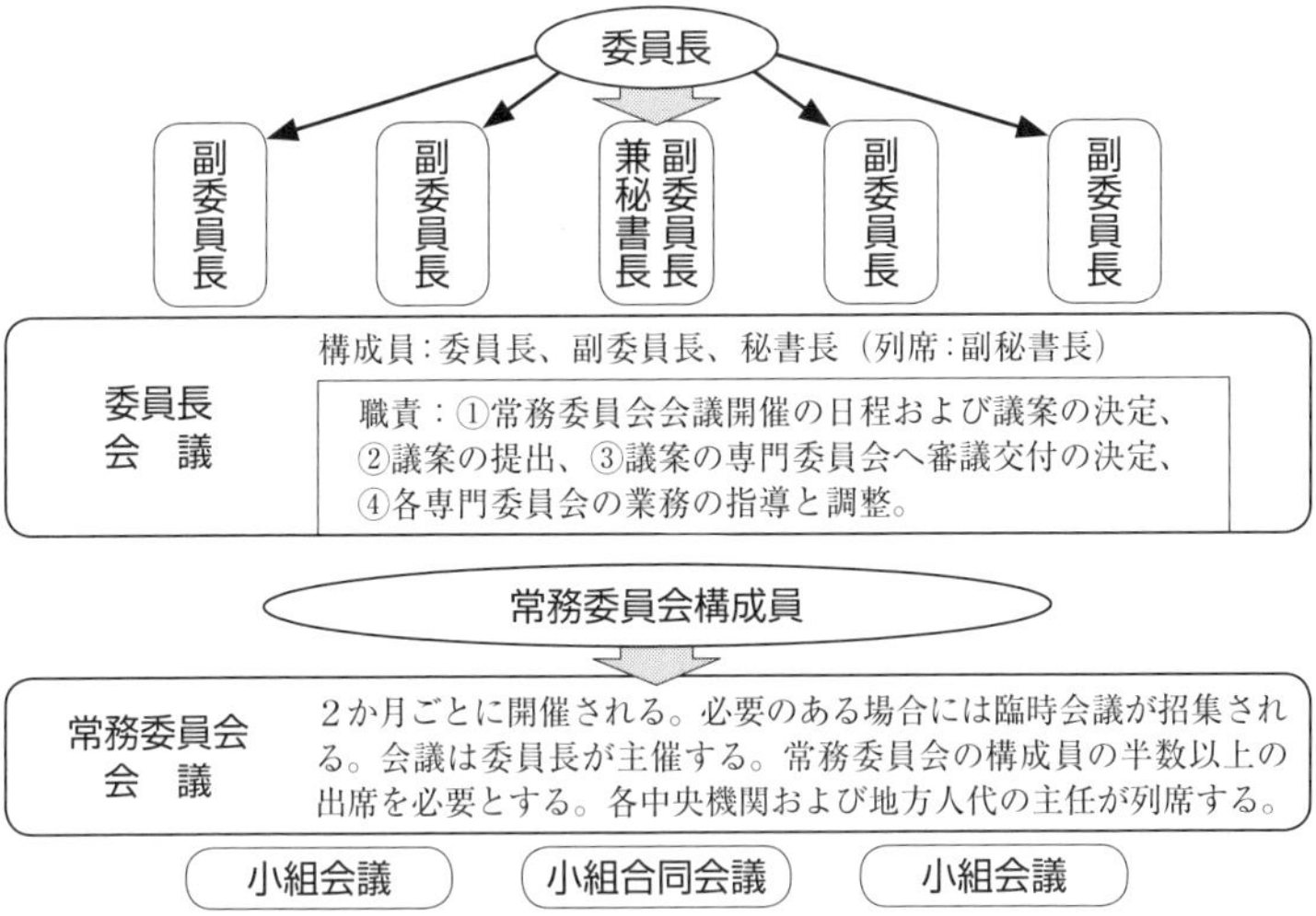
委員長
副委員長
副委員長
副委員長兼秘書長
副委員長
副委員長
委員長会議
構成員：委員長、副委員長、秘書長（列席：副秘書長）
職責：①常務委員会会議開催の日程および議案の決定、②議案の提出、③議案の専門委員会へ審議交付の決定、④各専門委員会の業務の指導と調整。
常務委員会構成員
常務委員会会議
２か月ごとに開催される。必要のある場合には臨時会議が招集される。会議は委員長が主催する。常務委員会の構成員の半数以上の出席を必要とする。各中央機関および地方人代の主任が列席する。
小組会議
小組合同会議
小組会議

図２－４　全人代常務委員会会議の仕組み　（出典：筆者作成）

院、中央軍事委員会、最高人民法院、最高人民検察院の責任者が会議に列席する。また、常務委員会の構成員ではない全人代専門委員会の主任委員、副主任委員、委員および常務委員会の副秘書長、法制業務委員会の主任、副主任ならびに関係部局の責任者も会議に列席する。なお、省・自治区・直轄市人民代表大会常務委員会の主任または副主任１人が会議に列席する。そして、会議には関係する全人代の代表を招いて列席させることができる。

常務委員会会議の方式は全員参加の全体会議、小組会議と小組合同会議の形をとることができる。小組会議の招集人は委員長会議で複数人を決め、交代で会議を主催する。小組の構成メンバーは常務委員会の事務局によって指名され、秘書長が決裁する。ただ、構成メンバーは固定的ではなく、定期的に配置換えを行う。小組合同会議は委員長が自ら主催するか、副委員長に依頼して主催することになっている。

委員長会議は、委員長、副委員長、秘書長から構成され、主に①常務委員会会議の開催期日および会期、議事日程の決定、②常務委員会への議案提出に関する審議、③人事任免に関する手続の決定、④各専門委員会の業務に対する指導と協調などを内容とする。委員長会議は委員長が主催し、2週間に1回の頻度で開催される。

また、全人代および全人代常務委員会に所属する9つの専門委員会は全人代の第1次会議に成立し、全人代（全人代の閉会期間中には常務委員会）の指導を受けて業務を行う。専門委員会は業務内容により10~30数名の委員からなり、副委員長は専門委員会の主任を兼務し、副主任委員若干名が委嘱される。専門委員会の職責は次のようになっている。①全人代主席団または全人代常務委員会から送付された議案、国務院、最高人民法院、最高人民検察院の活動報告および国民経済と社会発展計画および予算報告に対する審議、②関連する法律、決議、決定草案の作成、③憲法、法律と抵触すると認定された行政法規、地方的法規ならびに決定、命令および指示など規範的文書を審議し、審議報告書を提出すること、④全人代または常務委員会の職権に属し、専門委員会と関係のある問題について調査を行い、建議を提出すること、などである。

（4）全人代および全人代常務委員会の職権

まず、全人代の職権を見よう。その職権は表2－2に掲載したとおりである。これらの職権は立法

表２－２　全国人民代表大会の職権

立法権	①憲法を制定および改正すること。 ②刑事、民事、国家機関その他に関する基本的法律を制定および改正すること。 ③全国人民代表大会常務委員会の不適当な決定を改め、または取り消すこと。
人事権	①国家主席および副主席を選挙すること。 ②国家主席の指名に基づき国務院総理を選定すること。 ③国務院総理の指名に基づき国務院の副総理、国務委員、各部部長、各委員会主任、人民銀行行長、会計検査長および秘書長を選定すること。 ④中央軍事委員会主席を選挙すること。 ⑤中央軍事委員会主席の指名に基づき中央軍事委員会その他の構成員を選定すること。 ⑥最高人民法院院長を選挙すること。 ⑦最高人民検察院検察長を選挙すること。 ⑧中華人民共和国主席および副主席、国務院総理、副総理、国務委員、各部部長、各委員会主任、会計検査長および秘書長、中央軍事委員会主席および中央軍事委員会その他の構成員、最高人民法院院長、最高人民検察院検察長を罷免すること。
社会経済事務に関する政策決定権	①国民経済・社会発展計画およびその執行状況の報告を審査および承認すること。 ②国家予算およびその執行状況の報告を審査および承認すること。 ③省、自治区および直轄市の設置を承認すること。 ④特別行政区の設立およびその制度を決定すること。
宣戦および講和権	①戦争と平和の問題を決定すること。
監督権	①憲法の実施に関する監督を行うこと。
その他の職権	①最高の国家権力機関が行使すべきその他の職権。

（出典：『中華人民共和国憲法』をもとに筆者作成）

表２－３　全人代常務委員会の職権

立法権	①憲法を解釈すること。 ②全国人民代表大会が制定すべき法律以外の法律を制定し、およびこれを改正すること。 ③全国人民代表大会閉会中の期間において、全国人民代表大会の制定した法律に部分的な補足を加え、およびこれを改正すること。ただし、その法律の基本原則に抵触してはならない。 ④法律を解釈すること。 ⑤国務院の制定した行政法規、決定および命令のうち、憲法および法律に抵触するものを取り消すこと。 ⑥省、自治区および直轄市の国家権力機関の制定した地方的法規および決議のうち、憲法、法律および行政法規に抵触するものを取り消すこと。
人事権	①全国人民代表大会閉会期間に、国務院総理の指名に基づき、部長、委員会主任、会計検査長および秘書長を選定すること。 ②全国人民代表大会閉会期間に、中央軍事委員会主席の指名に基づき、中央軍事委員会のその他の構成員を選定すること。 ③最高人民法院院長の申請に基づき、最高人民法院の副院長、裁判員および裁判委員会委員ならびに軍事法院院長を任免すること。 ④最高人民検察院検察長の申請に基づき、最高人民検察院の副検察長、検察員および検察委員会委員ならびに軍事検察院検察長を任免し、かつ、省、自治区および直轄市の人民検察院検察長の任免について承認すること。 ⑤海外駐在全権代表の任免を決定すること。
社会経済事務に関する政策決定権	①全国人民代表大会閉会期間に、国民経済・社会発展計画および国家予算について、その執行の過程で作成の必要を生じた部分的調整案を審査および承認すること。 ②軍人および外交職員の職級制度その他の特別の職級制度を制定すること。
宣戦、講和および緊急事態の決定権	①全国人民代表大会閉会期間に、国家が武力侵犯を受け、または侵略に対する共同防衛についての国際間の条約を履行しなければならない事態が生じた場合に、戦争状態の宣言を決定すること。 ②全国の総動員または局部的動員を決定すること。 ③全国または個別の省、自治区もしくは直轄市の緊急事態の実行を決定すること。
条約権	①外国と締結した条約および重要な協定の批准または廃棄を決定すること。
綬勲および特赦権	①国家の勲章および栄誉称号を定め、その授与について決定すること。 ②特赦を決定すること。
監督権	①憲法の実施を監督すること。 ②国務院、中央軍事委員会、最高人民法院および最高人民検察院の活動を監督すること。 ③法律の定める手続に従って、国務院または国務院の各部および各委員会に対する質問書を提出する権利を有する。質問を受けた機関は、責任を持って回答しなければならない。
その他の職権	①全国人民代表大会から授けられるその他の職権。

（出典：『中華人民共和国憲法』をもとに筆者作成）

権、人事権、社会経済事務に関する政策決定権、宣戦および講和権などに分けられている。

次に全人代常務員会の職権を見てみる。表2－3に掲載したのはその職権の全リストである。両者の職権を見比べると、全人代よりも全人代常務委員会の職権がより多く与えられているように思われる。

3　人民代表はどのように選ばれるか

(1) 全人代および各級地方人代の定員

中国は約13・7億人を有する人口大国である。全国民を均等に代表して国の法律および地方法規を作るのにかかわるものはどれぐらいの人数が適切かという判断は難しいであろう。それについて人民代表選挙法では具体的な規定が設けられた。次は全人代と地方人代に分けてみることにする。

その規定によると、1人の人民代表により代表される人口が都会と農村と同じ比例で人民代表の定員を決める。全人代の人民代表は省、自治区、直轄市および人民解放軍を単位として選ばれ、その人数は3000人を上回らないと定められている。この定員は「人口数に基づく定員」、「地域基本定員」と「その他の定員」という3つの枠から構成される。第12期全人代の場合に、「人口数に基づく定員」は人口約67万人に代表1人の割合で査定し、合計2000名とされ、「地域基本定員」は省、自治区、直轄市に一律8名とされた。「その他の定員」は全人代常務委員会が法に基づき査定するという規定があるが、具体的にどのように決めたかが不明だが、共産党指導部、中央官庁および最高裁判所、最高検察院ないし各種の人民団体所属のものがそれに該当するのではないかと思われる。そのほかに、香港特別行政区からは36名、マカオは12名、台湾は13名、帰国華僑は35名、人民解放軍は265名となっている。なお、全人口の約8％を占める少数民族からは人民代表総人数の12％を占め、人口が特に少ない少数民族からは少なくとも1名割り当てなければならないとされている。[4]

各級地方人代の定員については次のように定められている。

・省、自治区の基本定員は350名で、15万人ごとに1名増員し、直轄市では基本定員は同じく350名で、2万5000人ごとに1名増員するが、代表の最高人数は1000名を上回ってはならない。

・区を設置している市、自治州の基本定員は240名、2万5000人ごとに1名増員することができるが、人口が1000万人を超えても最高定員は650名以内とされる。

・県級人代の基本定員は120名で、5000人ごとに1名増員することができる。ただ、人口が165万人を超えても最高450名を超えてはならないが、人口が5万人以下の場合に定員は120名以下で構わない。

・郷・鎮級人代の基本定員は40名で、1500人ごとに1名増員できる。ただ、40名以下となることは構わないが（人口が2000人以下の場合）、160名を上回ってはならない。

・定員は決まったのち、行政区画の変更または大規模な建設によって人口が大きく変動した場合以外は変えることができない。

なお、少数民族の代表数を配慮するために、自治区、少数民族の人口が比較的多い省では全人代常務委員会の決定を経て定員は５％追加することができる。少数民族の数が多く、または人口の居住が分散している県、自治県、郷、民族郷も省級人代常務委員会の決定により、同じく５％を追加することができる。同一少数民族の人口が域内の総人口を占める比率が15％足らずの場合に、１代表が代表する人口数は同地域の代表人口数を下回ることができる。人口の特別少ない少数民族では少なくとも１名の代表の枠を与えなければならない。そして、代表の広汎性を保証するために、県級人民代表大会には、人口の著しく少ない郷、民族郷、鎮からは少なくとも１名の代表を割り当てなければならないとなっている。

（2）選挙管理機関

人民代表選挙法によると、全人代常務委員会は全国人民代表大会の選挙を管理し、省、自治区、直轄市、区を設置する市、自治州の人代常務委員会は本級人民代表大会の選挙を管理する。区を設置しない市、市轄区、県、自治県、郷、民族郷、鎮では選挙委員会を設立し、本級人民代表大会の選挙を管理する。県レベルの選挙委員会は本級人代常務委員会の指導を受け、郷・鎮レベルの選挙委員会は県級人代常務委員会の指導を受ける。省、自治区、直轄市、区を設置する市、自治州の人代常務委員会は当該行政区域内の選挙業務を指導する。選挙委員会の構成員は県級人代常務委員会により任命する。人民代表の候補者は選挙委員会の構成員になることはできない。

選挙委員会は下記の職責を履行する。

①選挙区を区画し、各選挙区の選出代表の定員を配分する。
②選挙人の登記を行い、選挙人の資格を審査し、選挙人の名簿を公表する。選挙人の名簿に対する異議申立を受理して決定を下す。
③選挙の時間を決める。
④代表候補者の関連情報を調査、確認するうえに、選挙人に紹介する。なお多数選挙人の意見に基づき正式な代表候補者を決定し、公表する。
⑤投票を管理する。
⑥選挙の結果の有効性を確認し、当選者名簿を公表する。
⑦法律に定められるその他の職責。

選挙委員会の職責の一つは選挙区の区画と候補者定員の決定であるが、選挙区は居住状況に応じて区画することができるとともに、経済団体、事業体、官庁に応じて区画することができる。選挙区の規模は1~3名の定員に応じて決める。

前記選挙委員会の規定をみると、代表の候補者が選挙委員会の委員になって選挙を行うという今までのやり方と比べれば、少しずつ改善されたとはいえ、委員が地方人代常務委員会によって任命されることなどから考えれば、なお、中立した選挙委員会になっていない。また、実際の運用では、地元の共産党幹部職員や政府役員が選挙委員会の委員として任命されているので、公正公平な選挙になるまではまだ時間がかかりそうだ。

(3) 候補者の指名と選挙活動

▼候補者の指名権

全人代および地方人代の代表候補者は地域または選挙の単位に応じて指名される。候補者を指名することができるのは共産党をはじめとする各政党と各人民団体である。政党および人民団体は独自にまたは合同で候補者を指名することができる。また、選挙人または人民代表も10人以上の連名で候補者を提出することができる。

指名者は選挙委員会または大会の主席団に対し代表の候補者の状況を紹介しなければならない。指名を受け入れた候補者は選挙委員会または大会の主席団に対し自分の身分、略歴等の資料を偽りなく提出しなければならない。

▼候補者の人数

政党、人民団体が独自にまたは合同で指名した候補者の人数および選挙人または人民代表により推薦された候補者の人数は当該選挙区または選挙単位の定員を上回ってはならない。

全人代および地方人代は差額選挙をし、候補者の人数は定員より多めに指名しなければならないとされている。具体的には選挙人が直接に代表を選挙する場合には候補者の人数は定員の3分の1から1倍上回らなければならず、県級以上の各級人民代表大会が1級上の人民代表を選挙する場合には候補者の人数は定員の5分の1から2分の1上回る必要がある。

▼正式な候補者の決定と予選

直接選挙の場合に、候補者の指名が終わった後、選挙委員会は選挙日の15日前に候補者名簿および候補者の関連情報を公開し、それぞれ所属の選挙区の選挙人小組での議論、協商を経て正式な候補者リストを確定させる。正式な候補者の確定の合意に達せられない場合には予選を行い、得票順で決定する。正式な候補者名簿および候補者の基本情報は選挙日の7日以前に公表しなければならない。

県級以上の人代が1級上の人民代表を選挙するという間接選挙の場合には、正式な代表候補者の人選に関する協議の期間は2日を下回ってはならない。正式な候補者の人数が差額選挙の法定比例に達したとき、直ちに投票を行うが、差額選挙の法定比例を超えた場合には、予選を経て、得票順で正式な候補者を決定したうえに投票を行う。正式な投票の前に、候補者名簿および候補者の関連情報を選挙人に公開しなければならない。ただ、県級以上の人代選挙の候補者は当該級の人民代表に限定されるとは限らない。

▼選挙活動

中国では西洋諸国でよくみられる街頭の選挙活動があまり行われていない。候補者が定員と同じ時代の選挙は実質上の認定儀式に過ぎなかった。定員より候補者人数が多いいわゆる差額選挙では街宣等の選挙活動がまだ認められないものの、候補者の自己キャンペーンが行われている。つまり、選挙委員会または人代主席団は選挙人または人民代表に候補者を紹介し、指名してくれた政党、人民団体または選挙人・人民代表は選挙人小組または代表小組の会議で候補者を紹介することができる。そして、選挙人の要求がある場合に、候補者と選挙人との会合を設け、候補者自身が直接に選挙人に対し自分の政見、主張をキャンペーンし、選挙人の質問に答えることができる。ただし、選挙が行われる日には前記の紹介またはキャンペーンを停止しなければならない。

街宣活動に制限を加えている選挙の中で、ここ十数年来、候補者指名のプロセスを避けて、直接に選挙人に訴え、投票を受けるという「独立候補者」が登場してきた。彼らはミニブログやショートメールまたは直接に選挙人に主義主張を訴える形で、選挙人からの支持を得ようとする。この現象に対する各地の選挙委員会またはその背後にある地方政府の対応によって、その選挙結果の明暗は分かれた。たとえば、２００３年に深圳福田区の地方人代の選挙に参加した「独立候補者」の王亮が当選したが[5]、２０１１年に江西省新余市の地方人代の選挙に参加した「独立候補者」の劉萍などの３人は地元政府の干渉を受けたとしてみな落選したという[6]。

「独立候補者」の選挙参加について、中国政府および一部の学者は法的根拠がないとして否定的な態度を見せているが、アメリカをはじめ西洋諸国では暗黙に支持をしているようである。中国の国民にもそれを支持するものが少なくないのが事実である。

(4) 選挙の手続

選挙は無記名、秘密投票の形をとる。直接選挙を行う場合に、選挙人はまず選挙委員会の規定に基づき身分証明書または選挙人証書を提示して選挙票を受領する。選挙委員会は選挙人に便利な原則に応じて投票所を設けて、選挙人からの投票を受ける。選挙人の居住が集中しているところでは選挙大会を挙行し投票を行うこともできる。また、病気で行動の不自由な選挙人または居住が分散している選挙人の投票が行われやすいようにするために、可動式の投票箱を設置することも可能である。文字が読めない、または身体障碍で選挙票に記入できない選挙人は他人に選挙票の記入を依頼することができる。選挙人が選挙の日に外出する場合に、あらかじめ選挙委員会の承認を受け、書面で他人に委嘱して投票することができる。ただし、1人の選挙人が受ける委嘱は3人を超えてはならない。

選挙人は候補者に対し賛成票、反対票または棄権票を選ぶ。また、候補者名簿にないその他の選挙人を選ぶことができる。

投票終了後、回収した票数が投票者人数より多い場合には投票が無効とされ、投票者人数と同じ、または下回る場合には有効とされる。また、1枚の選挙票に記入された人数が規定された定員より多いものは無効票とし、定員と同じまたは定員を下回るものは有効票とされる。

また、選挙区の選挙人半数以上が投票に参加した場合に、選挙は有効とされ、投票した選挙人の賛成票を半分以上獲得した候補者が当選することとなる。

県級以上地方人代の間接選挙の場合は当該級の人代主席団によって投票を管理する。人民代表の過半数の賛成票を受けた候補者は当選する。

過半数の賛成票を得た候補者の人数が当選すべき定員より多い場合に、得票順で当選者を決めるが、賛成票が同等のときに再投票を行い、得票の多いものが当選する。ただし、過半数の賛成票を得た候補者が定員を下回るとき、欠員について再び選挙を行い、第1回目の投票の得票順で差額選挙の比例に応じて候補者を決める。ただ欠員が1名しかない場合には候補者を2人にしなければならない。

再選挙の場合に、県級または郷級の人民代表を選挙するとき、得票の多い候補者が当選するが、投票数の3分の1を下回ってはならない。県以上の人民代表の選挙のときには全体の代表から過半数の得票を得なければ当選できないとされている。

選挙の結果が有効かどうかを決める判断は選挙委員会または人民代表大会主席団によって行われ、それを公表する。

なお、同一の人は管轄関係のない2つの行政地域で人民代表になってはならない。

(5) 人民代表の権利および義務

中国では人民代表は国の法律の作成をはじめ多くの国務にかかわる日本の政治家のような責務を全うするものであるが、常務委員会の構成員以外はみな兼職である。彼らは年間に1週間程度の会議に参加するために集合する以外の時間は、それぞれ所属の勤務場で仕事に携わっている。したがって、少なからぬ人民代表は代表を名誉職務とみなし、真剣に職責の履行を考えないため、国民から批判を受けている。そのために、『全国人民代表大会および地方人民代表大会代表法』は、人民代表に表2－4に掲載されている権利および義務を定めたのである。

そして、人民代表の権威性を高めるために、代表法は行政機関等の人民代表からの勧告、意見に対する対応の方法も規定した。つまり、関連機関、組織は真剣に人民代表の建議、批判および意見を検討して取り扱わなければならず、提出された日から起算して3か月以内に回答を提出すべきである。触れられる分野が広く、処理の難度が高い建議、批判および意見については提出された日から6か月以内に回答をしなければならない。そして、検討および取扱の過程に当該人民代表と意思疎通をし、

表2－4　人民代表が享受する権利と履行すべき義務

享受する権利
1. 所属の人民代表大会の会議に出席し、各種の議案、報告に関する審議に参加し、意見を発表すること。
2. 法に基づき連名で議案、質疑案、罷免案を提出すること。
3. 各分野の業務に対する勧告、批判および意見を提出すること。
4. 所属人民代表大会の各種の選挙に参加すること。
5. 所属人民代表大会の各種の採決に参加すること。
6. 法により職務を執行するために必要とされる情報および保障を獲得すること。
7. 法律に定めるその他の権利。
履行すべき義務
1. 憲法および法律を模範的に遵守し、国の秘密を守り、自分が参加している生産、業務および社会活動に憲法および法律の実施を協力すること。
2. 時間通りに所属の人民代表大会の会議に出席し、各項目の議案、報告およびその他の議題を真剣に審議し、意見を述べ、会議期間の各項目の業務を立派に成し遂げること。
3. 統一的に手配された視察、専門問題に関する調査研究、法の執行に対する検査といった職責履行の活動に意欲的に参加すること。
4. 職責履行に備えるための学習および調査研究を強化し、人民代表の職務を全うする能力を絶えずに高めていくこと。
5. 所属の選挙区または選挙単位の人民大衆と密接な提携を保ち、彼らの意見と要求を聞き入れ、それを関係機関に反映して、人民にサービスを提供するように努めること。
6. 社会的公徳を自動的に遵守し、廉潔および自己規制をし、公道で公正を保ち、職責を尽くすように一生懸命に努力すること。
7. 法律に定めるその他の義務。

（出典：『人民代表代表法』第3条、第4条より）

十分にその意見を聞き取らなければならない。また、人民代表の建議、批判および意見に関する処理の結果を当該級の人民代表大会常務委員会に報告し、かつそれを文書化して次回の人民代表大会に出さなければならないという。

(6) 人民代表に対する監督および罷免

選挙人も全人代および地方人代の人民代表に対して監督を行い、自分の選挙区から当選した人民代表を罷免することができる。この場合に、県級の人民代表については該当選挙区の選挙人50人、郷級人代の代表については30人が連名することで罷免の要求を提出することができる。罷免の要求を受けた代表は選挙人会議に対し、口頭または書面の反論意見を提出することができる。県級人民代表大会常務委員会は選挙人の罷免の要求および代表の反論意見を文書にして該当選挙区の選挙人に交付する。罷免の要求が採決されるとき、県級人代常務委員会は関係責任者を派遣して会議の司会をさせなければならない。罷免の採決は無記名の方式で行われる。該当選挙区の過半数の選挙人が罷免案に賛成した場合に、当該人民代表は罷免され、人民代表大会の主席または副主席を担当する代表であれば、代表の資格を失うとともに、その職務も自動的に罷免されたことになる。

選挙人が罷免要求を提出することができる県級人代の人民代表の罷免手続と異なり、県級以上の間接選挙となっている人民代表に対する罷免権は選挙人の手にはない。人民代表選挙法によると、県級以上の地方人民代表大会が開催される期間に、主席団または10分の１以上の人民代表の連名で当該級の人民代表が選出した１級上の人民代表に対し罷免案を提出し、人民代表大会の閉会期間には当該人代常務委員会の主任会議または常務委員会５分の１以上の構成員の連名で前記の代表の罷免案を提出することができる。罷免案に対し、当該人民代表は反論の意見を述べ、または書面の意見を提出することができる。罷免案が審議を経て決定された場合に、主席団により全体会議に提出して採決に付する。採決は人民代表大会の出席者の過半数、または常務委員会構成員の過半数の同意を得て初めて採択される。そして、罷免の決議は１級上の人代常務委員会に届け出をし、公告をもって公表しなければならない。罷免された人民代表は各級人代の常務委員構成員、全人代および各級地方人代の専門委員を担当している場合にはその職務も取り消され、主席団または常務委員会によって公告される。

なお、人民代表が下記の事由の１つに該当する場合に、その代表の資格が終止される。

①地方人代の代表が当該行政地域から移動した場合

②辞職願が受理された場合
③許可なしに所属人民代表大会会議を2回欠席した場合
④罷免を受けた場合
⑤中国の国籍を喪失した場合
⑥法により政治的権利が剥奪された場合
⑦行為能力を失った場合

第3章 法律はどのように作られるか

1　人民代表大会の立法体制

(1) 中国における法と立法権とはなにか

中国では立法体制について多種多様な見解が存在している。これは「法」および「立法権」に関する理解が異なることに原因があると考えられる。

「法」とはなにか。歴史上、古代ギリシアの思想家、ローマ法学者は法について定義づけしようと努めたが、満足できる結果を得ていなかった。『オックスフォード法律大辞典』(*The Oxford Companion to Law* by David M. Walker, 1980年版)によれば、「法」についての解答は少なくとも12種類以上あるという。

『オックスフォード法律大辞典』の「法」(Law)という条項では「一般的に言えば、法律は社会的な組織の力を通じて社会関係を調整し、人々の行為を規範する統治手段である」とし、法の3つの特徴が指摘された。つまり、「第一に、法律は人類の特有の属性であり、それに、人類が互いに繋がって政治社会を形成し、かつその統治を引き受けるときになって初めて法律が生まれる。第二に、それは自然科学の所謂法則のように事物を規定するのではなく、人類行為に関する規定と規範である。第三に、法律は人々の相互関係を調整し、人々が相互往来の過程で、許される行為、行うべき行為を規定するものである。そして、進んでいる社会制度の下では、法の最も一般的特徴は、法を構成する規則として、表現上では個別的ではなく一般的であり、適用上では普遍性を持ち、不確定および異議のある事件の結果に対しては予測性を持つものであるとされた。また、法は、社会内部における法的秩序の存在、行為規範と関係調整の制度、立法、行政、司法手続の存在、行政活動および司法活動を指導する権威的な根拠ならびに政策決定を下す根拠とその政策を実現させる方法などが含まれている」と。

前述したように、工業先進諸国でも「法」に関してはいまだに万人が納得できる統一の説明がなさそうである。近代法を導入して歴史がまだ短い中国では法に関する見解の相違が存在しているのは無理もないといえよう。中国において、法について広義と狭義の2つの理解がみられる。広義の法は、国家機関が制定し、国家の強制力によってその執行を保障する行為規範の総称であるとされている。狭義の法は国家立法機関すなわち国家の最高代表機関が制定し、国家の強制力によってその執行を保障する行為規範の総称であるとされている。そのため、立法権も各種の説が争われている。しかし、狭義の法概念を用いて中国の現状をみる場合、全人代とその常務委員会が制定したもの以外はすべて法ではなくなるのである。これは明らかに中国の現状とかけ離れている。

中国の立法機関または政府は法について公式な解釈を出していないが、憲法の制定および立法作業を規範する『立法法』の精神をみれば、法律、行政法規、地方的法規、規程、自治条例、単行条例ならびに法律解釈はみな法を構成していると考えられる。それと関連して、それぞれの立法主体が法に基づき立法権を行使する。

（２）一元二級多層の立法体制

憲法は立法について次のように定めている。「全国人民代表大会および全国人民代表大会常務委員会は国家の立法権を行使する」（第58条）。「国務院は……（一）憲法および法律に基づき、行政上の措置を定め、行政法規を制定し、ならびに決定および命令を発布する」（第89条第１項）、「各部および各委員会は、法律ならびに国務院の行政法規、決定および命令に基づき、その部門の権限内で命令、指示および規程を発布する」（第90条第２項）、「省および直轄市の人民代表大会とその常務委員会は、憲法、法律および行政法規に抵触しないことを前提として、地方的法規を制定することができる。この場合には、それを全国人民代表大会常務委員会に報告して、記録にとどめる」（第１００条）、「民族自治地域の人民代表大会は、その地域の民族の政治、経済および文化の特徴にあわせて、自治条例および単行条例を制定する権力を有する。自治区の自治条例および単行条例は、全国人民代表大会常務委員会に報告して、その承認を経たのちに効力を生ずる。自治州および自治県の自治条例および単行条例は、省または自治区の人民代表大会常務委員会に報告して、その承認を経たのちに効力を生じ、かつ、これを全国人民代表大会常務委員会に報告して記録にとどめる」（第１１６条）と定められている。

『立法法』（2000年3月採択、同年7月より施行）は前記の規定を踏まえ、「省および自治区の人民政府所在地の市、経済特区所在地の市および国務院の承認を経た規模が比較的大きい市」の「人民代表大会およびその常務委員会も、憲法、法律および行政法規ならびにその所在している省または自治区の地方的法規に抵触しないことを前提にして、地方的法規を制定することができる。この場合に、これを省および自治区の人民代表大会常務委員会に報告して、その承認を経た後に効力を生ずる」（第63条第2、4項）と定めている。

以上の規定をみれば、単一制の中央集権国家の中国は立法体制に分権化傾向がみられている。そのため、中国の立法体制の特徴について、学者の中で見解が分かれている。「一級立法体制」「二級立法体制」「複数級または複数層の立法体制」「中央の集中指導下における複数級並存、多種類結合の立法体制」など級を中心に中国の立法体制を説明するものがあれば、「一元性二層三分枝の立法体制」「一元二級多層の立法体制」など「元」の概念を用いて立法体制を解説するものもある。その中で、「一元二級多層の立法体制」の説は中国立法体制の現状に近いものではないかと思われる。

「一元二級多層の立法体制」を主張する劉升平の説明によると、国家権力は人民に属し、国家権力は人民に由来し、人民が国家権力を行使する機関は国と地方各級の人民代表大会であり、人民の意志を最も体現しうるのは憲法であるとされ、「一元」とは立法機関は人民代表大会であり、法源はすべて憲法に由来することを指すという。「二級」とは、中央立法と地方立法を指す。「多層」とは、中央と地方の二級にはそれぞれ複数層の特徴が存在することを意味するという。

つまり、中央立法に即してみれば、まず、国家立法権を行使することができるのは全人代およびその常設機関の常務委員会である。次に、法律と行政法規の区別に層が存在している。地方立法についてみる場合も層がみられる。第一に、省、直轄市の人民代表大会およびその常務委員会が制定した地方的法規と、省および自治区の人民政府所在地の市、経済特区所在地の市および国務院の承認を経た規模が比較的大きい市の人民代表大会およびその常務委員会が制定した地方的法規との間に、法の地位や法的効力に位階が存在している。第二に、自治区、自治州、自治県は自治条例と単行条例を制定する権利を持っているが、効力を生ずる要件がそれぞれ異なっている。

それに対し、全人代およびその常務委員会の立法権以外は授権立法であり、独自な立法権ではないと主張する説がある。しかし、現実において、全人代およびその常務委員会以外の立法主体は、「憲法および法律に違反しないことを前提に」云々の限定条件が付いているものの、その立法権は憲法および『立法法』によって保障されており、憲法上の権限を与えられていることが否定できない。また、裁判実務の中でも、前記に挙げた憲法、法律、行政法規、規程、地方条例、民族自治条例および単行条例はみな裁判の準拠法として適用されている。したがって、国務院、中央官庁、地方人代およびその常務委員会、自治区、自治州および自治県はすべて独自の立法にかかわる権限があることを認めなければならないと思われる。

（３）中国の立法体制と工業先進諸国との相違

第一に、立法機関は他の機関によるチェックを受けない。中国の立法体制は民主集中制の原則に基づいて設置されたもので、立法機関は最高権力機関でもある。その体制の下で、行政機関、司法機関は立法機関に対し責任を負い、活動の報告を行わなければならない。したがって、全人代およびその常務委員会は行政機関、司法機関に対し、指導および監督ができるものの、行政機関、司法機関は立法機関に対し監督を行うことができない。

それに対して、アメリカのような大統領制の国では、大統領は法律の署名権をもって議院の法律の成立を拒否することができる。また、議院内閣制の国では、司法機関は法の違憲性審査権を持ち、裁判を通じて、特定の法律または法律の一部の無効を宣告することができる。行政法規または地方的条例はなおさらよく訴訟の対象となっている。中国にはこのようなシステムが存在していない。「行政訴訟」は訴訟の範囲を具体的な行政行為に制限し、「行政法規、規程または行政機関が制定、公布した普遍的拘束力を持つ決定、命令」が行政訴訟の対象から除外されている。

第二に、立法機関の主役たる人民代表は直接に民意を代弁できない。マルクス、レーニンの構想によれば、人民代議機関の代表は選挙人によって「普遍、平等、直接、無記名投票」で選出されるべきである。しかし、実際の運営中、県級以上の地方人代は1級下の人民代表から間接選挙で選挙されることになっている。したがって、中国の全人代代表は選挙人の監督を受けなければならないという憲法上の規定も実行できなくなる。それに加えて、全人代代表は1年に1週間ほどしか会議に参加できず、法律を審議する権利がほとんど行使できない。したがって、代表による立法はできず、代表の最も重要な立法権は骨抜きにされてしまった。それに対し、外国議会の議員はそれぞれの選挙区に所属し、選挙人から直接に選挙される。議員が当選したら、所属の選挙区の選挙人はその議員を罷免することができないが、議員改選にあたり、その議員の議会での活動ぶりおよび選挙人の意見の代弁程度を検証し、その再選の可否を決定することができる。そのため、外国の議員は普段積極的に立法活動に参加し、選挙人の意見を法律に反映させるために努力する。

第三に、立法機関に対する政権党の関与方法が異なる。政党政治が実行されている国において、政権与党は議会の立法活動を左右しようとする。工業先進諸国の国会では、政権与党の立法に対する関与は主に議会内本党出身の議員を通して、その多数議席を利用し、法律議案を成立させるか、それを廃案させるかを操る。政権交替の少ない日本は立法活動において、長期にわたり政権与党である自民党は他の西洋諸国の政権与党より強い影響力を保っていると思われる。ただし、法案が法律になるかどうかは最終的に議員により決定されるので、政権与党所属の議員が党の執行部の意見に従わないとき、採決にあたり野党の行動に加担して棄権したり、反対票を投じたりして、廃案にしてしまう可能性がある。他方、中国では全人代における共産党出身の代表は多数を占めるうえに、共産党が全人代の上に君臨し、全人代代表の指名から全人代常務委員会の構成員候補者の決定、法案の提出まで、すべて共産党の事前審査ないし承認を必要としている。したがって、全人代は共産党の意思を法律化させる機関だといわれても仕方ない。

2　立法権の区分け

(1) 中央の立法権

このシステムの中で、中央の立法権は基本的に全人代およびその常務委員会によって行使されるが、国務院による行政法規の制定権、中央官庁による規程制定権、最高人民法院による司法解釈も中央の立法権の範疇に入る。ただし、その名称に示されるように、法におけるそれぞれの位階および効力が異なる。全人代およびその常務委員会によって制定された法律は母体法である。国務院の行政法規は憲法、法律に、中央官庁の規程は憲法、法律、行政法規に抵触しないことを前提に制定しなければならないとなっている。最高人民法院の司法解釈はなおさら法律の適用に関する解釈に止まり、新たな法律を創設することではない。したがって、中央の立法権による法は、法律、行政法規、規程および司法解釈という異なる位階が形成されている。

以下は立法主体に基づいて全人代、全人代常務委員会および国務院の立法権およびその範囲を見てみたい。

▼全人代の立法権およびその範囲

憲法によると、全人代は「憲法を改正すること」「憲法の実施を監督すること」「刑事、民事および国家機構その他に関する基本的法律を制定し、およびこれを改正すること」(第62条) などの立法権を与えられている。その中で、憲法修正権は全人代の独占権であり、憲法第64条は「憲法の改正は、全国人民代表大会常務委員会または5分の1以上の全国人民代表大会代表がこれを提議し、かつ、全国人民代表大会が全代表の3分の2以上の賛成によってこれを採択する」と厳しい修正手続を定めている。現行憲法は採択されてから三十数年間に、4回にわたる大きな修正を受けたが、すべて前記の手続を経て実現したものである。その改正の内容は附表5を参照されたい。

刑事法律は犯罪、刑事処罰および刑事処罰の手続にかかわる法律である。民事法律は公民の民事権利および義務、所有権、物権、債権、婚姻、親族、相続および民事訴訟の手続を規定する法律などを指すのである。国家機構に関する法律は、選挙、国家機構の組織、職権および職権行使の手続ならびに自治制度などの法律をいう。その他の基本的法律は明示されていないが、蔡定剣によると、それは主に、憲法に定められる公民の基本的権利および義務に関する法律、重要な経済関係法律、国家機構職員の権利および義務等を規定する法律、行政訴訟などにかかわる法律などが含まれているという。

▼全人代常務委員会の立法権およびその範囲

憲法は全人代常務委員会の立法権として、「憲法を解釈し、および憲法の実施を監督すること」「全国人民代表大会が制定すべき法律以外の法律を制定し、およびこれを改正すること」「全国人民代表大会閉会中の期間において、全国人民代表大会の制定した法律に部分的な補足を加え、およびこれを改正すること。ただし、その法律原則に抵触してはならない」「法律を解釈すること」（第67条第1〜4項）などを定めた。

このようにして、中国の法律制定権は全人代と常務委員会によって分担されている。また、『立法

表3－1　法律として制定されなければならない事務

①国家主権の事務
②各級人民代表大会、人民政府、人民法院および人民検察院の選出、組織および職権
③民族地域自治制度、特別行政区制度、基層大衆自治制度
④犯罪および刑罰
⑤公民の政治的権利の剥奪および人身自由の制限に対する強制措置および処罰
⑥非国有財産に対する収用
⑦民事基本制度
⑧基本的経済制度ならびに財政、税収、税関、金融および対外貿易の制度
⑨訴訟および仲裁制度
⑩全国人民代表大会およびその常務委員会が必ず法律を制定するべきその他の事務

（出典：『中国立法法』第8条より）

法』第8条に定められた法律として制定されなければならない範囲は表3－1に示したとおりである。

全人代法律委員会主任喬暁陽が2013年6月に第12期全人代常務委員会の専門講座で行った「中国の特色社会主義法律体系の構成、特徴および内容」と題する講義で公表した数字によると、2013年6月現在、全人代およびその常務委員会によって制定された現行有効の法律は240件となっている。

▼国務院の行政法規の制定権およびその範囲

国務院の立法権について第89条第1項の規程のほかに『立法法』はさらに、「法律の規定を執行するために行政法規を制定すべき事務」および「憲法第89条に定められた国務院の行政管理職権の事務」を行政法規制定の範囲とした（第56条）。憲法によると、国務院の行政職権の事務は17項目に及び、国民経済・社会発展計画の編制および執行、経済活動および都市・農村建設の指導および管理、教育、科学、文化、衛生、体育、計画出産、民政、公安、司法行政および監察、国際事務、国防建設、民族事務、華僑事務、行政区画の変更、行政機構の定員査定、行政職員の管理、一部の地域における緊急状態令の発令など、行政法規の範囲は非常に広い。前記喬暁陽によると、2013年6月現在、国務院により制定、公布した行政法規は７００件以上に達した。

(2) 地方の立法権

▼地方人代およびその常務委員会の立法権

これは2種類の内容に分けられる。第一種類は地方的法規の制定権である。『立法法』によると、省、自治区、直轄市および役所の所在市、経済特区の所在市、国務院の承認を受けた規模が比較的大きい市の人代およびその常務委員会は、「法律および行政法規の規定を執行するために、その行政地域の実際状況に照合して具体的な規定を定めるべき事項」および「地方的法規を定めるべき地方的事務に属する事項」について地方的法規を制定することができる。

具体的にいえば、その立法権限の範囲は次のようにまとめられる。

まず、法律を執行、実施するための実施細則である。たとえば、選挙法実施細則、デモ行進法の実施細則などがそれである。

次に、当該地域内の政治、経済、教育、文化、衛生、社会福祉、民政および民族事務に関する地方的法規である。たとえば、地方人代の議事規則、外資誘致にかかわる課税優遇措置、市場管理規則、土地の請負経営条例などがそれである。

さらに、地方の専属事務についての法規が定められる。たとえば都市部の交通管理、河川や湖の管理、都市開発中の住民の立ち退き、引っ越し管理、植林緑化などがそれである。

最後に、特別授権による地方立法が挙げられる。１９８１年以来、中央政府は広東省、福建省および海南省の地方人代およびその常務委員会に授権して経済特区の建設、整備についての立法を認めた。すなわち、これらの地方では中央の立法に先がけて経済特区に関する単行経済条例を制定することができることとなっている。それに基づいて、広東省、福建省および海南省は相次いで経済特区の単行条例を制定し、深圳、珠海、汕頭およびアモイを経済特区として指定し、対外開放の事業のリードをしていった。

第二種類は自治条例と単行条例の制定権である。これは主に少数民族自治制度が実施されている自治区、自治州および自治県の専属地方立法権である。自治条例とは民族自治地方の立法機関が当該地域の少数民族の自治権を実現するため、憲法および法律に基づき、当該民族の特徴に照らして制定した当該地域のみ適用される管理条例を指す。自治地域内の政治経済、文化教育など幅広い範囲の内容が含まれている。単行条例とは、当該地域の少数民族の特殊な利益を保護するために、特定の事務について定められる専門条例を指す。

『立法法』によると、自治条例および単行条例は、法律または行政法規の基本原則に違反せず、憲法および民族自治法その他の法律および行政法規の中に民族自治地方のために特別に定められた規定を変えてはならないが、法律および行政法規の施行に融通をきかす規定を設けることができる（第66条第2項）。これは地方的法規と大きく違うところである。たとえば、中国で国策として施行されている一人っ子政策については、人口が1千万人以上のチワン族のような少数民族を除き、ほとんどの少数民族の居住する地方では2人目ないしそれ以上の子どもを出産できるのはそのためである。

前出喬暁陽によると、2013年6月現在、地方人代およびその常務委員会によって制定された地方的法規は合計8600件を超え、自治条例と単行条例は700件以上制定されたという。

▼地方行政機関の規程制定権

『立法法』によると、省、自治区、直轄市および規模が比較的大きい市の人民政府、つまり地方の権力執行機関は法律、行政法規および省、自治区、直轄市の地方的法規に基づき、規程を制定することができる。その範囲は法律、行政法規および地方的法規を執行するために規程を制定しなければならない事項、所管地域の行政管理に関する事項が含まれている。その行政管理の範囲は、国防と外交を除き、ほとんど国務院の管理範囲と同じである。したがって、地方行政機関の規程制定権が無視できない存在である。

中国は中央立法と地方立法の区分がなされているが、その仕組みは理論的に説明し難いところがある。三権分立の原則を実施する国においては、立法権は立法機関、つまり代議機関の専属権で、行政機関には立法権を与えていない。社会事務の複雑化と細分化の発展に伴い、立法機関はすべての立法作業を独占することはできなくなったため、委任立法の形で、行政機関に行政法規の制定権を一部分委譲するようになったが、あくまでも授権立法に過ぎない。連邦制の国家では従来連邦中央と連邦州に立法権をそれぞれ与えているので、理論と現実は一致している。

それに対し、中国は民主集中制の政権組織原則を実施しており、立法権を含め、高度の中央集権が敷かれている国であり、国家構造も単一制で、理論上は分権が適用されないはずである。ただし、国土が広く、文化が多元で、経済発展が不均衡であるなどの特徴から、中国は適度な分権を実施しなければならない。立法体制における「一元二級多層システム」の形成はまさにその矛盾の現れであろう。

このシステムは中国の現状に基本的に適応しているとは考えられるが、民主集中制理論でそのシステムの内部関係を適切に説明できないところが多く存在している。

3　立法の手続

以下は主に全人代および全人代常務委員会の立法手続を中心に説明する。図3－1および図3－2は全人代および全人代常務委員会における立法の流れを示すものである。

前掲の流れをみれば、中国の立法手続には、法案の起草、提出、審議および採決と公布からなっている。以下はそれを簡略に説明しておく。

(1) 法案の起草

法案の起草者について具体的な規定はみられないが、立法手続の実践中、法案の提議者または提議者所属の機関もしくは業務機関が法案の起草を担当する。具体的には次のようなケースがある。

①全人代主席団、全人代常務委員会およびその委員長会議、全人代各専門委員会が法案を提出する場合には、全人代各専門委員会、全人代常務委員会法制業務委員会および官房、全人代の代表または常務委員会の構成員、特別に成立された法律起草委員会が起草を担当することができるが、現実上ではほとんど法制業務委員会がその起草業務を担当している。

②国務院が法案を提出する場合には、国務院法制局または国務院の各官庁が担当する。主管官庁の所管業務と関連するものはほとんどその官庁が起草業務を担当する。

③軍事関係の法案は中央軍事委員会法制局が起草を担当する。

④最高人民法院および最高人民検察院はそれぞれ所管範囲の法案を起草する。

⑤共産党中央の関係部門、全国労働組合、全国婦女連合会、共産主義青年団中央、科学技術協会といった全国的な社会団体も当該所管業務についての法案の起草を担当し、それを国務院経由で法案として提出する。

⑥合同起草。たとえば婚姻法など適用範囲が広い法律については、全国婦女連合会を中心に10以上の機関との提携で合同起草作業を進めた。

(2) 法律議案の提出

法律草案起草後、憲法に定められた立法提案権のある国家機関または人民代表によって立法機関に法律議案を提出する。法律議案の提案権者については次のように定められている。

①法修正案の場合には全人代常務委員会または全人代の1／5以上の代表の連名によって提出される。

②全人代に法律議案を提出する場合には、全人代主席団、全人代常務委員会、全人代各専門委員会、国務院、中央軍事委員会、最高人民法院、最高人民検察院、全人代の一つの代表団、30名以上の全人代代表などが法律議案を提出できる。

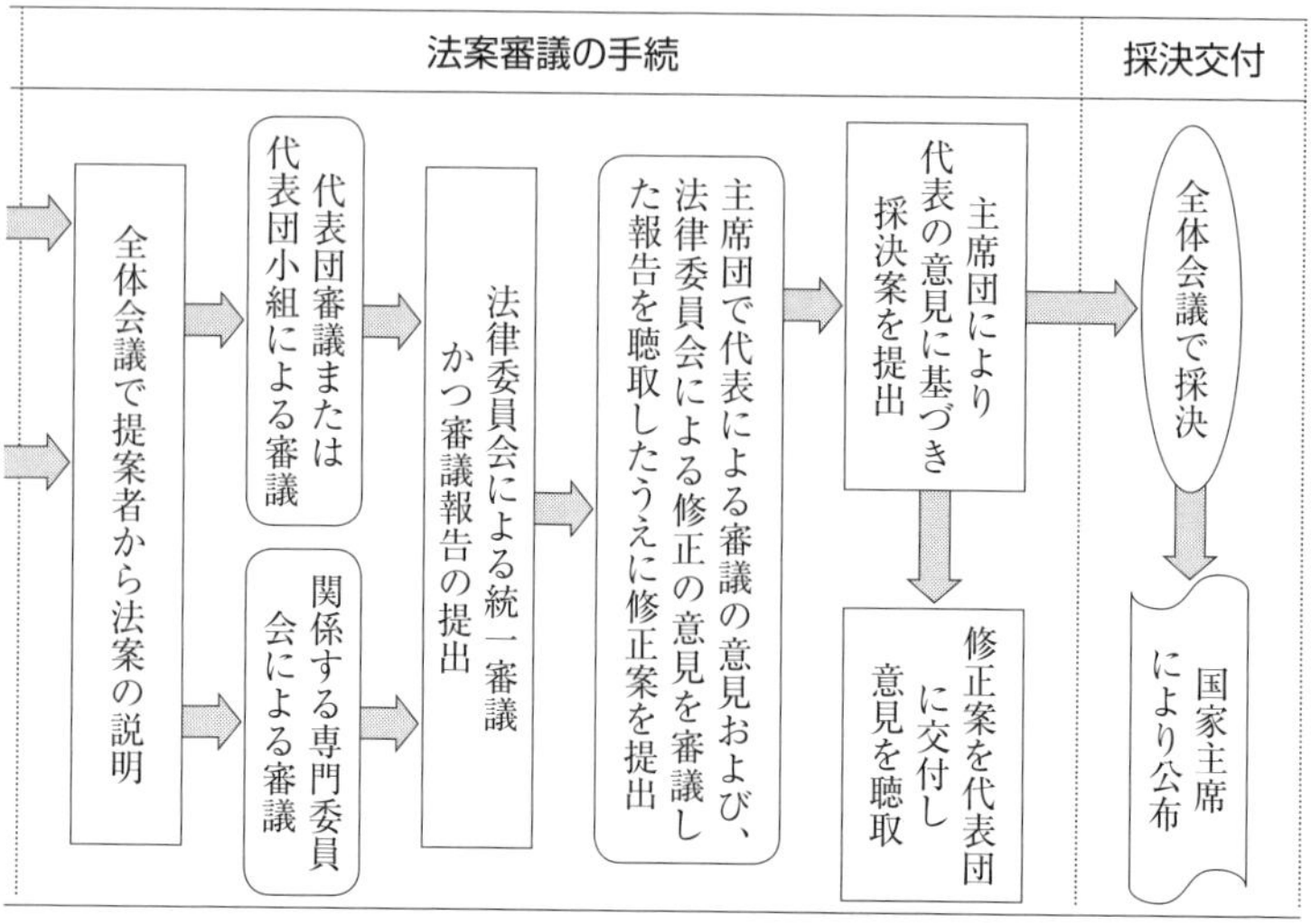
法案審議の手続
採決交付
全体会議で提案者から法案の説明
代表団審議または代表団小組による審議
関係する専門委員会による審議
法律委員会による統一審議かつ審議報告の提出
主席団で代表による審議の意見および、法律委員会による修正の意見を審議した報告を聴取したうえに修正案を提出
主席団により代表の意見に基づき採決案を提出
修正案を代表団に交付し意見を聴取
全体会議で採決
国家主席により公布

（出典：蔡定剣『中国人大制度』［附表8］より）

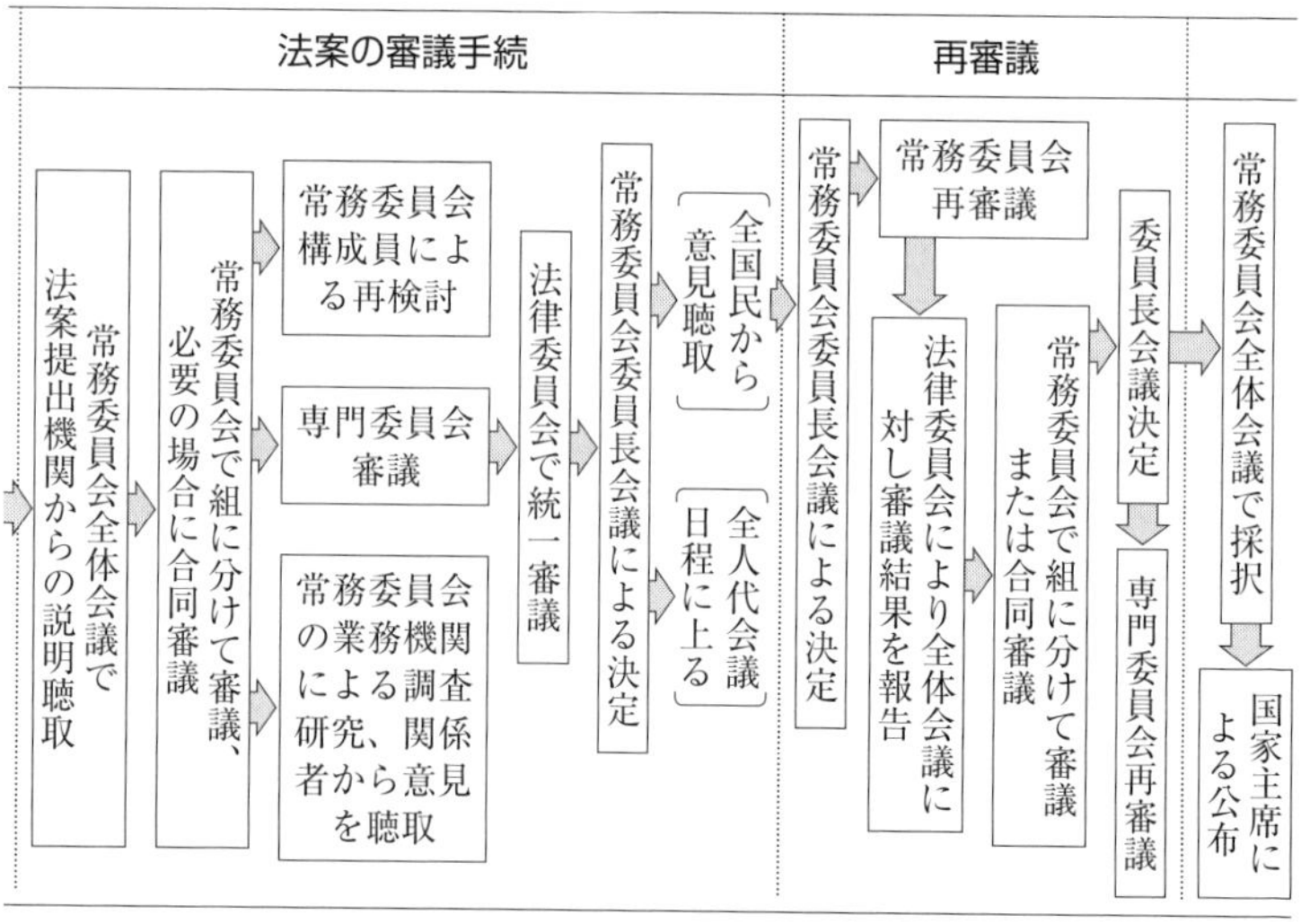
法案の審議手続
再審議
常務委員会全体会議で法案提出機関からの説明聴取
常務委員会で組に分けて審議、必要の場合に合同審議
常務委員会構成員による再検討
専門委員会審議
常務委員会の業務機関による調査研究、関係者から意見を聴取
法律委員会で統一審議
常務委員会委員長会議による決定
〔全国民から意見聴取〕
〔全人代会議日程に上る〕
常務委員会委員長会議による決定
常務委員会再審議
法律委員会により全体会議に対し審議結果を報告
常務委員会で組に分けて審議または合同審議
委員長会議決定
専門委員会再審議
常務委員会全体会議で採択
国家主席による公布

（出典：蔡定剣『中国人大制度』［附表8］より）

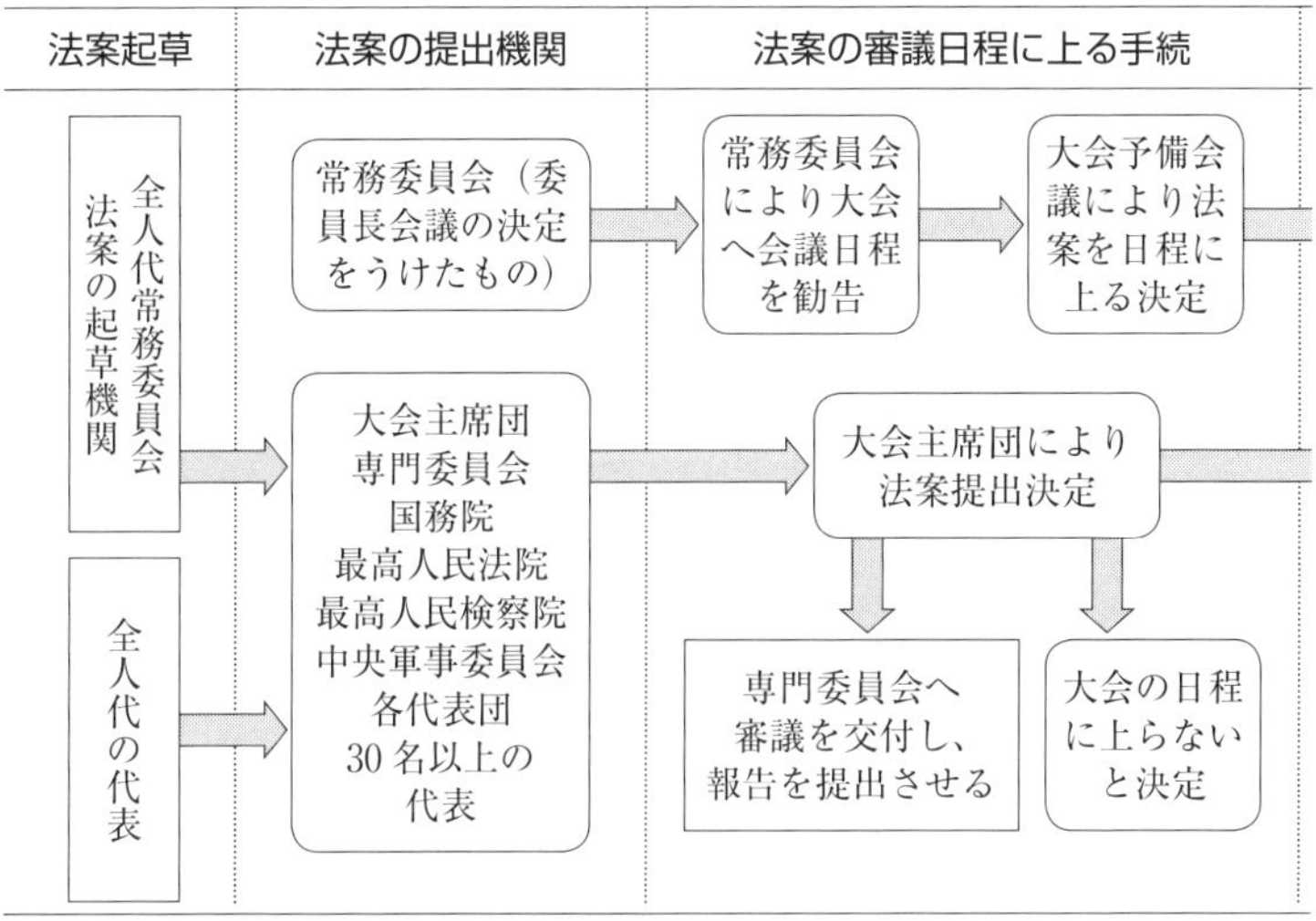
法案起草
法案の提出機関
法案の審議日程に上る手続
全人代常務委員会法案の起草機関
全人代の代表
常務委員会（委員長会議の決定をうけたもの）
常務委員会により大会へ会議日程を勧告
大会予備会議により法案を日程に上る決定
大会主席団
専門委員会
国務院
最高人民法院
最高人民検察院
中央軍事委員会
各代表団
30名以上の代表
大会主席団により法案提出決定
専門委員会へ審議を交付し、報告を提出させる
大会の日程に上らないと決定

図3－1　全国人民代表大会の立法手続の流れ

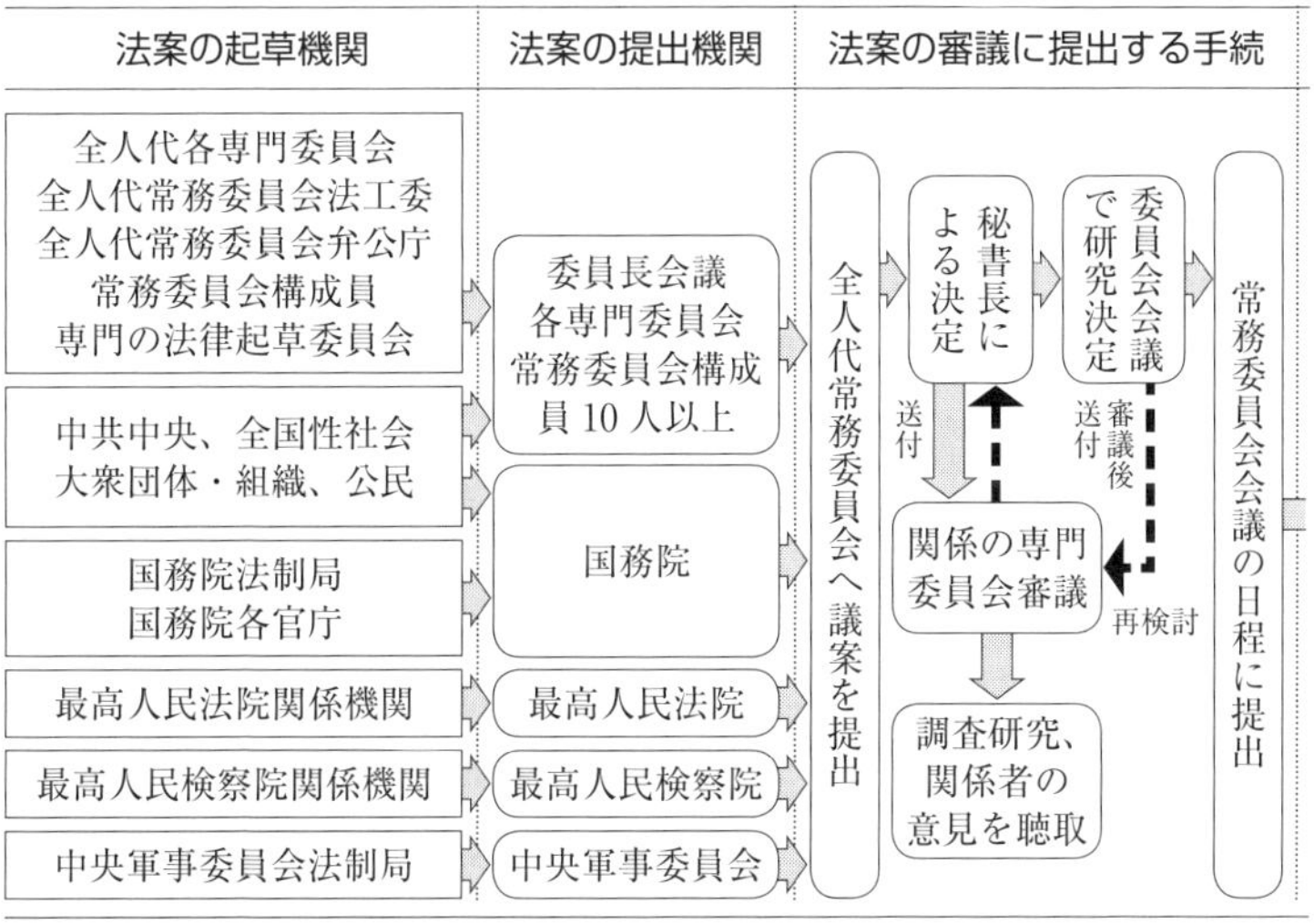
法案の起草機関
法案の提出機関
法案の審議に提出する手続
全人代各専門委員会
全人代常務委員会法工委
全人代常務委員会弁公庁
常務委員会構成員
専門の法律起草委員会
中共中央、全国性社会
大衆団体・組織、公民
国務院法制局
国務院各官庁
最高人民法院関係機関
最高人民検察院関係機関
中央軍事委員会法制局
委員長会議
各専門委員会
常務委員会構成員10人以上
国務院
最高人民法院
最高人民検察院
中央軍事委員会
全人代常務委員会へ議案を提出
秘書長による決定
委員会会議で研究決定
送付
審議後送付
関係の専門委員会審議
再検討
調査研究、関係者の意見を聴取
常務委員会会議の日程に提出

図3－2　全人代常務委員会における立法手続の流れ

③全人代常務委員会に法律議案を提出する場合には、全人代常務委員会委員長会議、国務院、全人代各専門委員会、中央軍事委員会、最高人民法院、最高人民検察院、10人以上の常務委員会構成員などが法律議案を提出することができる。

(3) 法案の審議

法律議案が審議日程に組まれた場合に、次のような審議準備をしなければならない。
①法律案を制定するための背景資料、調査研究の結果と各方面の意見を含む資料作成。
②全人代または常務委員会が開催される1か月または7日前に法律案を全人代代表または常務委員会構成員に送付する。
③重要な法律については常務委員会がそれを全国民に対して公表し、全国民から意見を聴取する。
正式な審議に入ると、全人代の場合では、法律案の提案者により全体会議に対し立法理由、法案起草の経緯、法案の主要原則と精神および主な問題点について法律草案の説明を行う。説明の後、各代表団はそれぞれ法案を審議すると同時に、関係の専門委員会および法律委員会も審議を委嘱される。法律委員会は各代表団および専門委員会の意見を集め、法案の修正意見を提出し、全人代主席団の決定を受けて正式な修正草案を提出し、全体会議に採決を付す。

一方、常務委員会で審議をする場合に、法律案は少なくとも2回の審議を経なければならない。重要な法案については3回以上の審議を行うこともできる。

(4) 法律案の採択と公布

審議が終わった後、全体会議に採決を付さなければならない。採決は特別多数制と過半数制を採用し、憲法修正案は全人代代表の3分の2以上、普通の法律案は過半数の賛成で採択される。採決方式は条項ごとではなく、法案の一括採決をとり、代表は座席で電子採決機の賛成、反対または棄権のボタンを押して採決を行う。したがって、日本の国会で牛歩戦術により法案を廃案に追い込ませるような現象がみられない。法案が採択された場合、国家主席は全人代または常務委員会の決議に基づき、国家主席の名義で署名してそれを公布し、法律を成立させる。行政法規は国務院の総理大臣名義で公布すれば成立する。

(5) 立法手続の特徴と問題点

▼立法手続の特徴

以上は全人代および全人代常務委員会の立法手続を中心にみてきたが、立法体制の全般に即していえば、中国の立法手続には次のような特徴が指摘できる。

第一に、経験主義に基づく立法手法がみられる。「転がる石に触りながら川を渡る」という言葉に示されるように、中国の立法活動は「機が熟したものだけ法律を作る」方針を堅持している。この方針自身は間違いではないが、運営中にそれが過分に強調されたため、法律よりも実験が優先され、立法は社会発展の速度に追いつけず、無秩序または秩序の混乱がしばしば生じる。

第二に、代表立法よりも官庁立法が目立つ。全人代代表に法律議案の提出権が付与されているが、法律草案を添付していない議案は受理されないこととなっている。したがって、年に1週間ほどの会議しか参加できない全人代の代表たちが提出した法律議案にはほとんど法律草案が添付されていないため、代表たちの法律議案は全人代の議事日程にさえ上ることができない。代表による立法が実現されにくく、ほとんど各官庁の起草した法律草案が法律議案として受理されているのが現状である。2000年までの法律案の提出機関別の統計によると、全人代常務委員会によるものは約30％で、国務院の関係機関によるものは約60％である。たとえば、経済、財政、教育、科学文化、体育衛生、国土建設、民政、公安、司法行政、監察、民族事務などに関する立法は、その法律草案がほとんどその主務官庁によって起草されたものである。残りの10％は中央軍事委員会、最高人民法院、最高人民検察院によるものだという。その後の状況はやや改善されたものの、全人代の代表による法律案の提出は依然として少ないと思われる。

▼立法手続の問題点

①**部門主義、縄張り主義の氾濫**　主務官庁が法律草案の起草を担当する場合、縦割り行政による部門主義、縄張り主義の弊害が現れ、権利のみ強調し、義務をなすりつける現象が氾濫する。この現象は、「国家利益が部門化され、部門利益が法制化され、法制化利益が私物化される」と厳しい批判を浴びている。

②**法の内部関係の境界の不明確**　一つは中央立法と地方立法の範囲が曖昧である。アメリカ、ドイツ、オーストリア、インド、パキスタン、スペインなどの国々は憲法を通して中央と地方の立法権限の区分を規定している。他方、中国には中央と地方立法権限に関する明確な区分がないため、立法作業過

程における人的および物質的な無駄がもたらされるのみでなく、越権立法、重複立法、法の位階混乱の問題が起こってしまう。

もう一つは立法主体間の立法権限が不明確な点である。法律、地方的法規、行政法規、民族自治条例と単行条例、規程の制定権を有する立法主体、全人代常務委員会と地方人代常務委員会の間にはそれぞれの立法範囲について明確な規定が存在していない。そのため、法と法との整合性が悪く、地方保護主義、縦割りまたは横割り行政の利益を保護するようなものがよく採択されるのである。

③**立法における全人代と全人代常務委員会の不整合**　まず、全人代が制定すべき「その他の基本的法律」の範囲が曖昧なため、全人代で制定すべきものが常務委員会により制定されてしまうことがよくある。たとえば、『民事訴訟法（試行）』『軍人の職責違反罪懲罰暫定条例』『人民解放軍の人代代表選挙方法』はそれぞれ民事、刑事および国家機構に関する基本的法律に属すると思われるものであるが、全人代常務委員会により制定された。また、デモ行進法、逮捕拘留条例、治安管理処罰条例など公民の基本的人権や自由にかかわる重要な法律は全人代常務委員会によって制定され、経済契約法といったような純粋な経済的、技術的な法律は逆に全人代で採択された。さらに、企業法と破産法、村民委員会組織法と住民委員会組織法のような法律は重要性の面では同格だと思われるが、前者は全人代、後者は全人代常務委員会によって制定され、その区分の基準を理解しかねる。

次に、全人代の閉会期間中、常務委員会は全人代で採択された法律に対して部分的な補足を加え、その改正をすることができるとされているが、その「部分的」の範囲に明確な基準がないため、全人代で採択された法律は常務委員会が補足と改正を重ねることによって骨抜きとなってしまう場合がある。たとえば、全人代常務委員会は旧刑法に対して合計13回の補足と改正を行い、その補足と改正の内容は犯罪、刑事責任、刑罰の具体的な運用、法定刑に触れたのみでなく、罪名、遡及力の原則さえ変え、補足と改正の条文数も刑法の30％以上に達した。また、１９８６年全人代常務委員会が１９７９年に全人代で採択された『選挙法』および『地方組織法』に加えた補足と改正の条文はそれぞれ36％と44％にも及んだ。このような大掛りな補足と改正は「部分的」とは言いがたい。

④授権立法の濫用　中国現行立法体制において授権立法がよく用いられている。しかし、授権立法について授権主体、授権範囲、授権対象、授権基準、授権制限に関する規定がないため、授権立法の濫用現象がよくみられる。まず、授権主体と授権対象の混乱が挙げられる。現在、法律、行政法規、地方的法規、自治条例および単行条例の立法機関が授権できるのみでなく、規程の制定機関でさえ授権をしている。たとえば、『湖北省外商投資推奨に関する優遇方法』の第19条では「省計画委員会、省経済委員会、財政庁、労働人事庁、土地管理局、税務局および関連する銀行は、本方法に基づき、関連する問題について具体的な規定を制定し、それを省政府に報告し、記録に留める」と規定されている。

⑤転授権の氾濫と越権立法　前者の例として、国務院が制定した『国家エネルギー・交通の重要建設基金の徴集方法』は、財政部にその実施細則を制定することを授権し、その授権を受けた財政部はさらに各省、自治区、直轄市の財政局に関連する規定を制定するように授権したことが挙げられる。このようなやり方は法制の統一を破壊しかねない。後者の例としては、１９８４年、全人代常務委員会が工商業税制の改革について国務院に税収条例の制定を授権したケースである。本来この中には合

弁企業および外資企業の税制が含まれていない。にもかかわらず、国務院が同年11月に制定した『経済特区ならびに4つの港湾都市における企業所得税および工商業統一税の減額課税および課税免除に関する暫定規定』は、合弁企業および外資企業をすべて適用の対象に入れたため、授権立法の越権行為となり、大きな反発を受けた。

第4章 裁判はどのように進められるか

1 人民法院とはなにか

(1)人民司法体制の構成

中国において、司法という言葉は大昔から既に使われていた。唐代において、州級の行政機関で刑罰を司る官職名は「司法参軍」と呼ばれ、監獄や訴訟を司る県級の官職名は「司法」と呼ばれていた。しかし、立法、行政と対応する近代的意義上の司法概念は20世紀に入ってから初めて導入されたものである。

中華人民共和国樹立後、司法という用語はそのまま受け継がれたが、司法に関する説明は広義と狭義に分かれた。広義の司法では人民法院を中心に、検察、警察、監獄、弁護士、公証などが含まれる。狭義の人民法院は日本の裁判所に相当し、ここでは両方を同等の意味で使うことを断っておきたい。狭義の司法は人民法院と人民検察院を指し、それをさらに絞ると、裁判所は司法権を司っているといえる。広義の司法は人民司法体制とも呼ばれる。それは建国初期に公表された「中国人民政治協商会議共同綱領」（仮憲法）第7条の規定に基づいて確立されたものである。当時、中央においては裁判、検察、捜査、司法行政の分業体制を実施していたが、省、市、県では裁判と司法行政との合一制を実施し、人民法院は司法行政機関の役割も果たした。

１９５４年、中国初の憲法が公布されると同時に、人民法院組織法、人民検察院組織法も公布された。このときから裁判所は、基層人民法院、中級人民法院、高級人民法院、最高人民法院からなり、四級二審終審制を実行するようになった。同時に、専門法院として軍事法院、鉄道輸送法院と海事法院などが設置された。検察機関の組織体制は最高人民検察院、省級人民検察院とその分院、県級人民検察院から構成される。また、専門法院の審級と対応して相応する検察院も設けられた。中央から各級の人民政府内で警察機関を設けて刑事事件の捜査を担当した。中央人民政府司法部は中華人民共和国司法部に改称し、各省、直轄市、自治区で司法局（庁）が設けられ、地方の司法行政業務を担当することにした。

しかし、この人民司法体制は１９５７年から始まった右派反対運動の中で、司法部が廃止され、弁護士制度が崩壊し、裁判と司法行政合一の体制に戻った。１９６６年から始まった文化大革命の中で人民司法体制はさらに破壊され、警察機関を除き、検察、裁判所などの機関は一時期に機能不全となった。１９７９年以後、人民司法体制は再び整備された。

現在、人民司法体制と呼ばれなくなったが、裁判権を司る人民法院、法律監督権を司る人民検察院、法に基づき刑事事件に対し捜査権を行使する公安（警察）機関と国家安全機関、司法行政業務を司り、監獄の管理を担当し、弁護士、公証、人民調停および仲裁などに対し行政指導を行う司法部などの機関を総合して政法機関と呼ばれている。

前に説明したように、中国では全国人民代表大会とその常務委員会は国家の最高権力機関であり、行政機関、裁判機関、検察機関、軍事機関はすべて全人代によって組織され、全人代に対し責任を負い、その監督を受けることになっている。形式上、以上4つの機関は並列で、地位が平等であるかのようにみえるが、事実上は、行政機関の国務院、軍事機関の中央軍事委員会と比べれば、裁判機関の最高人民法院、検察機関の最高人民検察院は地位が何段階も低い存在である。共産党の一党支配の中国では、各機関の長の党指導部での地位によってその重要性が異なる。中央軍事委員会の主席は共産党執行部政治局常務委員会のトップが兼務し、国務院総理は同トップツーが兼務するのと対照的に、裁判機関、検察機関の長はいずれも共産党中央委員会の委員に過ぎない。

(2) 人民法院の組織体系

前述したように、人民司法体制の中で、中核的な役割を果たすのは裁判機関の人民法院であり、それは最高人民法院を頂点に地方各級人民法院と専門人民法院からなっている。図4－1は人民法院のシステムを示すものである。なお、最高人民法院および地方各級人民法院ならびに人民法廷の職務分担は表4－1に示した。

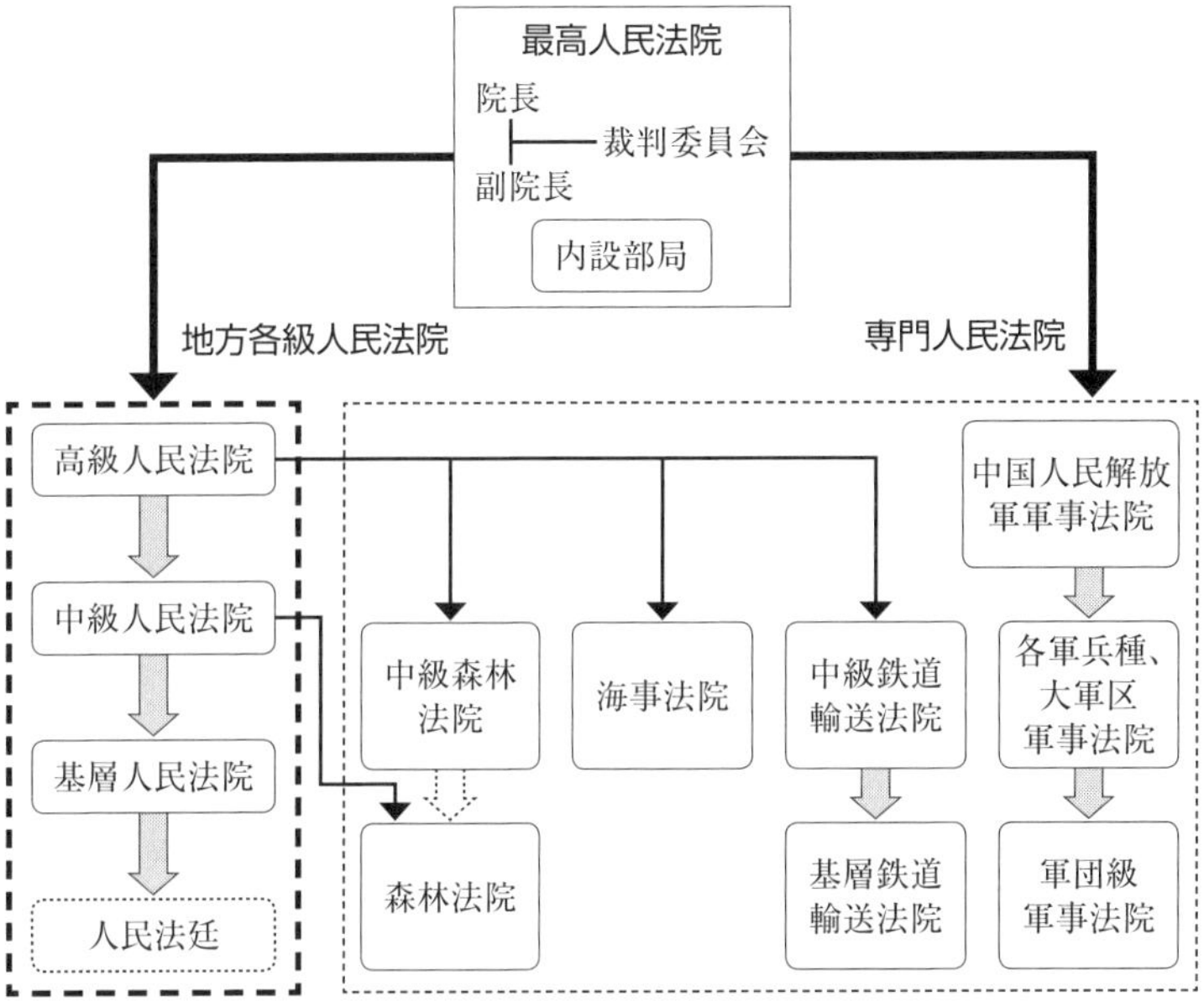

図４－１　人民法院の仕組み　（出典：関係資料をもとに筆者作成）

▼地方各級人民法院

地方各級の人民法院は、基層人民法院（３１１７院、県、自治県、区を設けない市、市轄区に設けられる）、中級人民法院（４０９院、地区、市、自治州に設けられる）と高級人民法院（軍事法院中の高級法院1院を含む32院、省、自治区、直轄市の首府に設けられる）に分けられる。数字はいずれも２０１３年現在のものである。また、基層人民法院の下には若干の人民法廷が設置されている。人民法廷は行政区画に応じて設置されるものではなく、地域の面積、人口の数量、社会経済の発展程度および事件の発生量に応じて設置され、基層人民法院の派出法廷として、少なくとも裁判官３名と書記員1名が常駐して、裁判業務を担当する。人民法廷を設置するには、

表４－１　最高人民法院および地方各級人民法院ならびに人民法廷の分担する裁判事務

最高人民法院	①法律、法令によって管轄することが定められている第一審事件および自ら裁判すべきであると認める第一審事件。 ②高級人民法院、専門人民法院の判決および裁定に対する上訴事件および抗訴事件。 ③最高人民検察院が裁判監督手続に基づき提起した抗訴事件。 ④地方各級人民法院および専門法院の裁判業務に対して監督をすること。 ⑤裁判の過程で法律および法令をいかに具体的に運用すべきかの問題について解釈を行うこと。
高級人民法院	①法律、法令によって管轄することが定められている第一審事件。 ②下級人民法院から裁判を移してきた第一審事件。 ③下級人民法院の判決および裁定に対する上訴事件および抗訴事件。 ④人民検察院が裁判監督手続に基づき提起した抗訴事件。
中級人民法院	①法律、法令によって管轄することが定められている第一審事件。 ②基層人民法院から裁判を移してきた第一審事件。 ③基層人民法院の判決および裁定に対する上訴事件および抗訴事件。 ④人民検察院が裁判監督手続に基づき提起した抗訴事件。
基層人民法院	①法律によって管轄が除外される以外の刑事、民事の第一審事件。 ②開廷による裁判の必要がない民事紛争および軽微な刑事事件を処理すること。 ③人民調停委員会の業務を指導すること。
人民法廷	①民事事件および刑事の自訴事件を審理し、条件が整える地方では経済事件を審理することができること。 ②当該人民法廷で審決した事件の執行事務を取り扱うこと。 ③人民調停委員会の業務を指導すること。 ④基層人民法院から委嘱されたその他の事務を処理すること。

（出典：『中国人民法院組織法』および『人民法廷の若干問題に関する最高人民法院の規定』をもとに筆者作成）

基層人民法院から起案し、中級人民法院、高級人民法院、高級人民法院の順で報告し、高級人民法院の許可を受けなければならない。人民法廷の判決は基層人民法院の判決とみなされ、上訴（当事者が第二審を提起すること）する場合は中級人民法院に対して行われる。

地方各級人民法院には刑事裁判廷、民事裁判廷、経済裁判廷およびその他の裁判廷を設ける。

▼専門人民法院

専門人民法院は海事法院、鉄道輸送法院、軍事法院などに分類される。海事法院は広州、上海、武漢、青島、天津、大連などの沿海港湾都市または揚子江沿岸都市で設置されており、全部で10院あり、ランクは中級人民法院に相当する。

鉄道輸送法院は鉄道輸送基層法院と鉄道輸送中級法院からなり、前者は鉄道管理支局の所在地に設置され、後者は鉄道管理局の所在地に設置される。中国の鉄道は全部国有で、鉄道部（2013年5月からは行政業務を担当する国家鉄路局と日常経営活動を担当する中国鉄路総公司に再編された）の下に、省市区をまたいで若干の管理局があり、管理局の下には県市をまたいで若干の支局を設けて鉄道の運営を管理している。鉄道輸送法院はまさにそれに対応して設置されている。

軍事法院は主に軍人職責違反犯罪事件、現役軍人および軍内部に勤めている文民の犯罪事件、ならびに普通市民が国防軍事施設を破壊する事件などの裁判を担当する。軍人は特殊な集団で厳しい階級制を実施しているため、法院の管轄権も軍人の階級に応じて定められている。大隊長以下の軍人は基層軍事法院、連隊長以上副師団長以下の将校は大軍区・軍兵種軍事法院、師団長以上の将校は解放軍軍事法院で裁判を受けることとなっている。

最高人民法院は中国の最高裁判機関であり、図4－2に示したとおり、立件廷（2つ）、刑事裁判廷（5つ）、民事裁判廷（4つ）、行政事件裁判廷（1つ）、裁判監督廷（1つ）などの法廷が設けられている。原則上、最高人民法院は第一審事件を受理することとなっているが、1980年代初期、特別法廷を設け、毛沢東夫人江青をはじめとする文革派の「四人組」を審理して以来、現在に至ってもほとんど第一審事件を受理していない。

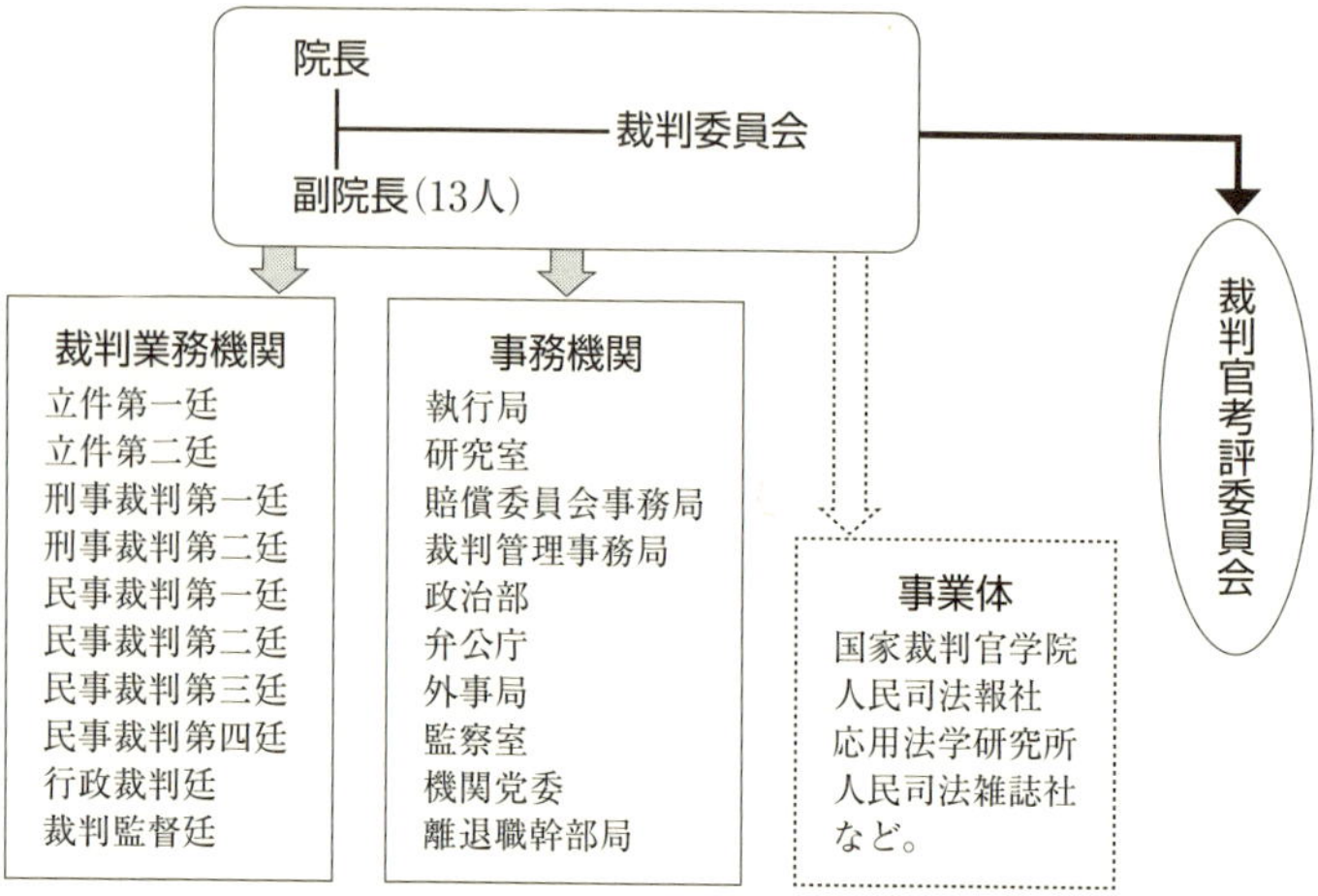

主要機関の所掌事務

立件廷：事件の受理事務

刑事裁判第一廷：国家安全罪、公共安全犯罪の審理。

刑事裁判第二廷：財産侵害罪、贈収賄事件、売官等の経済犯罪の審理。

民事裁判第一廷：労働争議、婚姻家庭、不当利得事件の審理。

民事裁判第二廷：法人間の紛争、国内証券、会社、破産等の事件の審理。

民事裁判第三廷（知的財産裁判廷）

民事裁判第四廷：渉外、香港、マカオで起きた事件の審理および国際仲裁の決定、外国裁判所判決の処理。

行政裁判廷：行政賠償事件の審理と行政の改善命令。

裁判監督廷：下級人民法院が判決を出した、刑事、民事（知的財産権、海事等を含まず）に対する、控訴処理と検察庁に控訴事件の書類提出作業。

執行局：法律文書の執行。責任事件の執行業務等。

研究室：司法解釈の調査研究、司法統計の作成。人権方面の事務処理等。

政治部：裁判所内部の人事等担当。

弁公庁（官房）：総務事務。

外事局：外国の裁判所との国際交流事務担当。

司法行政装備管理局：裁判機関の司法業務用機器等の調達、管理。

監察室：裁判官および事務職員の法律、紀律違反に対する監督業務。

機関党委：共産党の日常事務。

離退職幹部局：定年退職、退官した元幹部職員の生活等の世話業務。

裁判官考評委員会：初任裁判官の採用試験、裁判官研修、等級の評定。

図４－２　最高人民法院の内設機関図

（出典：最高人民法院のホームページの内容等をもとに筆者作成）

表4－2　刑事事件中の自訴事件

提訴を待って処理する事件	①侮辱、誹謗事件（刑法第246条） ②暴力による婚姻自由の干渉事件（刑法第257条第1項） ③虐待事件（刑法第260条第1項） ④財産侵奪事件（刑法第270条）
被害者が証拠を持って証明できる軽罪事件	①故意傷害事件（刑法第234条第1項） ②住宅不法侵入事件（刑法第245条） ③通信自由の侵害事件（刑法第252条） ④重婚事件（刑法第258条） ⑤遺棄事件（刑法第261条） ⑥偽物の製造販売事件（刑法分則第3章第1節に定められたもの） ⑦知的所有権侵害事件（刑法分則第3章第7節に規定されたもの） ⑧刑法分則第4章、第5章に規定され、被告人が3年以下の有期懲役に処される可能性のある事件
捜査機関または公訴機関が不立件、事件の取消、不起訴の書面決定を出した人身または財産侵害事件	これは公訴から自訴に変わる事件ともいえる。捜査機関または公訴機関が容疑者の刑事責任を追及しない場合に、被害者が証拠を持っていれば直接に人民法院に提訴することができる。

（出典：『刑事訴訟法』第2節、宋英輝『刑事訴訟法学』［中国人民大学出版社、2007年6月、366～369頁］の内容をもとに筆者作成）

（3）人民法院の職権

世界諸国の裁判機関はおよそ、裁判権、法律創設権、立法審査権、行政裁判権を与えられていると思われる。しかし、国の性格、歴史的伝統、文明の程度および法体系に差異が存在するため、各国の裁判所に与えられた職権は一様ではない。ただ、裁判権を持つのはどの国でも共通である。

中国において、人民法院は裁判権、法律解釈権、行政裁判権が与えられている。そのうち、裁判権は人民法院の最も基本的な職権である。

人民法院は刑事事件、民事事件および行政事件などの裁判を通して裁判権を行使する。中国において、刑事事件は公訴事件と自訴事件に分けられている。公訴事件とは、人民検察院が公訴を提起し、人民法院が裁判を行うものである。他方、自訴事件は本人が自ら裁判所へ告訴しなければ裁判ができない事件であり、その範囲は表4－2に示したとおりである。

裁判所は自訴事件について審査をしたうえに次の方法で対応する。第一に、犯罪事実が明確であり、十分な証拠がある場合に公判を行わなければならない。第二に、犯罪の証拠を欠き、かつ自訴人により証拠の補充もできない場合に、裁判所は自訴人に対して自訴の取り下げをするよう説得し、または却下を裁定する。

民事事件は、①公民の婚姻家庭関係、人身関係、財産関係にかかわる争議、②公民、法人の契約にかかわる争議、経済損害賠償に関する争議、知的所有権等に関する争議、③公民・法人間の労働争議、④外国との契約争議、海事、商事にかかわる争議が含まれている。

大陸法系の多くの国において行政裁判権は行政裁判所により行使されるが、中国は行政裁判所を設けていないため、一般裁判所で行政裁判権を行使することとなっている。そのため、人民法院は行政裁判廷を設置し、行政訴訟事件を審理する。しかし、中国の行政訴訟は主に行政機関が下した特定の行政行為に対する司法審査の色彩が濃く、人民法院は特定の行政行為に対し白黒の判決を下すことができるが、その行政行為が基づいた法律または行政法規に対し、是非の判断を行うことはできない。

具体的にいえば、中国の裁判所で受理される行政訴訟事件は以下のようなものに限られている。①拘留、罰金、営業許可証および免許の取り消し、操業停止・営業停止の命令、財産の没収に関する行政処罰に対する不服、②人身自由の制限、または財産の封印、差し押さえ、凍結に関する行政強制措置に対する不服、③行政機関による法定の経営自主権に対する侵害、④行政機関による営業許可証および免許の発行拒否、⑤行政機関による人身権、財産権の保護に関する法定職責の履行請求に対する拒否、またはその申立に対する不回答、⑥扶養手当金の不交付、⑦行政機関による法的根拠のない

表4－3　2008～2012年度における中国の裁判所が受理した各種の第一審事件統計
（単位：件）

年度	刑事事件	民事事件	行政事件	合計
2008	767,842	5,412,591	108,398	6,288,831
2009	768,507	5,800,144	120,312	6,688,963
2010	779,595	6,090,622	129,133	6,999,350
2011	845,714	6,614,049	136,353	7,596,116
2012	996,611	7,316,463	129,583	8,442,657

（出典：『中国統計年鑑・2013』中国統計出版社、840頁）

義務の履行強要、などである。

また、行政訴訟法によると、人民法院は国防、外交などの国家行為、行政法規、規程または行政機関が制定した普遍的拘束力を持つ決定、命令などに関する訴訟を受理しないと規定されている。

官尊民卑の伝統が強い中国で、行政訴訟制度の導入によって中国国民が自身の権利を行政による侵害から守れるようになったが、なお不十分である。

表4－3は最近5年間に、中国各級の裁判所で受理した刑事、民事、行政事件の統計である。同表を見れば、民事事件が一番多く、行政事件が最も少ないことがわかる。

法律解釈権は最高人民法院のみしか行使できない。『人民法院組織法』第33条によれば、「最高人民法院は裁判過程において具体的な法律、法令の適用について解釈を行うことができる」となっている。最高人民法院は法律の条項の具体的な適用について自ら解釈を行い、または地方の高級人民法院、専門法院からの諮問に対し回答を与える形で特定の法律条項の適用方法を解釈することができる。これは司法解釈と呼ばれている。法律は細かく制定されていないので、この種の司法解釈は幅広く存在し、各地方の人民法院および専門法院に対し拘束力を持っている。２００３年３月11

日、時の最高人民法院院長肖楊が第10期全人代で行った最高人民法院活動報告によれば、1998年から2003年までの5年間に、最高人民法院は170件の司法解釈を作成したという。なお、最高人民法院のホームページには2010年2月から2013年11月にかけて130件の司法解釈および決定が掲載されている。最高人民法院の司法解釈は法律と同等の効力を有し、中国の法体系中で重要な位置を占めている。

2　独立裁判の在り方

(1) 裁判機関内の裁判組織

裁判所では独任廷、合議廷、裁判委員会の3つの裁判組織が設けられている。

▼独任廷

独任廷は一人廷ともいわれている。規定によると、事実が明らかで、権利と義務の関係が明白で、係争の目的物が大きくない簡易民事事件、および基層人民法院の管轄と規定され、簡易手続が適用される刑事事件についての裁判は裁判官1人で担当することとなっている。ただ、それを実施するのは基層人民法院とその派出法廷たる人民法廷に限り、適用範囲は比較的狭い。

▼合議廷

合議廷は複数の裁判官が事件を審理する方式で、裁判官数人または裁判官と人民陪審員によって組織される。人民法院組織法、民事訴訟法、刑事訴訟法、行政訴訟法によれば、独任廷が適用される事件以外の第一審刑事、民事事件、第一審行政事件、上訴および抗訴（検察が第二審を提起すること）事件、再審事件、死刑再審査事件はすべて合議廷をもって裁判を行わなければならない。

合議廷の組織方法は事件によって異なる。刑事訴訟の場合に、基層人民法院および中級人民法院で第一審刑事事件を裁判する合議廷は裁判官３人または裁判官と人民陪審員（日本では人民参審員と訳されている）合計３人で構成される。高級人民法院、最高人民法院で第一審事件を裁判する場合には、裁判官３人、５人ないし７人で、または裁判官と人民陪審員で合計３人、５人ないし７人で合議廷を構成する。上訴または抗訴事件を審理する場合に、裁判官３人または５人によって合議廷を組織する。死刑再審査事件は裁判官３人で合議廷を構成する（『刑事訴訟法』第１７８条）。原審裁判に差し戻された事件または再審事件については、改めて合議廷を組織しなければならず、従来の合議廷構成員が全部除外される。

民事訴訟の場合には、独任廷が適用される以外の第一審民事事件は裁判官と人民陪審員と合同で、または裁判官のみで合議廷を組織し、第二審事件の場合には裁判官のみで合議廷を組織し、合議廷の構成人数に関する規定はないが、奇数でなければならない（『民事訴訟法』第39条）。

行政事件訴訟の場合には、裁判官のみまたは裁判官と人民陪審員と合同で合議廷を作り、人数は３人以上の奇数でなければならない（『行政訴訟法』第46条）。

合議廷の構成員は人民法院の院長または廷長が裁判官から選任し、かつ１人を裁判長として指定する。院長または廷長が自ら合議廷に参加する場合には本人が裁判長を担当する。裁判長は法廷の裁判活動を管理し、司法警察や法廷の事務職員を指揮して法廷の秩序を維持する。合議廷の構成員は地位が平等で、同等の権利を持っている。判決の討議に意見の相違が出た場合、多数決で決める。しかし、少数派の意見は記録に書き止めなければならない。討議記録は合議廷の全員の署名を必要とする。

▼裁判委員会

裁判委員会は中国の裁判所内のユニークな裁判組織であろう。『人民法院組織法』第11条によると、各級の人民法院には裁判委員会を設けなければならない。裁判委員会がどのように構成されるかについては具体的な規定がみられないが、人民法院の院長、副院長、各裁判廷の廷長から構成されるのが現状であり、人数は9～11人とさまざまである。裁判委員会の構成員は院長により選任し、同級の地方人民代表大会常務委員会によって任命される。院長は裁判委員会の長〈主任〉を担当する。裁判委員会の決議は多数決で決める。

裁判委員会は二つ業務を担当する。一つ目は重大または難決事件を討議し、判決を決定すること。二つ目は裁判の経験を総括することである。裁判委員会は直接に事件の審理を担当しないが、事実関係が複雑、影響が重大であり、判決を下すのが難しい事件について、実際に裁判を担当している合議廷は院長を経由して裁判委員会に討議をかけ、その決定を仰ぐことになる。合議廷の意見が裁判委員会の意見と相違が出た場合には、合議廷は裁判委員会の結論に従い、その決定に基づき判決文または裁定書を作成しなければならない。ただ、その判決文または裁定書には合議廷の構成員が署名することとなっている。したがって、裁判委員会と合議廷に指導と被指導との関係が生じ、裁判委員会は最終決定権を握っている。また、裁判委員会が会議を開催するとき、同級の人民検察院検察長も会議に列席することができるが、表決権はない。

（2）裁判業務の基本制度

▼公開裁判制度

公開裁判とは社会に対し事件を公開に審理することで、法定事由により公開審理をしない事件でも判決を公開に言い渡さなければならない。つまり、裁判の全過程は合議廷の討議を除き、公民の傍聴に開放し、新聞記者の取材および報道を認める。しかし、国家秘密にかかわる事件、当事者のプライバシーにかかわる事件、未成年者による犯罪事件は公開審理をしない。

１９９０年代、テレビで裁判の進行状況を生中継することは公開裁判によく使われた方法である。たとえば、１９９６年2月、広州中級人民法院における「番禺12・22特大貨幣強盗事件」に対する生中継、１９９８年7月、北京市第一中級人民法院における「映画製作所大手10社合同で起訴した著作権侵害事件」に対する中継[7]などが典型的な裁判公開の事例であろう。

ただし、テレビによる生中継は被告人のプライバシーに対する侵害および裁判の公正に対する懸念が指摘されたため、この方法による裁判公開は停止され、裁判での傍聴が主流となった。一方、裁判、特に重要事件の裁判に対する国民の関心が強いため、最近、中国の裁判所ではミニブログによる裁判の進行ぶりを生中継する方法が導入されようとしている。２０１３年8月に山東省済南市中級人民法院で行われた共産党重慶市委員会元党書記薄熙来の汚職事件を裁判する過程のミニブログ中継は初めての試みであろう。法廷における訴訟当事者の応酬はそのまま即時にミニブログによって公開され、国民から好評を受けた。

また、判決文の公開も裁判公開の措置の一つであろう。2010年11月、最高人民法院は『人民法院がインターネットで裁判文書を公開することに関する規定』を公表し、判決文の公開の制度化に取り組んだ。2014年1月元日に最高人民法院はさらに前記規定を充実させ、「裁判文書をインターネットで公開することができる」という文言を「公開すべき」と改正し、すべての人民法院が裁判文書をインターネットで公開することを必須の事項にした。同年の1月1日から、国の秘密、個人のプライバシー、未成年者事件、調停による結審にかかわる事件を除き、効力が生じた判決文はすべてインターネットで公開されるようになった。

ただし、中国各地方の経済発展の不均衡もあり、全国でそれを完全に実現するには3~5年がかかると見込まれているが、最高人民法院、高級人民法院、中級人民法院、基層人民法院の順で推進していくことになっている。[8]

▼弁護制度

被告人は弁護を受ける権利が保障されなければならない。これは諸外国とほぼ同様であるが、弁護を担当できる者の範囲は他国より広いと思われる。法律によれば、弁護人として委嘱できるものは①弁護士、②人民団体または犯罪容疑者、被告人の勤務先の推薦した者、③犯罪容疑者、被告人の後見人、親友などである。この中で、弁護士は弁護事務の独占権が認められていない。また、被告人が経済的原因によって弁護人を委嘱しなかった場合、被告人が目、耳、言語の不自由者であり、または未成年者で、弁護人を委嘱しなかった場合、ならびに死刑判決に処せられる可能性のある被告人で弁護

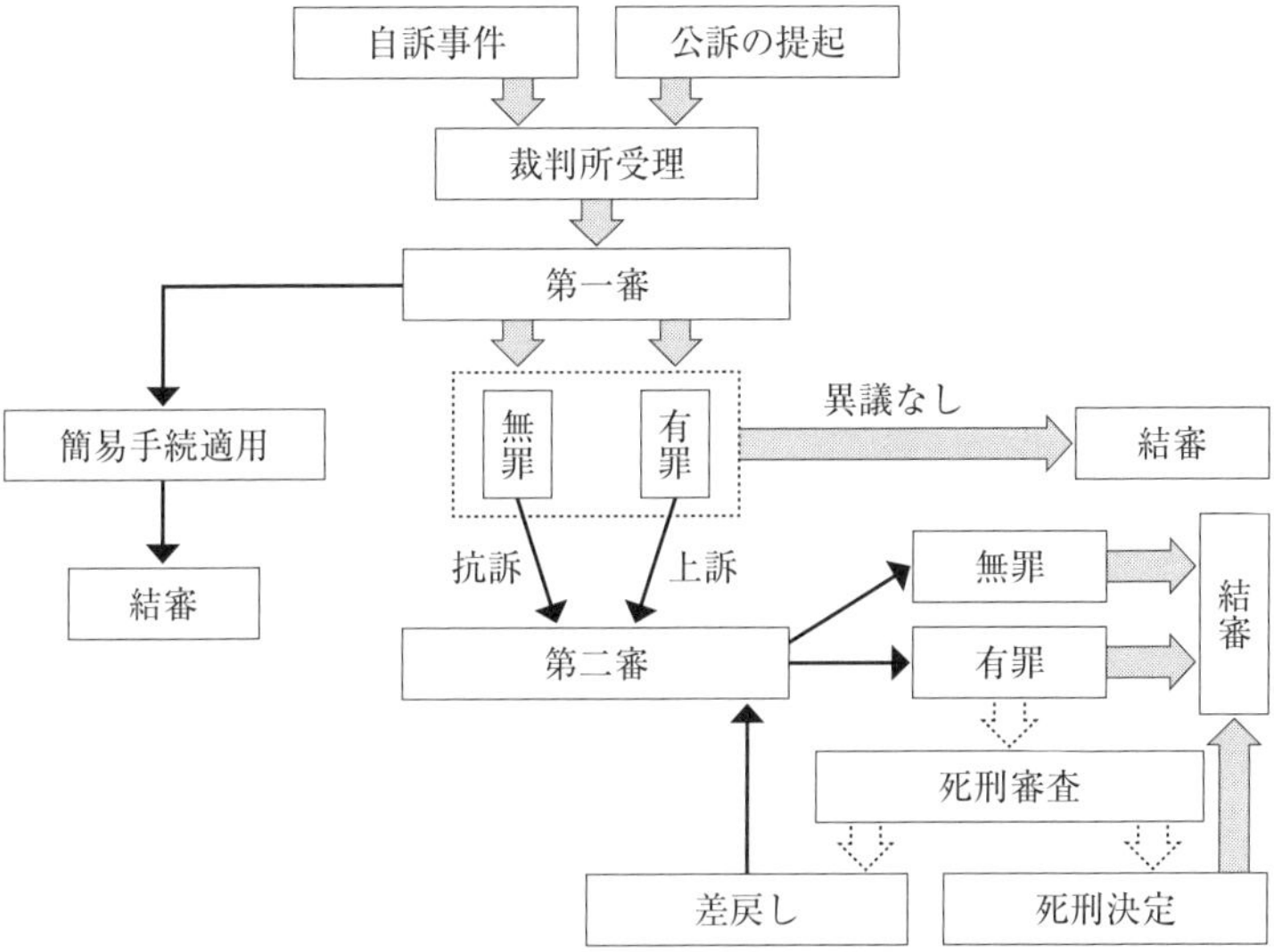

図４－３　刑事事件の二審終審制の流れ
（出典：『刑事訴訟法』の内容をもとに筆者作成）

人を委嘱しなかった場合には、人民法院は法律援助を担当する弁護士のなかから弁護人を選任しなければならない。

▼二審終審制

人民法院の組織構造は四級制をとるが、裁判は二審終審制を採用している。図４－３に示したのは刑事事件に関する二審終審制の流れである。

当事者が第一審の判決または裁定に不服であるとき、法定期間内で1級上の人民法院に上訴を提起することができる。また、検察側は第一審の判決または裁定が不適切だと認定するとき、法定期間内で1級上の人民法院に抗訴を提起することができる。人民法院が上訴、抗訴に対して、第二審の手続に基づき判決または裁定を言い渡した場合、その判決または裁定が終審の判決または裁定となり、死刑判決が再審査を受けなければならない以外に、法的効力が生じる。ただ、最高人民法院が審理した第一審事件、基層人民法院が特別手続に基づき審理した選挙人資格の審査事件、失踪および死亡宣告事件、公民の行為無能力者、制限行為能力者を認定する事件、無主財産の認定などの事件は一審で結審する。

世界諸国の中で、三審終審制を採用する国が多いようであるが、中国でも1950年代初期に一部分の事件について三審終審制を実施したことがある。しかし、訴訟期間が長く、人的にも物的にも無駄が多かったため、1980年代から今の二審終審制に定着した。

▼回避制度

裁判官、検察官、捜査官は下記の法定事由がある場合に、事件の担当者を回避しなければならず、当事者またはその代理人も彼らの回避を請求することができる。その法定事由とは、①当該事件の当事者または当事者の近親族である場合、②本人またはその近親族が当該事件と利害関係を持つ場合、③当該事件の証人、鑑定人、弁護人または付帯民事訴訟の当事者の代理人を務めたことがある場合、④当該事件の当事者との間に、事件の公正な処理に影響を与えかねない他の関係を持つ場合、などである。これらの規定は書記、鑑定人および通訳にも適用される。裁判官の回避は院長が決定し、院長の回避は裁判委員会が決定する。

▼死刑再審査制度

中国刑法に死刑となる罪は60個以上あり、毎年死刑を執行された受刑者の数は世界で比較的多い国の一つかもしれないが、死刑審査制度をもって死刑の誤判を防ごうとしている。人民法院組織法と刑事訴訟法によると、死刑の判決は最高人民法院が自ら言い渡したものを除き、最高人民法院に報告し、その承認を受けなければならない。殺人、強姦、強盗、爆破ならびに公共安全および社会治安に厳重な危害を加えた事件で死刑を言い渡された場合、最高人民法院が必要と認めるとき、その審査、承認権の行使を高級人民法院に授権した時期もあったが、２０１２年の改正刑事訴訟法ではその授権を止め、最高人民法院の独占権とした。

死刑判決を審査する場合に、必ず下記二つの作業をしなければならない。まず、原判決で認定した犯罪の事実が究明されたかどうか、犯罪の証拠が確実で十分かどうか、罪名が正確かどうか、量刑（死刑、死刑執行猶予）が適切か、手続が適法かどうかを確認しなければならない。次に、事実および法律に基づき、死刑を承認するかしないかを決定し、かつ相応する司法文書を作成して、正確な死刑判決、裁定を承認するか、不適切または誤った死刑の判決、判定を是正するかのいずれかを決定しなければならない。

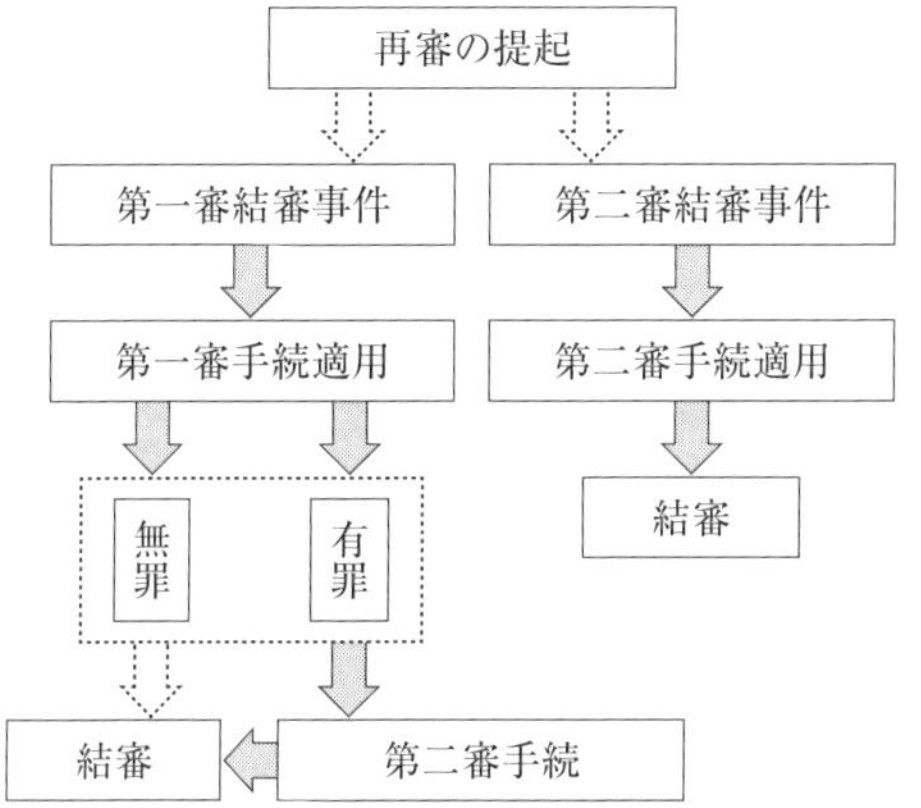

図４－４　裁判監督に基づく刑事事件再審の流れ

▼裁判監督制度

これは再審制度とも呼ばれており、人民法院が法的効力の生じた判決および裁定（民事事件の場合には調停書も含む）に対し、法に基づき裁判を改めて行う特別な裁判制度である。図４－４は刑事事件に関する再審手続の流れを示すものである。

再審の適用は次のような手続に基づく。

まず、裁判監督の手続を提起する前提として、法的効力が生じた判決または裁定に事実の認定または法律の適用について確実に誤りがあると発見したときでなければならない。次に、裁判監督の手続を提起しうるのは、当事者（代理人、近親者も含む）、当該級人民法院の院長、1級上の人民法院、最高人民法院、1級上の人民検察院と最高人民検察院（刑事事件のみ）である。さらに、裁判監督の手続を提起する方式は、当該級人民法院の院長が提起する場合には裁判委員会にその処理を請求し、最高人民法院の場合は自ら審理するか、または下級人民法院を指定して再審にあたらせる。また、刑事事件では1級上の人民検察院または最高人民検察院が裁判監督の手続に基づき抗訴を提起する。最後に、裁判監督手続に基づき再審を行う場合、合議廷を改めて組織しなければならない。再審となった事件が第一審事件の場合には、第一審の手続に基づき審理を行い、その判決または裁定については上訴または抗訴を提起することができる。第二審の事件、または1級上の人民法院が取り上げて審理を行う事件の場合に、第二審の手続に基づき審理を行い、その判決または裁定が最終判決または裁定となる。なお、再審に入ると原判決または裁定の執行が停止する旨の決定が出される。

ただ、当事者が再審を請求する場合には、原判決、裁定の執行は停止しない。そして、表4－4に掲載される事由の一つを有しなければ再審の提起ができないこととなっている。

裁判監督手続に基づく再審制度は二審終審制の不足を補い、誤判等を是正するのに大きな役割を果たしている。したがって、人民法院で毎年立件された再審事件は少なくなく、2012年には3万8417件に及んだという。詳しい内訳は表4－5を参照されたい。

表４－４　当事者が再審を提起できる事由

刑事事件	①原判決または裁定の認定した事実に確実に誤りのあることを証明する新たな証拠があり、罪の認定および量刑に影響を及ぼす可能性のあったこと。
	②罪の認定および量刑の根拠とした証拠が不確実、不十分であり、もしくは法により排除すべきであり、または事件の事実を証明する主要証拠間に矛盾が存在したこと。
	③原判決または裁定の法律適用に誤りがあったこと。
	④法律所定の訴訟手続に違反して公正な裁判に影響を及ぼす可能性があったこと。
	⑤裁判官が当該事件を審理する際に汚職収賄、情実不正または法を曲げて裁判する行為をしたこと。
民事事件	①新たな証拠があり、原判決または裁定を覆すのに足りること。
	②原判決または裁定が認定した基本事実が証拠による証明を欠いたこと。
	③原判決または裁定の事実認定にかかわる主たる証拠が偽造されたものであったこと。
	④原判決または裁定の事実認定にかかわる主たる証拠が質されなかったこと。
	⑤事件を審理するのに必要な主たる証拠について当事者が客観的事由により自ら収集することができず、人民法院に調査・収集するよう書面により申し立てた場合において人民法院が調査・収集しなかったこと。
	⑥原判決または裁定の法律の適用に確実に誤りがあったこと。
	⑦裁判組織の構成が適法でなく、または法により回避すべき裁判官が回避しなかったこと。
	⑧訴訟行為無能力者が法定代理人による訴訟代理を経ず、または訴訟に参加すべき当事者が本人もしくは訴訟代理人の責めに帰すことができない事由により訴訟に参加しなかったこと。
	⑨法律の規定に違反し、当事者の弁論の権利を剥奪したこと。
	⑩呼出状による呼出を経ずに欠席裁判をしたこと。
	⑪原判決または裁定が訴訟上の請求を遺漏し、または超えたこと。
	⑫原判決または裁定をする根拠とした法律文書が取り消され、または変更されたこと。
	⑬裁判官が当該事件を審理した際に、汚職収賄行為、情実不正または法を曲げて裁判する行為をしたこと。情実不正または法を曲げて裁判する行為をしたこと。

（出典：『中国刑事訴訟法』第 242 条、『中国民事訴訟法』第 200 条をもとに筆者作成）

表４－５　2012年現在全国各級法院の再審事件の取扱統計　（単位：件）

事件の種類	受理	結審	内訳					
			原判決の維持	原判決の変更	取り下げ	差し戻し	調停	その他
刑事事件	2,816	2,853	859	1,246	55	342	10	341
民事事件	34,324	33,902	9,369	7,570	2,621	5,050	5,220	4,072
行政事件	1,277	1,287	501	232	35	193	57	269
合計	38,417	38,042	10,729	9,048	2,711	5,585	5,287	4,682

（出典：『中国法律年鑑・2013』中国法律年鑑社、2013年9月、1212頁）

（3）独立裁判とはなにか

中国は三権分立を否定し、人民代表大会制度を実施しているため、司法独立を排除してきたにもかかわらず、独立裁判が実施されていると当局は強調している。

確かに、１９５４年憲法では、「人民法院は独自に裁判を行い、法律にのみ従う」と規定されていた。しかし、１９５７年から始まった右派反対運動の中で、司法独立を唱えた者はすべて「共産党の指導に反対するものだ」とされ、右派のレッテルを張り付けられた。その後も司法の独立はタブーとされていた。

１９７９年、人民法院組織法は54年憲法の規定を復活させたが、１９８２年憲法修正にあたり、「人民法院は独自に裁判を行い、法律にのみ従う」という規定は絶対化されすぎ、共産党の指導に不利であるとして、同規定を「人民法院は法律規定に基づき独自に裁判権を行使し、行政機関、社会団体ならびに個人による干渉を受けない」と修正した。１９８３年、人民法院組織法も同様の修正を行い、現在に至った。これはいわゆる中国版「独立裁判」の法的根拠である。

工業先進諸国の裁判独立または司法独立との相違を説明するために、次は両者の違いを比較してみたい。

まず、工業先進諸国では、裁判機関は三権の一つとして独立するのみでなく、法律審査権および行政裁判権を通して立法機関および行政機関に対し牽制を行うことができる。この機能は中国の人民法院に与えられていない。

次に、工業先進諸国の裁判では個々の裁判官が法律や良心に従い、裁判を行い、あらゆる干渉を受けないとされている。また、裁判官らの内部においても裁判官同士は上下服従の関係にはない。したがって、この体制下の裁判は裁判官による独立裁判といえる。それに対し、中国はあくまでも裁判機関の独自裁判に過ぎず、裁判官は独自に判決を言い渡せない場合がある。裁判官は等級制度が適用され、院長、廷長と普通の裁判官との関係は平等ではなく、事実上の服従関係にある。

最後に、工業先進諸国では裁判官は地位が堅く保障され、法律違反、身体健康の理由によらなければ、かつ、特別な裁判を経なければ裁判官の身分を剥奪されることはない。そして、給与体制が独立し、高給を支給されている。もう一方、中国では裁判官は選任または任命制で、いつでも解任することができる。裁判所の費用も地方各級の行政機関に仰ぎ、給与は普通の公務員とまったく同じ基準で支給されている。つまり、裁判官の身分は十分に保障されているとはいえない。

前述したように、中国の独立裁判と工業先進諸国の裁判独立との間では、その違いが明らかで、中国では裁判の独立が実現していないことがわかる。中国の独立裁判とは裁判機関による相対的な独立裁判に過ぎず、権力機関、行政機関、政権党からの干渉、ないし裁判機関内部の権力のある裁判官による横やりを免れない擬似独立であろう。

（4）裁判委員会の功罪

裁判委員会に判決を言い渡す権限があるかどうかについて、人民法院組織法は明確な規定を設けていないが、実際の運営または他の関連法律の規定をみれば、裁判委員会にはその権限を与えていると思われる。たとえば、『刑事訴訟法』第180条は「疑義があり、複雑または重大な事件について、合議廷が決定をするのが困難であると認める場合には、合議廷は院長に対して（その事件を）裁判委員会に提出して討論、決定させるよう提起する」と定めている。また、裁判委員会の決定について合議廷はそれを執行しなければならないとも規定されている。刑事事件のみでなく、民事事件でも裁判委員会で討議をし、その最終決定を下すことができる（民事訴訟法第198条）。したがって、裁判委員会は単純な裁判諮問組織ではなく、最終決定権を持つ強制力のある裁判組織である。

裁判委員会を設置する目的は裁判業務に対する集団指導の原則を貫き、民主集中制を強化することにあったと思われる。この制度は新中国発足の最初の段階において、①裁判の質の向上、②司法腐敗の防止、義理人情による裁判結果への影響の減少、③裁判への干渉、妨害の排除などの面で大きな役割を果たしたと指摘されている。そのため、一部の学者から、裁判委員会は中国の司法公正、司法独立に対して有利、有効かつ公正な司法制度であると評価されている。

しかし、中国の社会発展および法治国家に対する国民からの期待が高まるにしたがい、現行の裁判委員会に存在している問題はますますクローズアップされ、それを見直すべきだと訴える声が相次いで現れてきた。その問題点としては次のように指摘されている。

第一に、裁判官の平等性、独立性の原則に違反する。裁判委員会は人民法院の院長、副院長、廷長などから構成され、最終的な判決を決定する権限を持っているため、同じ裁判所で決定権を持つ裁判官と決定権を持たない裁判官に分かれてしまう。

第二に、審理と判決の乖離が生じ、司法の不公正が避けられない。実際に裁判を担当する裁判官は最終判決を言い渡せず、裁判の全過程を知らない人間が担当裁判官の説明を聞いただけで最終判決または裁定を決定することができるので、誤判のないことが保障されかねる。たとえば、１９８０年代半ば頃、ある殺人事件において、捜査官が確実な証拠がない中、妻が殺害されたことを警察に通報した第一発見者の夫が殺人犯として逮捕され、公判を受けることとなった。しかし、裁判の過程において、合議廷は被告人の殺人の決定的な証拠を欠いていたため、結審ができなかった。これを重大事件として合議廷から裁判委員会に討議、決定が依頼された。冤罪を防ぐ役割が期待されたはずの裁判委員会は結果的には、決定的な証拠がないまま、その男の有罪を決定し、無期懲役の判決を言い渡してしまった。自身の潔白を主張する男性は収監された後も、親族とともに再審を申し立て続けた。しかし、その申立は受け入れられなかった。十数年後、別件で逮捕された他の容疑者から十数年前の同殺人事件に対する自白があったため、この男性の冤罪が証明され、投獄から十数年後にようやく無罪で釈放された。この事件により審理を担当しない裁判委員会の集団決定の危うさが物語られた。

第三に、訴訟手続の公正さが損なわれ、裁判公開の原則に違反する。裁判委員会制度では、裁判委員会の委員は実際に事件の審理を担当せず、担当裁判官からの報告を聴くだけで裁定または判決を決定するシステムとなっている。したがって、訴訟の当事者は訴訟法によって定められた弁護権、証拠提示権、回避請求権が実施できず、当事者の訴訟権利が侵害されたのも同然である。

第四に、裁判官が責任を押し付け合うことが助長され、責任の所在がわからなくなる。中国の裁判所は誤った裁判に対する責任追及制度を実施しているため、裁判官は往々にして、合議廷で裁定または判決が出されるはずの事件でも裁判委員会に審議をかけ、その裁定または判決を仰ぐことになる。このようにして、裁判委員会の業務量が増える一方、誤判が出た場合でも、裁判官の責任追及ができなくなる。

3　司法改革はどこに向かうか

(1) 司法体制の問題点

中国の司法体制にはさまざまな問題点が存在しているが、主なものは次のように指摘できる。

第一は、司法機関の行政機関化と裁判官の官僚化である。前述したように、中国は長期にわたって三権分立理論を否定し、司法権を一つの独立とした権力として認めなかった。また、中国には司法を行政に隷属させる2千年以上の伝統があり、司法機関の行政機関化に伴う弊害が政権党の指導部をはじめ多くの人々に認識されていない。したがって、いまだに司法の特殊性が無視され、行政的な手法をもって裁判官の人事を取り扱っている。たとえば、裁判官を首席裁判官、大裁判官、高級裁判官および裁判官といった4等12級に分け、裁判官身分の平等性を破壊してしまった。

第二は、司法業務の地方隷属化である。これは人民法院の設置、裁判官の人事および司法業務の経費調達などの面で表れている。人民法院の設置は行政機関のランクに応じて設置されている。地方各級の人民法院の人事権は最高人民法院にはなく、全部各地方の人民代表大会、実際は地方各級の共産党指導部によって握られている。また、地方各級人民法院の経費も地元の財政予算から計上される。したがって、同格の裁判官であっても、その待遇は所在地の財政事情によって大きく異なる。このような背景のもとに、人民法院は地方政府から少しでも多くの財政交付を受けるため、地方の経済発展を促進し、地方の社会安定を保証するという大義名分のもとで、地方政府の番犬として、地方保護主義、地方割拠主義に加担し、司法腐敗を助長させることになる。

第三は、裁判官の素質が低く、管理の体制も整備されていないことである。長期間にわたって、裁判官は専門職業として認められず、政治業務者として扱われてきた。したがって、裁判官は労働者、農民または除隊した軍人の中から政治的に信用できる人から選抜され、任用されていた。そこで、労働者、農民、運転手出身の裁判官が存在する一方、法律知識が皆無に近い裁判所所長も多くみられた。統計によると、1998年現在、全国25万人の裁判官の中で、大卒の学歴を持つ人は5・6％に過ぎず、大学院の学歴を持つ者は0・25％しかなかった。この数字から中国裁判官の全体の素質がいかに低いことかが窺える。裁判官試験を導入した2002年から2012年に至って、大卒の学歴を有する裁判官はようやく全体の51・6％を占めるようになったという[9]。

(2)司法体制改革の断行

中国ではここ十数年来、裁判方式の改革、裁判官問責制の導入などの司法改革に関する模索をしてきた。吉林省磐石市人民法院で試行していた裁判官弾劾制はその中の一つであろう。

インターネット上の記事によると、磐石市の裁判官弾劾委員会は人民代表大会の代表、政治協商委員会の委員、行政官庁の中堅幹部、農村出身の役員から選出された15名の委員で組織され、住民から告発を受けた問題のある裁判官に対し、告発された問題について調査をし、投票の方式で処分を決定する。２００２年12月、磐石市人民法院第一民事裁判廷の副廷長が裁判後に当事者から接待を受けたとして裁判官弾劾手続に基づいて免職の処分を受けたという。この手法の適当性について、社会上では意見が分かれているが、著名な法学研究者の梁慧星はそれに強い支持を表明した。[10] ただし、この試行が十数年経った現在に至って、まだ試行の段階にとどまっていることにはやや失望を感じる。

とにかく、司法の公正および裁判の正義を実現するために、根本的な改革を断行しなければならない。そのため、多くの法学者、司法実務者が活発な議論を展開し司法の近代化を求めている模様である。これらの主な議論を総合してみると、次のような主張が訴えられている。

第一に、地方保護主義をなくし、司法公正が保障できる裁判システムを確立しなければならない。その中で、司法機関の地方隷属化の現象を防ぐことは重要である。その施策としては次のような措置が考えられる。

①裁判関係者の福祉も含む経費調達の面で独立した予算制度を導入し、地方各級政府から経費を計上される現状を改めなければならない。裁判機関の経費が地方財政への依頼から解放されることは、物質的な面で地方政府による司法干渉の手を切ることができるとともに、裁判関係者が地方の財政事情によって異なった待遇を受ける事実上の不平等を克服することもできる。

②裁判機関の人事制度を改革しなければならない。現在、地方各級人民法院の院長は同級の地方人代による選挙、副院長、廷長、裁判委員会委員等は同級の地方人代常務委員会による任命の事項となっている。したがって、地方各級の裁判機関は最高人民法院よりも地方人代および地方政府に偏っていく傾向がみられる。特に、地方政府の首長が地元の経済発展状況を昇進の根拠としている現状においては、２つ以上の地方にまたがる経済犯罪または経済争議が出る場合に、管轄権のある地元の裁判機関は法の公正よりも地元の利益を優先させてしまう。したがって、この現象を断ち切るために、地方各級人民法院の院長等の人事制度を見直さなければならない。

第二に、司法公正を強化し、裁判委員会制度を見直すことである。裁判委員会には前述したような弊害があるために、裁判委員会制度を見直し、具体的事件の判決討議に対する裁判委員会の関与を最終的になくし、裁判官による独立の裁判制および裁判官の独自責任制を確立しなければならない。このようにして初めて、裁判官は外部干渉を排除し、法律に基づき裁判を行い、責任を持って判決を下すことに努めるであろう。

(3) 司法独立は可能か

▼司法体制の近代化への段階的な取り組み

司法体制の近代化とは司法独立を意味するのである。中国では工業、農業、科学技術と国防の「四つの近代化」が訴えられているが、司法の近代化を提起したことはないようである。しかし、司法は社会安定を保つための最終的な安全弁であり、その司法の近代化を実現しなければ、「四つの近代化」が実現できるか疑われる。

司法の近代化を実現するためには、中国の政治体制に大掛りな手術を加えなければならないと考える人が多いようである。もちろん、司法独立は現政治体制の改革に繋がるが、当面では、現行の人民代表大会制度の枠内で、国家最高権力を全国人民代表大会に帰属させる理念を堅持する前提条件下でも、立法、行政、司法を適切に分業させ、相互に牽制と均衡とを保たせ、それぞれ独自に全国人民代表大会に責任を負い、その監督を受けるシステムを構築することは完全に不可能ではあるまい。共産党の一党支配が堅持されなければならないという中国の国情を鑑み、その第一歩としては、司法の政権党内における地位を高め、最高人民法院の国家の司法権を司る真の最高機関としての地位を固めなければならない。具体的には共産党指導部のトップ層の人物に最高人民法院の院長を兼任させ、最高人民法院を全人代常務委員会主任、国務院総理と同格にするべきであろう。これをもって、司法を行政に隷属させる現状を改め、共産党の指導下に司法系統の独立体制を形成させるのである。なお、司法機関の権限を強化し、現有権限の上に、憲法実施に対する監督、違憲審査、行政への監督権限を付与するべきであろう。

司法体制の独立、裁判機関の独立、裁判官の独立が実現されて初めて、司法の近代化が実現されるといえる。

▼司法体制改革のビジョン

以上さまざまな改革の訴えに甲斐があったか、中国共産党指導部はようやく真剣に司法体制の改革に取り組むようになった模様である。2013年11月に開催された中共中央第18期3中全会で公表された『改革の全面的深化の若干重大問題に関する決定』の中で司法体制の改革については次のような方向性が打ち出された[11]。

①法に基づき裁判権および検察権を独立して公正に行使するよう確保すること。法律の統一かつ正確な実施を保障するために、司法の管理体制を改革し、省レベル以下の地方人民法院、検察院の人事、財政、施設に対する統一管理、行政区画から適切に分離される司法の管轄制度の整備を推進する。

職業の特徴に適う司法職員の管理制度を確立し、裁判官、検察官、警察官の統一採用、秩序ある配置換え、逐級選抜のメカニズムを整備し、司法職員の分類管理制度を改善し、裁判官、検察官、警察官の職業保障制度を整備する。

②……裁判委員会制度を見直し、主審裁判官、合議廷による裁判責任制を改善し、審理者に裁判を行わせ、裁判者に責任を負わせる。各級人民法院の職能の位置づけを明確にし、上下級人民法院の審級監督関係を規範する。

③……人民陪審員、人民監督員制度を広く実行し、人民大衆による司法参加の道を拡張していく。

前記の司法改革の方策は一気に工業先進国のような司法独立の実現にはならないかもしれないが、その方向へ向かう中間措置として注目を浴びる。これからはどのような具体的な制度整備が行われるかを見守っていきたい。

第5章 検察機関による法律監督はいかに行われるか

1　検察制度の概要

（1）近代中国における近代検察制度の導入

▼西洋諸国における近代検察制度の形成および定着の流れ

検察制度はフランスおよびイギリスに由来するものだといわれている。この制度は13世紀にフランスで最初に設置された国王裁判所内に配置されていた「国王代理官」（Procureur du Roi）に遡ることができる。

1539年フランスは公訴制度を導入し、検察官に犯罪の認定と起訴権を付与した。そして、1808年、『フランス刑事訴訟法』を制定し、訴追の職権、予備審査の職権および裁判の職権を区分し、検察官に刑事事件の公訴権を独占させ、予備審査の裁判官に対する指揮権、判決の執行権限を付与した。一方、イギリスでは１８７９年に制定された『犯罪起訴法』によって検察官の職位が設けられた。このようにして検察官が公訴を担当する制度は仏英両国で確立されたこととなる。

仏英両国の検察制度はその後、ドイツ、アメリカ、ロシア、日本などの国々によって導入された。特にロシア帝国はフランスの検察制度を導入したとき、検察官により幅広い権限を付与し、検察官は「君主の目」といわれるほどであった。

ソビエト共和国連邦の樹立後、最高指導者のレーニンは法制の統一を実現するために、帝政ロシアの検察制度をさらに強化し、検察機関に空前絶後の権限を与えた。ソ連の検察機関は、厳密な中央集権の原則および単独責任制の原則に基づき構成され、公訴を担当するのみでなく、各国家機関、公務員および国民のソビエト法律に対する遵守ぶりに関する監督権も与えられた。

▼近代中国における検察制度の導入

古代中国には独立した裁判機関が設けられなかったために、仏英諸国のような検察官を必要としなかった。歴史上、中国の検察官の前身といわれている「御史」および「按察使」は王朝によって職掌が少しずつ違っていたが、清代に入っては、両方とも監察を主な業務とし、公訴人としての役割は付与されなかった。

検察制度が初めて導入されたのは清代末期に行われた法律近代化の中である。１９０６年に公布された『大理院審判編制法』は大理院の下で各級裁判庁を設置し、裁判庁の中で検察局を設け、検察長１名を置き、刑事事件に関する公訴の提起、判決の執行に対する監督を担当すると規定していた。ただし、この司法の近代化活動が短命に終わったため、検察制度の本格的な導入は実際にはできなかった。とはいえ、司法の近代化の模索はその後も続いた。検察制度も1930年代に至ってようやく南京国民政府の手によって完成された。しかし、その直後に勃発した日中戦争によってこの制度が全国範囲で実施されることはなかった。

(2) 現行検察制度の形成

現行検察制度は1949年の中華人民共和国の樹立後に試行錯誤をしながら形成されたものである。建国初期の模索を経て、1954年、中国初の憲法および『人民検察院組織法』が公布され、検察機関の組織系統は4級制となり、直轄市、区を設ける市の人民検察院は必要に応じて市轄区の人民検察院を設けることができるとともに専門検察院も設けられるようになった。そして、検察機関は行政機関の一部から切り離され、人民法院と同列する司法機関となり、「地方各級人民検察院は独立にその職権を行使し、地方行政機関の干渉を受けない。地方各級の人民検察院および専門人民検察院の検察業務はすべて上級の人民検察院の指導を受け、かつ最高人民検察院の統一した指導下で業務を行わなければならない」と規定された。

ただし、この検察制度は文化大革命の影響により機能不全となり、1968年からしばらくの間、検察機関は中国から姿を消してしまった。

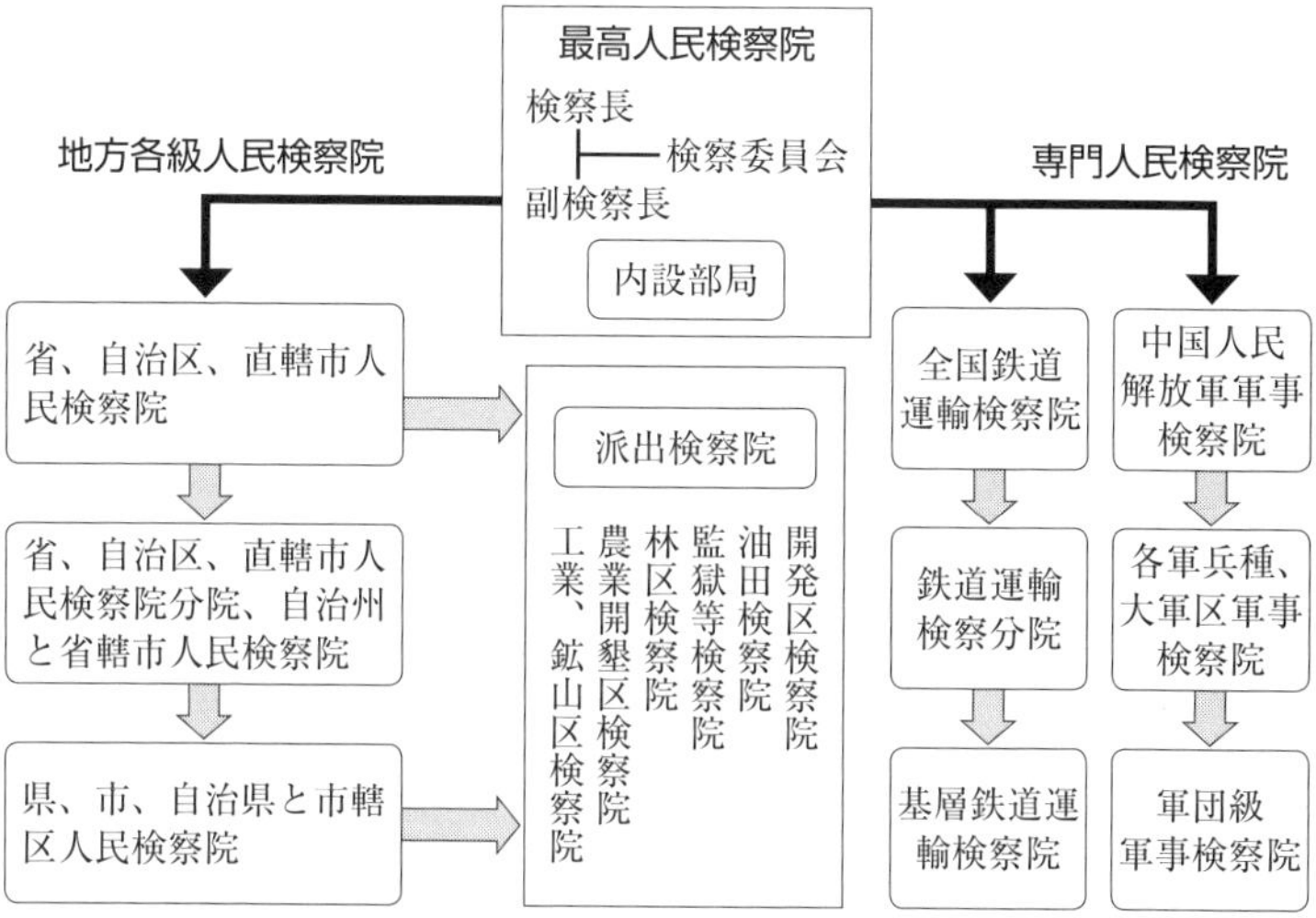

図5－1　人民検察院の仕組み
（出典：孫謙『人民検察制度的歴史変遷』［中国検察出版社、2009年9月、327頁］を参考に筆者作成）

（3）検察機関の組織構造、指導体系

▼検察院の仕組み

10年間の空白を経て、1978年、政治混乱の収束および法制整備の進展に伴い、中国は検察制度を立て直した。現行憲法および1979年7月に採択、1983年9月に修正された『人民検察院組織法』によると、人民検察院は図5－1に示したように、最高人民検察院、地方各級人民検察院および軍事などの専門検察院が設置され、4級から構成されている。

　また、省および県級人民検察院は業務の需要に基づき、本級人民代表大会常務委員会の承認を受けて、工業鉱山区、農業開墾地域および林業区域などの地域で派出検察院を設置することができる。表5－1は検察機関数の統計である。

　最高人民検察院は中国の検察業務を司る最

表5－1　2012年現在中国の検察機関数の統計

名称		機関数
最高人民検察院		1
省級人民検察院		33
分、州、市級人民検察院	分、州、盟、市検察院	371
	軍事検察分院	12
	鉄道運輸検察院分院	17
	小計	400
県級人民検察院	県（市、旗、区）検察院	2,856
	軍事検察院	53
	鉄道運輸検察院分院	56
	小計	2,965
派出検察院	工業、鉱山区検察院	6
	農業開墾区検察院	37
	林区検察院	54
	監獄等検察院	74
	油田検察院	1
	開発区検察院	41
	その他検察院	30
	小計	243
合計		3,642

（出典：『中国法律年鑑・2013』中国法律年鑑社、1213頁より）

高機関であり、全国人民代表大会によって組織され、全人代およびその常務委員会に対し責任を負い、活動報告を行う。図5－2は最高人民検察院の組織構造図である。

地方各級の人民検察院は当該地方の人民代表大会によって組織され、同級の地方人代とその常務委員会に対し責任を負い、活動報告を行う。ただ、その検察長の人事任命は1級上の検察院の承認を必要とし、検察院の業務は1級上の検察院から指導を受けることとなる。

▼専門検察院の構成と職責

専門検察院は特定の組織系統内で設けられ、図5－1に示したように、軍事検察院、鉄道運輸検察院などが設置されている。

軍事検察院は中国人民解放軍内で設置され、3級から構成されている。軍事検察院は二重指導を受けている。つまり、中国人民解放軍軍事検察院は最高人民検察院および中央軍事委員会総政治部の指導、その他の軍事検察院は1級上の軍事検察院および本級軍隊の政治部の指導を受け、検察業務を取

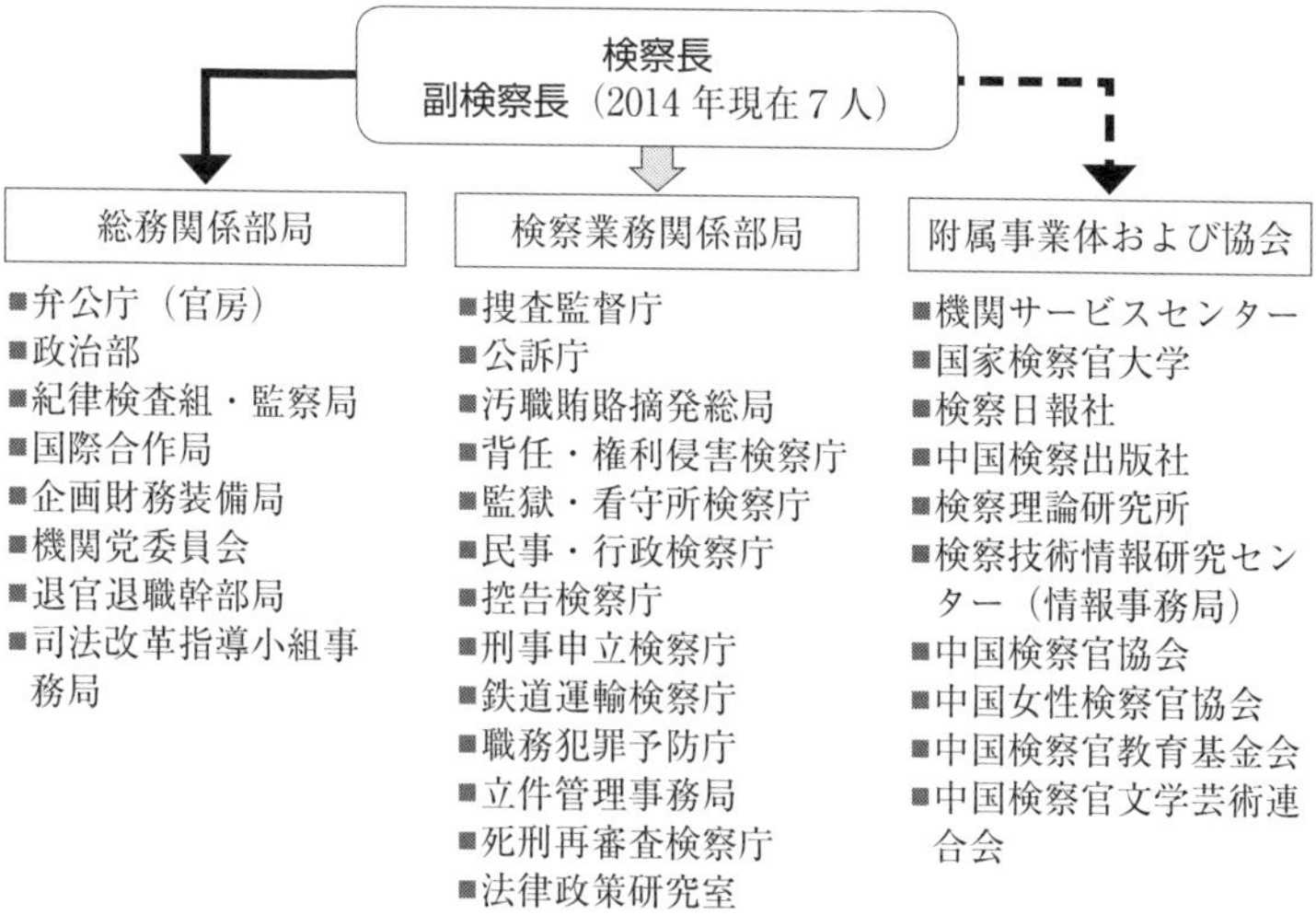

図5－2　最高人民検察院の内設部局および附属事業体
（出典：最高人民検察院ホームページ　http://www.spp.gov.cn/ をもとに筆者作成）

り扱うのである。軍事検察院が行使する検察権の範囲は以下のとおりである。

①現役軍人の犯罪事件

②軍隊の編成員として軍事施設内で勤務する職員の犯罪事件

③非軍人がかかわった軍人職責違反の共同犯罪事件

鉄道運輸検察院は国の法律、法規が鉄道運輸系統内で施行されることを保障し、鉄道運輸系統所轄地域内で発生する各種の違法犯罪を検挙し、鉄道運輸の物資および鉄道財産を保護することを所掌業務としている。

▼中国の検察機関の特徴と検察官の位置づけ

①検察機関の組織体系の特徴　まず、中国の検察機関は集中型と分散型の特徴を兼ねる折衷型といえよう。すなわち、中国の検察機関の上下級関係は指導と被指導との関係が維持されていると同時に、地方各級の検察機関は行政エリア

ごとに設置され、人事権と財政権は地方人代常務委員会および行政機関によって握られる。次に、中国の検察機関は行政機関と平行型をとっている。

また、指導体系については、中国は二重指導体系をとっている。つまり、第一に、各級の検察機関は本級の地方人代に対し責任を負い、活動報告をし、監督を受けなければならない。地方人代は、各級人民検察院の検察長、副検察長、検察委員会の委員、検察員に関する選挙、任免または承認、人民検察院の活動報告の聴取、検察院に対する質問、検察委員会の合意できない問題に対する審議、検察権の行使に関する監督などが挙げられる。

第二に、上級検察機関は下級検察機関に対し指導を行い、最高人民検察院は地方各級の検察院および専門検察院に対し指導を行う。具体的には、①1級上の検察長は本級の地方人代に対し、下級の検察長に対する任免、解任の承認を勧告することができること、②下級検察院の検察業務に対し、1級上の検察機関は指示を与え、検察官を派遣して援助し、またはその業務を取り上げ自ら処理することができること、などが挙げられる。

②検察官の位置づけ　世界諸国の検察官の位置づけは、行政官モデル、司法官モデル、準司法官モデルまたは二重属性モデルの3つの分類がある。

現行中国憲法は検察機関に関する規定を裁判機関と同列に定め、検察機関を裁判機関と同等の司法機関として扱っている。前記3つのモデルと照合してみれば、中国の検察官は憲法上の位置づけでは司法官モデルに属するようであるが、前に説明された機関設置の在り方および日常業務の運営においては準司法モデルまたは二重属性モデルであると考えられる。

2　検察機関はどのような職権を与えられているか

（1）検察権とはなにか

憲法第１２９条は検察機関を法律監督機関とし、検察権を行使すると規定している。しかし、この検察権はどのような性格の権力かについて意見が分かれ、諸説が存在している。

第一説は検察権を司法権と唱えるものである。その理由は３つ挙げられている。まず、検察機関は法に基づき単独に設置され、その地位は裁判機関と同等であり、かつ、法に基づき独立に検察権を行使する。次に、検察機関の公訴事務は法の適切な適用を目的とし、その監督職能と監督活動は明らかに「法律擁護」の特性を持っている。最後に検察機関の公訴権は司法的な権力であり、特にその不起訴決定は裁判所の無罪判決と似通った効力を有し、裁断性、終局性、法律適用性を特徴とする司法的な行為である。

第二説は、検察権を行政権とするもので、同じく3点の理由が指摘されている。第一に、受身的な裁判権と異なり、検察権は主動的な権力である。中立性を守るべき裁判権と違い、検察機関は進んで職権を行使し、違法犯罪行為を捜査し、それを起訴しなければ、職務の懈怠となる。第二に、裁判権の判断性と違い、検察権は命令執行性を持ち、上下級の検察機関の間、上下級の検察官の間に命令と服従の関係で維持されている。第三に、裁判権の終局性と異なり、検察権は執行的権力であり、結果がどうなるかは最終的に裁判を経なければならない。

第三説は、検察権を法律監督権とし、検察機関を法律監督機関とするものである。この説によると、検察権は裁判権の特徴とされている終局性、受身性、独立性を欠くので、司法権ではないとし、他方、行政権における社会的効果の最大化、行政措置の実体的結果の追求と比べれば、検察権は手続の提起および手続の正当性を重視する面では、行政権と一線を画す必要があると主張している。この説はさらに、現行中国で実施されている政治体制は人民代表大会制下の「四権分立」であると主張する。四権とは、立法権、行政権、司法権、法律監督権を指し、それぞれ権力機関、行政機関、裁判機関、検察機関によって行使されるという。その中で、立法権はその他の権能を統率し、「すべての権力は人民に属する」憲法原則の表れである。その他の三項目の権能は機関が平行に設置され、職権が独立に行使され、相互に牽制しあう関係にある。したがって、検察権は法律監督権としての位置づけが的確であり、行政権、司法権（裁判権）と互いに独立している権力である。その目的は法律の統一的な実施を守り、行政権、司法権の専断および腐敗を防止し、立法、行政、司法との間に牽制の橋梁を架設するようなもので、内部運営上では垂直の指導体制を必要とするが、外部機関の設置の面では独立の仕組みを保たなければならないと指摘されている。

前記三説の中で、法律監督権説は中国の検察機関の憲法における位置づけおよび現実の権能行使の面に即してみれば、現実に近いものだと思われる。

もちろん、四権分立の唱え方は実状と乖離していると思われる。中国では、現行憲法上において立法権は人民の主権とされて至上であり、他のあらゆる権力を統率し、制約および牽制を受けないもの

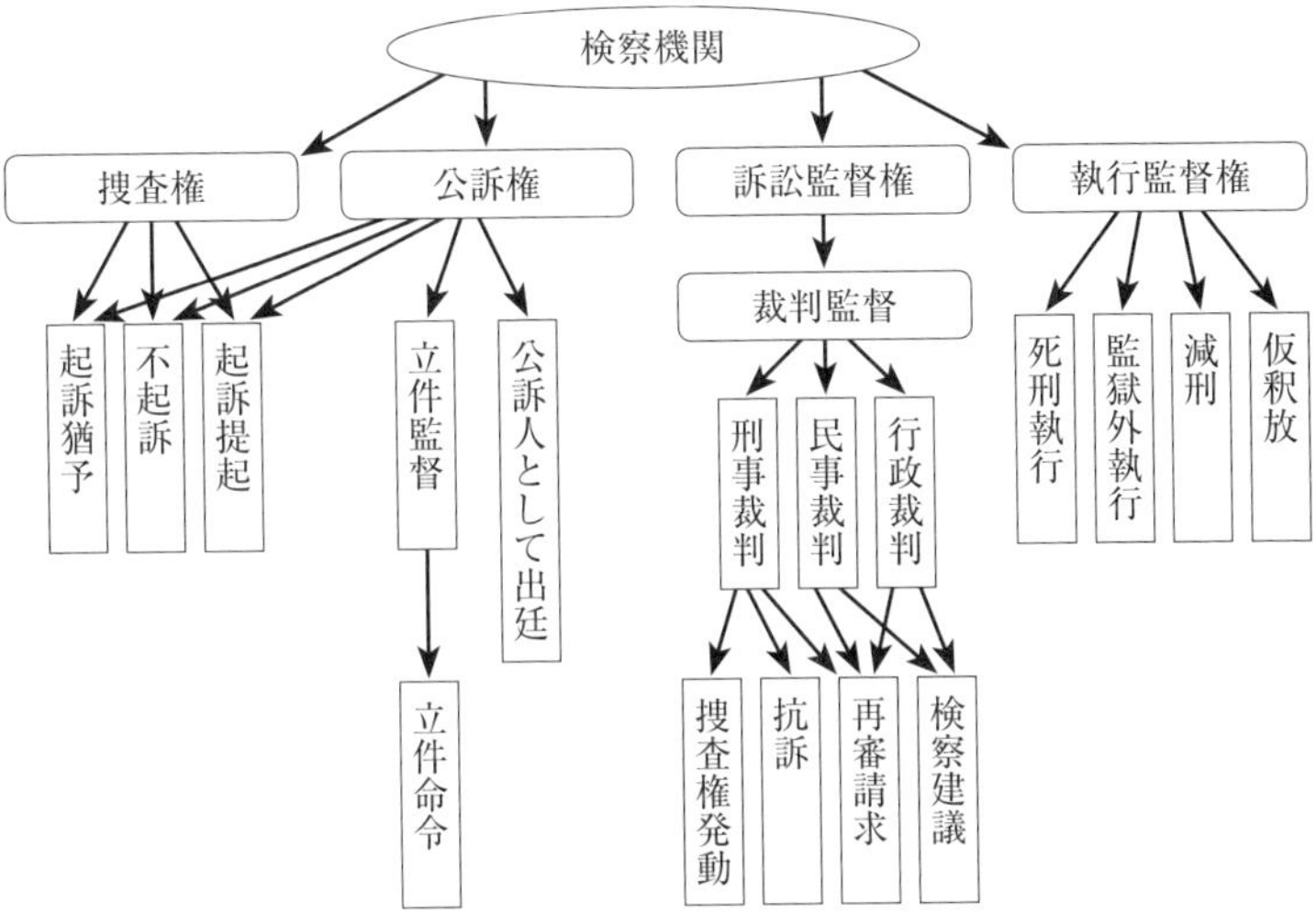

図５－３　法律監督権の仕組みと流れ

（出典：関連資料をもとに筆者作成）

であるから、四権の分立よりも、四権の分設に過ぎない。しかも、この法律監督権も立法権の監督に届かず、行政権の一部および裁判権に対する監督の意義で使われ、限定的な法律監督権といわざるを得ない。

(2) 法律監督権の中身

検察機関は法律監督機関である。法律監督とは検察機関が法律を全国範囲内で統一的に、適切に実施させるため、法によって付与された職務犯罪の捜査権、公訴権、訴訟監督権の行使を通じて犯罪を訴追し、法律の適用における違法行為を糾す活動であり、捜査権、公訴権、訴訟監督権の三位一体の権力である。図５－３はその仕組みと流れを示したものである。

捜査権とは法律執行の活動における特定の行為、すなわち公務員および国有企業、国有事業体の幹部職員が法律に基づき職務を履行する過

表5－2　2012年人民検察院が直接に立件、捜査を担当した事件統計

（単位：件、人）

事件の分類	受理	立件件数	立件人数	捜査終了件数	捜査終了人数
横領	13,460	8,499	14,837	8,790	15,144
賄賂	18,472	14,946	16,919	14,989	16,976
公金流用	2,826	2,607	3,414	2,772	3,607
集団着服	253	180	453	212	516
源泉不明な巨額財産	113	15	15	8	8
その他	3		10	12	25
横領、賄賂事件小計	35,127	26,247	35,648	26,783	36,276
職権の濫用	4,327	2,960	4,145	2,980	4,153
職務怠慢	5,175	3,812	5,139	3,851	5,190
情実不正	1,457	792	1,113	816	1,130
その他	878	515	1,293	492	1,264
瀆職事件小計	11,837	8,079	11,690	8,139	11,737
合計	46,964	34,326	47,338	34,922	48,013

注釈：捜査終了件数には前年の繰り越し件数が含まれる。

（出典：『中国統計年鑑・2013年』中国統計出版社、836頁）

程において発生した「職務犯罪」に対し、直接に捜査を行う捜査活動である。表5－2は2012年人民検察院が直接に捜査を担当した職務犯罪の事件統計である。しかし、職務犯罪に関する捜査権の過分の拡張を防ぐため、検察機関の捜査範囲は法律によって定められている。1996年と2012年に修正を受けた刑事訴訟法の規定によると、その対象は「汚職賄賂犯罪、国家公務員の瀆職犯罪、国家機関の職員が職権を利用して実施する不法拘禁、拷問による自白の強要、報復や陥れおよび不法捜査といった公民の人身上の権利を侵害する犯罪ならびに公民の民主的権利を侵害する犯罪」（第18条第2項）となっている。

公訴権とは捜査が終了し、捜査官から送検されてきた事件を審査し、犯罪の容疑が確定し、処罰の追及をすべきだと判断した場合に、裁判所に訴訟を提起し、犯罪証拠を開示し、

表５－３　2012年における人民検察院の法廷公訴の統計　　（単位：件）

事件分類	簡易手続の適用	法廷公訴					
		合計	第一審	第二審			再審事件
				小計	上訴事件	抗訴事件	
横領賄賂事件	1,397	25,188	23,570	1,498	1,034	464	120
瀆職侵権事件	681	6,005	5,816	169	107	62	20
刑事事件	402,306	526,216	509,267	16,239	13,312	2,927	710
合計	404,383	557,409	538,653	17,906	14,453	3,453	850

（出典：『中国法律年鑑・2013』中国法律年鑑社、1215頁）

刑事処罰を請求する活動である。表５－３は検察院が法廷に出て公訴を行った事件数の統計である。

訴訟監督とは刑事、民事、行政訴訟における誤った判決または裁定の見直しを請求し、裁判過程における訴訟関係者の法律の違反行為に対する監督である。その内容は刑事訴訟における捜査、裁判、行刑の活動に対する監督および民事訴訟、行政訴訟に対する監督が含まれている。この中で一番重要なのは裁判監督である。

(3) 法律監督権の特徴

法律監督権は監督手段の訴訟性および監督効力の手続性の面で独自の特徴がみられる。以下は分けて概説してみたい。

▼監督手段の手続性とそのメリット

監督手段の訴訟性は具体的に下記の３つの面で表れる。

第一に、法律監督権は刑事訴訟法、民事訴訟法、行政訴訟法によって具体的に規定されている。したがって、その監督権は訴訟法に由来する。

第二に、法律監督権は訴訟へ参加して初めて行使される。つまり、法律監督権は具体的な訴訟職能の行使を経て実現する権力である。職務犯罪等に対する検挙および捜査、刑事、民事、行政事件の裁判に対する監督および公民の法律遵守の状況に対する監督はすべて訴訟の過程でしか実現できない。

第三に、法律監督権は訴訟権力の運用、すなわち司法権力を通じて実現する。捜査権、公訴権、訴訟監督権などはすべて国家の司法権力であり、強制力を持っている。ただし、これらの訴訟権力は検察権から派生され、法律監督権に服従するもので、法律監督権と切り離せば、その存在する土台が失われる。

法律監督権が訴訟権力の行使を通じ、訴訟手続の過程で実現されるメカニズムは次のようなメリットを有する。

まず、検察機関は公訴権の行使を通じて警察機関の捜査権に対する監督の目的を実現することができる。事実上、検察機関は主に逮捕許可権、起訴決定権の行使によって警察機関の捜査活動に対する監督および制約を行う。特に不起訴権は終局的な権力であり、事件の実体的な処分に繋がる。警察機関の捜査権が強大なものであるため、検察機関はその監督を実現するために、その訴訟結果に制約を加える権力をもってその監督の強度を保障しなければならない。ただし、権力の不均衡を防ぐために、刑事訴訟法は検察機関の不起訴権に対する被害者の否決権を設けた。つまり、被害者は検察機関の不起訴の決定に不服な場合に、裁判所に直接告訴することができる。したがって、検察機関の不起訴権は裁判所の監督、制約の下に置かれている。

次に、検察機関は訴訟権の行使を通じ裁判活動に制約を加え、監督の効力を保障することができる。検察機関の訴訟権は国家の強制力を有し、起訴、抗訴を提起すれば必ず裁判が行われなければならない。同時に検察機関の抗訴が拒否され、裁判所の確実に誤った判決または裁定が是正できない事情が発生するのに備え、検察機関は誤った裁判の形成過程に瀆職罪または権利侵害罪の容疑を有する裁判官に対し、捜査権を行使し、その刑事責任を追及することができる。検察機関にそのような強力な捜査職能が存在しているため、裁判機関の司法公正が促され、監督の効力が保障される。

最後に、訴訟過程において、検察機関、裁判機関との間の相互牽制を通じ検察機関自身に対する監督が実現される。検察機関が訴訟中に行使する権力は手続的な権力で、実体的な処分権を持たず、事件の最終判決の結果は裁判所によってしか決定できない。したがって、法律監督権が裁判権を凌ぐ過分な拡張または侵害が有効に防止でき、検察機関の法律監督権への制約が実現される。

▼法律監督の効力の実現における手続性

法律監督の効力が手続の中で実現される。これは検察権のもう一つの特徴である。行政管理権と裁判権に実体的な権力が伴うのに対し、法律監督権は実体処分権を持たず、実体的問題の解決に繋がる手続を提起する機能に止まる。監督効力の手続性は次のような面に現れている。

第一に、法律監督権は法の執行の結果を決定する権力ではなく、法の執行過程中の権力である。たとえば、検察機関が警察機関から要請された犯罪容疑者に対する逮捕の許可権は、犯罪容疑者の刑事責任を追及するための強制措置であり、刑事訴訟が順調に行われるように保証する段階的な措置であり、犯罪容疑者に対する最終的処分の結果を決定するものではない。また、検察機関が行う裁判機関の判決または裁定に対する抗訴は第二審または再審を提起する手続に過ぎず、最終的に法的効力を生じる判決、裁定は裁判機関によって出さなければならない。

第二に、法律監督権は一つの権力が他の権力を制約するものであり、他の権力に対し実際の処分を与える権力ではない。たとえば、検察機関の職務犯罪に関する捜査は権力濫用の行為に対する直接的な処分ではなく、国家機関の職員の権力に対する制約であり、捜査活動を通して権力濫用の行為を抑制し、訴追するものである。また、検察機関の立件監督、捜査監督、裁判監督および執行監督はそれぞれ刑事捜査権、裁判権、行刑権に対する制約であり、その目的はそれらの権力の濫用を防止し、法律が各段階において適切に実施されるのを保障するものである。

第三に、法律監督権は、それが発動されれば、必ず特定の手続が引き起こされ、被監督者が法定の反応を示さなければならない。たとえば、検察機関が警察機関の立件しない事件に対する監督を提起すれば、警察機関は必ずその事件を立件しなかった理由を検察機関に告知しなければならない。もし、検察機関が不立件の理由が成立しないと認定し、警察機関に立件すべき通知を出した場合に、警察機関は即時に立件して捜査を始めなければならない。

とにかく、中国の法律監督権は行政権、裁判権から独立しているが、実体的な処分権を与えられていない。これは行政権および裁判権に対する制約ができるとともに、検察権の過分の集中も防止できる。また、検察権を手続権に限定させることも、検察機関が実体的処分の煩雑事務から解放され、超然独立とした地位を利用し、精力的に法律監督の業務を行うことができる。

3　裁判監督とはなにか

(1) 裁判監督は裁判官を取り締まるものか

前述したように、訴訟監督の中で最も重要なのは裁判監督である。関係法律の規定を総合してみれば、裁判監督とは検察機関が裁判機関の裁判活動に対して行う監督であり、具体的には刑事裁判、民事裁判、行政裁判に対する監督に分けられている。

▼刑事裁判に対する監督

刑事裁判に対する監督は下記の内容からなっている。

①検察機関は裁判所が事件の裁判にあたり法定の訴訟手続に違反したことを見つけた場合、その裁判機関に是正の意見を述べることができる。

②地方各級の検察機関は同級裁判所の第一審判決または裁定に明らかに誤判が存在していると認定する場合、１級上の裁判所に抗訴を提起し、第二審を提起することができる。

③最高人民検察院は各級の裁判機関が下した法的効力を生じた判決または裁定について、１級上の検察機関は１級下の裁判機関が下した法的効力を生じた判決または裁定について、明らかに誤りが存在していると認定した場合に、裁判監督の手続に基づき抗訴を提起し、裁判機関に対し再審を提起することができる。

④裁判機関は受刑者の死刑を執行する前に、同級の検察機関に通知を発し、死刑執行の立会いの検察官を派遣するように要請しなければならない。

⑤検察機関は減刑、仮釈放に関する裁定が不適切であると認定した場合に、同裁定を下した裁判機関にその是正を請求する意見書を出すことができる。

▼民事裁判に対する監督

民訴法第185条によると、最高検察機関は各級裁判機関が下した法的効力を生じた民事裁判の判決または裁定について、1級上の検察機関は1級下の裁判機関が下した法的効力を生じた判決または裁定について、4つの法定事由中に1つが存在していると認定した場合に、裁判監督の手続に基づき抗訴を提起することができる。この場合に、裁判機関は再審を行わなければならない。4つの事由とは次のとおりである。

①判決または裁定の事実認定の主たる証拠が不足している。

②原判決または裁定の法律適用に明らかに誤りがある。

③人民法院が法定手続に違反し、事件の適切な判決、または裁定に影響を及ぼしたおそれがある。

④裁判官が事件を審理するときに、横領・収賄行為もしくは私利を図る行為をし、または法を曲げて裁判をした場合。

▼行政事件裁判に対する監督

行政事件の裁判に対する監督については、行政訴訟法第64条によって規定されている。すなわち、検察機関は裁判機関の法的効力が生じた判決または裁定に対し、法律、法規の規定に違反していると

表５－４　2012 年における人民検察院が裁判監督に基づき提起した民事、行政抗訴事件の統計
（単位：件）

事件分類	立件	抗訴の提起	抗訴	再審の検察建議の提出	抗訴事件の再審状況					
					判決改め	差し戻し	調停	原判決維持	その他	合 計
民事事件	61,684	14,068	10,244	11,900	2,644	853	2,319	1,010	296	7,122
行政事件	3,682	524	262	288	47	23	8	65	7	150
合 計	65,366	14,592	10,506	12,188	2,691	876	2,327	1,075	303	7,272

（出典：『中国法律年鑑・2013』中国法律年鑑社、1216 頁）

判断した場合に、抗訴を提起することができる。裁判監督を発動する事由は民事訴訟の場合と基本的に同様である。ただ、特定の事情がある場合に、行政賠償の調停書も裁判監督の手続が発動される対象となれる。

表５－４は人民検察院が裁判監督に基づき、民事事件、行政事件の裁判に対して提起した再審の統計である。表中の立件とは立件して捜査を行う事件で、裁判活動に違法犯罪の疑いを有する訴訟関係者が存在することを意味する。抗訴の提起とは抗訴の提起権を有する検察院はその事件を下級検察院に取り扱わせ、または抗訴の提起をすべきだと認定した検察院はその抗訴を上級検察院に建議することを指す。再審の検察建議とは、検察院が取り扱う民事、行政の申立事件について抗訴の方式をもって再審の手続を発動するのではなく、人民法院に対し検察の建議を提出し、人民法院により自ら再審手続を発動して審理を改めて行うことを意味する。この統計をみれば、抗訴に基づき再審手続に入った事件は約37％が判決が変わったことがわかる。

▼裁判監督を提起する主体と再審の手続

裁判監督権は検察機関の専属権限のように思われるが、それを提起できるのは検察官だけではなく、裁判所の所長および当事者も提起できる仕組みとなっている。ただ、当事者本人が提起する場合には厳しい条件

が設定されると同時に、検察官によって認められ裁判監督権を発動しなければ、裁判監督の手続が始まらない。そして、発効した判決または裁定が執行を停止しない。なお、当事者本人が検察機関に対し裁判監督を申し立てる条件の一つとなっている「判決または裁定に明らかに誤りがある」とは下記のことを指すと規定されている。

①判決または裁定に認定された事実に明らかな誤りが存在していることを立証できる新たな証拠が見つかった場合
②罪の認定および量刑の根拠とされていた証拠が不確実、不十分であり、または事件の事実を証明する主たる証拠に衝突がある場合
③原判決または裁定の法律適用に明らかな誤りがある場合
④裁判官が事件を審理したときに、汚職・収賄行為または私利を図る行為をし、または法を曲げて裁判をした行為がある場合
⑤審理過程で訴訟手続に違反した場合

裁判監督が発動された場合に、再審の手続に入ることになる。このとき、改めて合議廷を組みなおし、裁判監督が提起された前の審級に応じて審理方式および裁判手続を確定しなければならない。再審の対象事件が第一審事件である場合に、第一審の手続に基づき裁判を行う。言い渡された判決または裁定について上訴、抗訴が提起できる。再審事件が第二審事件または上級裁判所が取り上げて自ら審理を行う場合に、第二審の手続に基づき裁判を行い、言い渡された判決または裁定は終審の判決または裁定となる。裁判所は事件を再審したあと、原判決の維持、判決の改正または原審裁判所に差し

戻すなどの処分のいずれかをすることができる。

(2) 裁判監督に関する賛否両論

▼裁判監督権に対する反対論

現在、裁判監督権が法律監督の一環として検察機関に付与されたことについて、国内外から不評が多いようである。主な理由は次のように指摘されている。

まず、公訴、弁護、裁判の三角形のバランスが崩れかねない心配である。検察側に公訴の役職と裁判官を監督する役職を兼任させることによって、公訴、弁護両方の法廷における地位が不平等となり、弁護側の行為も検察官の監督権の作用範囲を抜けることができないからである。

次に、司法の中立性、公正さが損なわれかねない。監督と被監督との関係を考慮するとき、そして、刑事訴訟法第7条に警察機関、検察機関、裁判機関の相互協力の規定が設けられているので、裁判官は感情的に、検察側に偏っていく可能性が否定されにくい。

▼裁判監督権に対する擁護論

それに対し、裁判監督権の正当性を唱え、それを強化すべき声も強い。その理由は次のようなものがみられる。

まず、司法活動の中で、司法独立の原則よりも、公平、正義の原則は価値の次元が高いので、裁判の公平、正義を守るために、独立とされた裁判権も制約と監督を受けなければならない。

次に、「権力を握っているあらゆる人は権力を濫用する可能性がある」といわれるように、司法権を手にしている裁判官も普通の人間と同じく、情欲を抱えており、各種の社会関係の主体となっている。裁判官の任用、身分保障、給与・福祉などの面で独立体制をとっている西洋諸国でさえ、品行が悪く、不公正な裁判を行い、法を曲げ判決を言い渡す裁判官が少人数ながら摘発されている。ましてや、中国の裁判官が普通の公務員とほぼ同じ条件で扱われている現状において、特に金銭至上主義が氾濫している環境の下では、裁判官が遭遇する誘惑がより多い。したがって、制度の面で裁判官をして公正、公平に司法活動を行わせるようなシステムを設計しなければならない。

最後に、裁判監督権を検察機関に付与することは、中国の政治体制に原因があると主張されている。現体制の下に、行政と司法の権力運行は並行的で、相互に牽制しあう関係にない。したがって、国家権力の運営に対し、専門の監督機関を設け、国家権力に対する制約と監督を実施する必要がある。中国の検察機関はまさにその役割を果たす機関である。三権分立をとっている国では立法、行政、司法の三権が分立し、互いに牽制しあっているので、裁判監督の職能を担当する専門的な国家機関を設ける必要がなく、検察機関は公訴機関の作用を果たせば済むのである。

(3) 裁判監督制度の欠陥および改善策

裁判監督のシステムには大きな欠陥が存在していると多くの学者によって指摘されている。

▼制度設計上の欠陥

まず、制度設計上の二律背反が指摘されている。前記の諸規定からわかるように、刑事訴訟に対する裁判監督は検察機関の専属権限ではなく、裁判所とともに行使する権力である。法律は裁判監督権を当級の人民法院院長、１級上の人民法院および最高人民法院に付与しているが、裁判独立および中立裁判の原則と抵触している。周知のように、裁判独立は裁判機関の独立と裁判官が裁判機関内部においてあらゆる人から干渉を受けず、良心および法律にのみしたがって裁判を行う二つの面を含んでいる。しかし、中国の裁判監督において、当級人民法院の院長が当該人民法院の裁判官によって言い渡された終審判決に、上級人民法院が下級人民法院の裁判官に言い渡された終審判決に対し、裁判監督手続を提起し、当該級人民法院の裁判委員会あるいは下級人民法院に再審を指令し、またはその事件を取り上げて自ら再審を行うことは、上下級裁判機関間の独立および裁判官個人の独立に対する厳重な侵害になりかねない。また、理論上からいえば、裁判所の終審判決または裁定は効力が生じた場合、終局性と権威性を有し、あらゆる人は法定手続を経なければそれを改正することはできない。しかし、現行の裁判監督制度の下において、当級人民法院に言い渡された終審判決または裁定は当該級の人民法院院長および裁判委員会によって容易に改正できることになっている。これは根底から裁判機関の権威と厳粛性を損なうおそれがあるのではないかと思われる。このような制度設計は、中国に裁判機関の独立と裁判官の独立が確立されていないことに根本的な原因があるのだろう。

次に、実行不能の問題が存在している。

現行中国の裁判仕組みに即してみると、裁判官の判決は一人廷による一部分の事件を除き、ほとんどは裁判委員会の集中討議、または人民法院院長の承認を受けて出されたもので、担当裁判官の意見が無視されて言い渡されるものも多くあるといわれている。その中に判決をあらかじめ1級上の人民法院に報告し、承認を受けたものさえある。したがって、その判決または裁定に「明らかな誤りが存在し」ていても、同じ裁判機関による自己修正が期待できないものではなかろうか。また、同じ裁判所所属の裁判官に他の裁判官による判決を改正させることは、判決または裁定の正確率が裁判官のボーナス、昇給、昇進および模範勤務者の評定などと密接に繋がる現行環境下で、至難の業といわざるを得ない。

特に、最高人民法院が1999年から全国で導入した「人民法院院長反省責任制」はこの自己修正作業をさらに難しくした。「人民法院院長反省責任制」によると、基層人民法院および中級人民法院に、裁判官が収賄をし、私利を図る裁判を行い、深刻な悪影響をもたらした事件が起きた場合に、当事者は厳粛な処分を受けるとともに、当該人民法院の院長も自ら最高人民法院に出頭し、その処分状況を報告し、指導の責任を反省しなければならない。事件の情状が著しく、極めて悪い影響をもたらしたことにより、当事者が刑事責任を追及された場合に、当該人民法院の院長は、その裁判官の採用、任用の面において直接的責任を負うとき、選挙および任命機関に対し引責辞職をしなければならない。そこで、裁判官は自ら責任を負わないために、なにもかもお上に報告をし、自ら判断を出さない現象が増えてくる。また、人民法院院長が所属の裁判官に対する締めつけをさらに厳しくし、人民法院院長のワンマン支配になりかねない。事実上、裁判機関がそのような裁判監督を提起するのは稀であり、ほとんどは検察機関によって提起されている。

▼裁判監督に関する法律規定における欠陥の存在

まず、裁判監督の提起に関する条件の規定が不一致である。たとえば、当級人民法院院長の裁判監督提起の条件として事実の認定および法律の適用に誤りがあることとされているが、審理過程において訴訟手続に違反したことを必須の条件としていない。それに対し、最高人民法院、上級人民法院および検察機関が裁判監督を提起する場合、例外なく訴訟手続に対する違反を提起の条件の一つとしている。

次に、裁判監督の規定が曖昧である。たとえば、刑事訴訟法第１８１条に規定された「明らかに誤りが存在している」判決または裁定が細分化されていないため、実際に裁判監督を提起する場合、その基準は担当検察官および検察機関によって異なり、裁判監督に統一した基準がないこととなる。

さらに、裁判監督の規定には盲点が存在している。たとえば、刑事事件の自訴事件に関する裁判、死刑再審査手続、裁判機関による勾留の決定および強制措置の変更などの面では裁判監督に関する規定がなく、実際に検察機関もそれらの面において監督の発動が少ない。

最後に、裁判監督に関する手続的規定が定められていないため、実際の監督業務を行いにくい。なお、最高人民法院、最高人民検察院、公安部、国家安全部、司法部、全人代常務委員会法制業務委員会が１９９８年1月に合同で出した『刑事訴訟法実施中における若干問題に関する決定』第43条では、「人民検察院が法定手続に違反する法廷審理活動について出す是正意見は、法廷審理が終わったあとでなければ提起できない」と規定されている。これは検察機関が裁判過程に法定訴訟手続に違反する裁判が行われてもそれを是正することができず、誤った方向へ裁判を進めていくのを見守らなければならないことを意味するのである。

▼裁判監督権の強化と改善策

前述したことでわかるように、中国の訴訟監督、特に裁判監督には少なからぬ問題点が存在している。それでは、訴訟監督権反対論者が主張したように、その裁判監督を検察機関から取り消すべきだろうか。中国の現状を考慮すると、必ずしもそうではないと思われるものがある。たとえば、現在の中国において、裁判機関が完全な独立機関として確立されず、裁判権は完全に独立した権力体系を保たず、裁判官が良心および法律にのみ基づき裁判を行う原則が定着しておらず、裁判官の素質も一様ではないことに加えて、後述するように裁判官の腐敗問題が毎年のように多数摘発されている。したがって、裁判機関および裁判官の自律があまり期待できない現状では、検察機関の訴訟監督権を取り消すことは良策であると言いがたい。司法の公正、公平および正義を追求し、司法腐敗を撲滅するために、当面、むしろ検察機関に訴訟監督権、とりわけ裁判監督権を強化すべきであろう。

無論、現行の訴訟監督、特に裁判監督を改善すべきである。それに関する処方が数多く出されているが、ここは数例を列挙することにとどめたい。

まず、裁判機関の裁判監督に関する自律監督権を取り消す。

次に、訴訟手続的権限として、検察機関による裁判監督権を強化していく。そのために、刑事、民事、行政訴訟に関する裁判監督の範囲、内容、方法について、法律によって細分化すべきである。

さらに、裁判監督が行われる環境を整備しなければならない。つまり、一審または二審の判決が改められたかどうかを担当裁判官または裁判所を評価する物さしとする管理手法をやめるべきであろう。

中国の司法改革ないし政治改革の終局的利益から図れば、以上の改善策は次善策かもしれない。根本的な解決方法としては、裁判機関および裁判権に真に独立した地位を賦与しなければならないのであろう。

（4）人民監督員制度の導入

検察機関の法律監督権の適切な行使を保障するために、『人民検察院による直接的受理の捜査事件に対する人民監督員制度の実施に関する最高人民検察院の規定（暫定）』が制定され、２００３年10月から天津、河北省、内モンゴル自治区など10の地域で先駆けて人民監督員制度の試行が行われた。数年間の試行後、最高人民検察院は人民監督員制度を２０１０年10月から全国で遂行するように決定した。

▼人民監督員の選任

２０１０年10月に公表された『人民監督員制度の実行に関する最高人民検察院の規定』によると、人民監督員は検察院により、憲法を擁護し、選挙権および被選挙権を有し、公正で品行が優れ、ある程度の文化水準を持ち、犯罪の記録がなく、健康で年齢が満23歳の国民から選任する。候補者の人選は行政機関、社会団体、企業法人、事業体および末端機関によって推薦されることができるとともに、個人も本人の勤務先または住所地の検察院に自己推薦をすることができる。選任の検察機関は被推薦者または自己推薦者に対し評定を行ったうえに、人民監督員の候補者を選定して、１週間にわたって社会に公示する。公示を経て異議がない候補者に対し、省級、地市級の検察院によって人選を決定し、委嘱状を交付し、その名簿を社会に公開する。人民監督員の任期は5年、２期以上の再任はできないとされている。

ただ、人民監督員の庶民性を保障するために、規定は下記の者が人民監督員になってはならないと

表5－5　人民監督員により提起する監督の事由

①立件相当の事件で立件せず、または立件不相当の事件で立件した場合。
②勾留期限を上回り、または検察機関が下した勾留期限の延長の決定が正しくない場合。
③不法に捜査、差押え、凍結を行い、または不法に差押え、凍結した金銭、財物を処分した場合。
④立件が取り消された場合。
⑤不起訴の決定を予定する場合。
⑥刑事賠償を行うべきなのに、法により刑事賠償をしない場合。
⑦検察官が取調に汚職、拷問による自白の強要、暴力による証拠取調など法規・紀律に違反する行為がある場合。

（出典：『人民監督員制度の実行に関する最高人民検察院の規定』の内容をもとに筆者作成）

定めている。共産党委員会・政府およびその構成機関の責任者、人民代表大会常務委員会の構成メンバー、裁判所・検察機関・警察機関・国家安全機関・司法行政機関の現職職員、弁護士、人民陪審員および職務が原因で人民監督員の職責履行に影響を与えるおそれがあるその他の者がそれである。

▼人民監督員の監督範囲

人民監督員は、検察院が直接に立件し、自ら捜査を担当する事件に対し監督業務を展開する。具体的には表5－5に掲載した7つの事由がある場合に、監督を提起する。

その他、人民監督員は要求に応じて検察機関が展開する法執行の検査活動に参加し、法規・紀律への違反行為を発見した場合に意見および勧告を提起することができる。また、それ以外の検察業務および検察官に関する全体的な建設についても意見および勧告を提起することができる。

人民監督員が表中の①②③⑥⑦の事件に対し監督手続を発動した場合に、人民監督員の事務機関また専任担当者が審査を行い、3日以内に取扱意見を出し、検察長の承認を受けなければならない。なお、監督の展開に備えるために、監督対象の事件の担当機関が事件を精査し、処理意見を準備しなければならない。

監督は普通3名の監督員により行うが、重大な事件または地元に与えた影響が大きな事件の場合には5名の監督員により行われる。監督員の選定はランダム方法で行う。

▼監督の手続

監督は次のような段取りで進行する。

①人民監督員の事務機関は人民監督員に対し処分予定の決定または意見書、主なる証拠目録、関連する法律規定および関連資料を提出する。

②事件の担当者から人民監督員に対し事件の内容を紹介し、処分予定の決定または意見書の理由および根拠を説明する。

③事件担当者は人民監督員からの発問に答える。

④人民監督員による評議および採決。

人民監督員が評議を行うとき、事件の事実、証拠および法律の適用、事件処理の手続、検察機関による処分予定の決定または意見に対する考え方、事件の社会上の反応について十分に意見を発表し、採決案を形成し、「人民監督員の採決意見書」を作成しなければならない。人民監督員が評議および採決を行うときは監督員以外の者は回避しなければならない。

採決終了後、人民監督員の事務局は評議状況および採択された意見書を事件管轄の検察院に送付する。検察院はその意見書を審査しなければならない。検察長が人民監督員の意見に同意しない場合には、検察委員会へその討議決定を請求しなければならない。この場合に、検察委員会は事件の事実および法律の規定に基づき、全面的に審査を行い、人民監督員の評議および採択された意見を真剣に研究し、法に基づき決定を出さなければならない。人民監督員の事務局は検察長または検察委員会の決定を2日以内に当該人民監督員に告知する必要がある。検察委員会の決定が人民監督員が採択した意見と一致しない場合に、監督に参加した人民監督員に必要な説明を行わなければならない。

ただし、検察委員会の決定に対し、人民監督員が異議を申し立てる場合にどのように処理するかについては規定がないことにやや不備があると思われる。

第6章 裁判官、検察官の在り方

1　裁判官にはどのようにしてなるか

工業先進諸国では裁判官は神職の一つだといわれ、検察官は刑事裁判のゲートキーパーとみなされている。中国では裁判官と検察官は国民の目にどのように映じているのだろうか。本章では中国の裁判官および検察官の在り方をありのままに説明し、その批評は読者に任せたい。

（1）裁判官の等級、採用および任用

▼裁判官の数と等級

2013年末現在、中国は19万7000人余りの裁判官を抱え、それぞれ最高人民法院（約500人）、高級人民法院（約7000人）、中級人民法院（約3万6000人）、基層人民法院（人民法廷含みで約

14万6000人）に配属されている。そのうち、女性裁判官は約24・1％を占めているという。[12]

裁判官は等級制度が適用されており、職務と等級の対応は表6－1に示したとおりである。同表によれば、中国の裁判官は首席大法官、大法官、高級法官、法官の4等12級となっており、最高人民法院院長を担当するのは首席大法官であり、定員が1人しかないので、1級のみ設置されている。一番末端の裁判官は助理審判員とされ、3級から5級の法官が任用される。なお、裁判官は院長、副院長、裁判委員会委員、廷長、副廷長、審判員、助理審判員の7種類に分けられている。

▼裁判官の採用および任用

中国では、裁判官、検察官および弁護士といわれている「法曹三職」を対象とする司法試験は2002年から始まった。それ以来、裁判官になるためには、まず、司法試験に合格して、法律職業資格証書を取得しなければならない。そのうえに、初任裁判官または助理裁判官としての採用試験を受けなければならない。

なお、初任裁判官および助理裁判官の採用試験を受けるとき、司法試験の合格という条件以外に、次の条件も満たさなければならない。

①中国の国籍を有すること。
②満23歳以上。
③中国の憲法を擁護すること。
④良好な政治的素質と業務能力および端正なる品行を有すること。
⑤体が健康であること。

⑥大学の法律専攻を修了し、または大学の非法律の専攻を修了し、法律の専門知識を持ち、就職してから2年経過したこと。もしくは法律専攻の学士学位を取得し、就職してから1年経過したこと。ただし、法学修士の学位もしくは法学博士の学位を有する場合には勤務年数が不問とされる。

表6－1　中国裁判官の等級および各級法院における職務と等級との配置

裁判官の等級		最高人民法院		高級人民法院		中級人民法院		基層人民法院	
等	級	職務	等級の配置	職務	等級の配置	職務	等級の配置	職務	等級の配置
首席大法官	なし	院長	首席大法官	院長	2級大法官	院長	1～3級高級法官	院長	3～4級高級法官
大法官	1～2級	副院長	1～2級大法官	副院長	1～3級高級法官	副院長	2～4級高級法官	副院長	4級高級法官～1級法官
高級法官	1～4級	裁判委員会委員	2級大法官～2級高級法官	裁判委員会委員	2～4級高級法官	裁判委員会委員	3級高級法官～1級法官	裁判委員会委員	4級高級法官～2級法官
法官	1～5級	廷長	1～2級高級法官	廷長	2～4級高級法官	廷長	3級高級法官～1級法官	廷長	4級高級法官～2級法官
		副廷長	1～3級高級法官	副廷長	2級高級法官～1級法官	副廷長	3級高級法官～2級法官	副廷長	4級高級法官～3級法官
		審判員	1～4級高級法官	審判員	2級高級法官～2級法官	審判員	3級高級法官～3級法官	審判員	4級高級法官～4級法官
		助理審判員	1～3級法官	助理審判員	1～4級法官	助理審判員	2～5級法官	助理審判員	3～5級法官

（出典：『中国法官等級暫定規定』をもとに筆者作成）

表6－2　法律職業資格証書の分類および任職地の制限

分 類	受験資格	合格点数	任職地制限	備 考
A 類	4年制大学卒以上の学歴	360	制限なし	
B 類	受験資格の規制緩和地域で短大法律専攻卒以上の学歴	360	受験資格の規制緩和の地域のみ任職	資格証書取得後、4大卒の学歴取得後、任職地の制限が解除される。
C 類	同上地域および漢語以外の言語で試験を受ける者	335 ～ 359	同上	受験資格は大卒以上の学歴の受験者も含むが、合格点数の相違により、任職地の制限は学歴が昇級した場合でも解除されない。

（出典:「新華網」http://news.xinhuanet.com/legal/2004-12/13/content_2329883.htm［アクセス: 2014/03/10］の内容をもとに筆者作成）

①と②は中国人であればだれでもクリアでき、③④⑤も大して難しい条件ではなかろう。ただ、⑥については、司法試験に合格しているのに、採用試験にまたそのような学歴条件が付けられる理由はよくわからない。調べてみたところ、中国の発展不均衡を配慮して、規制緩和がなされ、短大法律専攻の修了者でも司法試験が受験できることに原因があると思われる。したがって、司法試験で交付される法律職業資格証書はABCの3種類に区分されている。資格証書の種類によって任職の応募地域の制限を受けることになる。表6－2に示したのはABC類資格証書の受験資格、合格点数および任職地の制限などの内容である。

採用試験に合格した場合に、採用機関は採用予定者の情報を社会に公示する。社会上から異議申立がなければ、最高人民法院または委嘱を受けた高級人民法院により「初任裁判官、助理裁判官試験合格証書」を交付される。同試験合格証書は有効期限が3年で、有効期間内に合格者は裁判所で1年間の勤務を経た後、助理裁判官に任命される。助理裁判官を務めて若干年後、裁判所所在地の地方人代常務委員会による任職試験に合格した場合に、助理審判員または審判員に任命される。

初任裁判官および助理裁判官試験は全国統一の試験で、試験問題と採点基準は最高人民法院の裁判官考評委員会によって定められるが、試験、採用事務は任用予定のある各級人民法院の裁判官考評委員会によって取り扱われる。試験問題は政治経済の基礎的な理論知識、法律専門知識の分析、理解能力および文章の作成能力を内容とする。試験は筆記試験と面接試験に分かれる。筆記試験が終了した後、成績の順位に応じて、採用予定人数の２倍の比例で資格の再審査リストを作成し、資格再審査の合格者のみ面接試験を受けることになる。採点は最高人民法院裁判官考評委員会の統一指導の下、高級人民法院裁判官考評委員会によって実施を指揮する。成績は筆記試験が６割、面接試験が４割を占める[13]。

▼裁判官職務の任免

裁判官の任免手続は職務によって異なる。人民裁判所組織法その他の法律によれば、最高人民法院院長は全人代によって選挙または罷免が行われ、同院の副院長、裁判委員会委員、廷長、副廷長および審判員、すなわち裁判官は最高人民法院院長により指名され、全人代常務委員会が任免手続を行う。

地方各級の人民法院の院長は地方各級人代によって選挙または罷免が行われ、同副院長、裁判委員会委員、廷長、副廷長および審判員は所属の人民法院院長により指名され、地方人代常務委員会が任免手続を行う。

省、自治区内で地区ごとに設立され、または直轄市で設立された中級人民法院の院長は省、自治区、直轄市人民代表大会常務委員会により常務委員会の主任会議の指名に基づき任免手続が行われる。同副院長、裁判委員会委員、廷長、副廷長および審判員は高級人民法院院長が指名し、省、自治区、直轄市人民代表大会常務委員会により任免手続が行われる。

民族自治地方で設置される各級人民法院院長は民族自治地方の各級人代により選挙または罷免が行われる。同副院長、裁判委員会委員、廷長、副廷長および審判員は所属法院の院長が指名し、当該級の人民代表大会常務委員会により任免手続が行われる。

助理審判員は所属法院の院長により任免される。

また、軍事法院の院長は最高人民法院と中央軍事委員会とが協議して人選を決めて任命することとなっている。

前記任免の指名手続に院長により指名される云々の規定があるが、事実上の運営では、候補者の決定段階に当該法院の共産党の組織「党組」で討議を経て決定したうえに院長が指名することになっている。いうまでもなく、院長は一般的には裁判所党組のトップか2番目の責任者として、人事の討議に加わる。

(2) 裁判官の研修、考課および等級の評定

裁判官法では、人民法院は裁判官考評委員会を設置しなければならないと規定されている。それを受けて、1996年に最高人民法院は『裁判官考評委員会暫定組織弁法』を制定し、前記初任裁判官、助理審判員の統一試験を管理する業務のほかに、裁判官の研修、考課、評定の業務を司らせた。同弁法によると、裁判官考評委員会は5人、7人または9人から構成され、院長は委員会の主任を兼務する。これは裁判官の研修、考課、評定が非常に重要視されていることを窺わせる。本節ではこの規定

表6－3　裁判官研修の対象、時間および内容

研修名称	研修の対象者	研修時間	研修の内容
就任予定裁判官研修	裁判官の就任の内定を受けている裁判官。	1年を下回らない。	ポジションの規範、職業倫理、裁判実務。
任職研修	裁判所の所長、副所長に初めて任命された裁判官。	1.5か月を下回らない。	職責の履行に必要とする管理および業務能力の向上を主とするもの。
昇進研修	高級裁判官に昇進した裁判官。	1か月を下回らない。	高級裁判官の職責を履行するために必要とされる知識および技能。
続職研修	裁判業務を履行する期間にある裁判官。	1年に半月を下回らない。	ポジションの専門知識の更新と裁判実務の技能の向上。

（出典：『裁判官研修条例』の内容をもとに筆者作成）

に基づき、裁判官の研修、考課、評定の内容を概説してみたい。

▼裁判官の研修

２００６年３月に修正を受けた『裁判官研修条例』によれば、裁判官の研修は「就任予定裁判官研修」「任職研修」「昇進研修」および「続職研修」の４種類に分類される。研修の対象者、時間および研修の内容は表６－３に掲載したとおりであるので、参照されたい。

裁判官の研修を行うためには、最高人民法院所属の国家裁判官学院およびその分院、高級人民法院所属の省級裁判官学院、裁判官進修学院および裁判官研修学院が設置されるように規定された。また、高級人民法院の許可を経て地（市）級の裁判官研修機構を設けることもできる。各級裁判官研修機関による研修分担は附表６に示したとおりなので参照されたい。

裁判官の研修を効果的に遂行するために、２０１２年４月、最高人民法院は北京市第一中級人民法院をはじめ全国で49院の裁判機関を裁判官研修の教育基地として指定し、裁判官はこれらの裁判所で裁判実務等の研修に携わる。

研修を受けた裁判官は研修の種類ごとに最高人民法院に作成

された「合格証書」が交付され、研修の効果に関するチェックを受ける。研修が裁判官の履行すべき義務なので、理由なしに研修を拒絶した裁判官に対してその改正を促し、情状の軽重に基づき批判や教育を施し、情状が重い場合には、任職、昇進の資格が取り消されることになる。

▼裁判官の考課

裁判官法によれば、裁判官に対する考課は平時考課と年度考課を結びつけて行うとし、考課の内容は裁判業務の実績、思想や徳性、裁判業務および法学の理論水準、勤務の態度および裁判に臨む姿勢を含み、重点は裁判業務の実績に置かれると定められている。考課の結果は優秀、職務適格（中国語名：称職）、職務不適格（中国語名：不称職）の等級に分け、裁判官の賞罰、研修、退職、免職および等級や俸給の調整の根拠として使われる。たとえば、考課によって2年連続職務不適格に評定された場合に、裁判所はその裁判官を免職することができる。

しかし、裁判官考評委員会による裁判官の考課は評価が芳しくない模様である。現職裁判官蘆潔の検証によれば、考課には、人間関係の好悪による評価、考課の項目が細分化されず、科学性と合理性を欠くこと、考課の方法や手段が時代遅れであること、考課の結果を使用するメカニズムが整備されていないこと、などの不足があると指摘されている。[14]

▼裁判官の等級評定

1997年12月に、中共中央組織部、元人事部、最高人民法院が合同で公表した『裁判官等級暫定規定』は裁判官の等級およびその評定方法を定めた。それによると、裁判官の等級評定は現任職務、品行と能力、業務の水準、裁判業務の実績および勤務年数を根拠とする。

等級の評定は裁判官の管理権限に基づき審査を受けたのち、下記に規定された権限により認可が行われる。

①1～2級大法官、1～2級高級法官および最高人民法院のその他の裁判官の等級は最高人民法院院長により承認される。

②高級人民法院およびその所轄下の法院に勤務する3～4級高級法官、1～2級法官および高級人民法院所属のその他の裁判官は高級人民法院院長により承認される。

③中級人民法院および所轄下の法院に勤務する3～5級法官は中級人民法院院長により承認される。

なお、最高人民法院、地方各級人民法院および軍事法院等専門法院に在職している院長、副院長、裁判委員会委員、廷長、副廷長、審判員、助理審判員は裁判官の等級評定を受ける。

また、裁判官の等級の昇級と降級は附表7に掲載した手続に基づき行われる。昇級と降級の承認は等級の評定に関する承認権限が適用される。

(3) 裁判官の権利および義務

裁判官が履行すべき義務および享受する権利は表6－4に示したとおりであるので、参照されたい。

前記の規定をみれば、中国の裁判官の身分保障は非常に弱い。享受する権利の第3項に、「法定事由によらず、法定手続を経なければ、解職、降職、免職または処分を受けない」という条文が設けられているが、免職の法定事由には次のように定められている（裁判官法第40条）。

①年度考課で2年連続して職務不適格と評定された場合。

表6－4　裁判官が履行すべき義務および享受する権利

履行すべき義務
1. 憲法および法律を厳格に遵守すること。
2. 裁判にあたり、私に殉じて法を曲げてはならず、必ず事実を根拠に、法律を基準に、公正心をもって事件の審理を行うこと。
3. 法に基づき訴訟当事者の訴訟的権利を保障すること
4. 国および公共の利益を守り、自然人、法人その他の組織の適法利益を護ること。
5. 清廉潔白で、職務に忠実で、紀律を遵守し、職業倫理を真剣に守ること。
6. 国の秘密および裁判業務の秘密を守ること。
7. 法律の監督および人民大衆による監督を受けること。
享受する権利
1. 裁判官の職責を履行するために有すべき職権および勤務条件。
2. 法に基づき事件を裁判する際には、行政機関、社会団体ならびに個人からの干渉を受けないこと。
3. 法定事由によらず、法定手続を経なければ、解職、降職、免職または処分を受けないこと。
4. 勤労報酬を取得し、保険および福祉待遇を享受すること。
5. 人身、財産および住所の安全につき法律による保護を受けること。
6. 研修へ参加すること。
7. 不服申立または告訴を提起すること。
8. 退職すること。

（出典：『中国裁判官法』第7条、第8条をもとに筆者作成）

②現職の業務に従事することができず、他の配置換えを受け入れない場合。
③裁判機関の機構調整または定員の減少によりポジションを調整する必要があるにもかかわらず、本人が合理的な配置換えを断る場合。
④無断欠勤または正当な理由なしに休暇期限を過ぎても仕事に復帰せず、その日数が連続15日を上回り、または1年以内に累計30日を上回った場合。
⑤裁判官の義務を履行せず、教育を受けても直さない場合。

また、その法定手続も明確な規定がなく、普通は裁判官の所属している当該裁判所の院長をはじめとする指導部がその処分の手続を行うのであろう。「裁判所の処分、処理の決定に不服な場合に、裁判官はその処分、処理の決定が出された日から30日以内に処分、処理の決定機関に対し、再議を請求することができるとともに、決定機関の上級機関に対し

表６－５　裁判官に対する奨励の事績および懲戒の行為

	裁判官に対する奨励の事績	裁判官に対する懲戒の行為
項目	①事件審理において公正に法を執行し、成績が顕著であること。 ②裁判実務の経験の総括結果が優れ、裁判業務に対して指導的役割を果たしたこと。 ③裁判業務に対して改革の意見を提出し、採用されて効果が顕著であること。 ④国、集団および人民の利益を保護し、重大な損害を免れさせ、事績が優れること。 ⑤違法犯罪の行為との闘いにおいて勇敢であり、事績が優れること。 ⑥司法意見を提出して採用され、または法制宣伝の展開もしくは人民調停委員会の業務への指導において効果が顕著であること。 ⑦国の秘密または裁判業務上の秘密を保護し、顕著な成績を収めたこと。 ⑧その他の業績があること。	①国の名誉を損なう言論を流布し、不法な組織に参加し、その趣旨が国に反対する集会、デモおよび示威等の活動に参加し、ストライキに参加する行為。 ②横領し、収賄する行為。 ③私に従い法を曲げる行為。 ④自白を強要する行為。 ⑤証拠を隠滅し、または証拠を偽造する行為。 ⑥国の秘密または裁判業務上の秘密を漏洩する行為。 ⑦職権を濫用し、自然人、法人その他組織の適法権益を侵害する行為。 ⑧職務の懈怠により誤判をもたらし、または当事者に重大な損害を与えた行為。 ⑨故意に事件の処理を遅延し、業務を遅滞させる行為。 ⑩職権を利用し、自己または他人のために私利を図る行為。 ⑪営利的性格の経営活動に従事する行為。 ⑫密かに当事者およびその代理人と会見し、当事者およびその代理人の接待、贈答品を受ける行為。 ⑬その他の法律または紀律に違反する行為。
賞罰の種類	特別賞、３等功績、２等功績、１等功績の記録および栄誉賞号の授与	警告、過失の記録、重過失の記録、降級、職務取消および除籍

（出典：『中国裁判官法』第30条、第31条、第32条、第34条の内容をもとに筆者作成）

中立をすることができる。中立の受理機関は規定に基づき処理を行わなければならない」との救済措置も講じられているようにみえるが、「再議および中立の期間に裁判官に対する処分、処理の決定の執行が停止しない（裁判官法44条）」と規定されている。したがって、裁判官は非常に不利な立場に置かれている。

（４）裁判官に対する賞罰、禁止、忌避事項

裁判官に対して、表６－５に示したような奨励を受ける事績または懲戒を受けるべき行為が定められた。特に懲戒を受ける行為の中で、犯罪を構成したと

きに、刑事責任の追及も受けなければならない。なお、職務取消の処分を受けた場合に、給与や等級も下がることになる。

また、裁判官の任用権は配属先の裁判所または裁判所所在地の地方人代にあるため、裁判官の任用をめぐりよく不正が発生する。それを防ぐために、裁判官法は法的規定に違反して裁判官を任用し、それを発見した場合に、任用機関は直ちにその任用を取り消し、または1級上の裁判所が1級下の裁判所に対して、その任用の取消、もしくは地元の地方人代常務委員会に当該任命の取消の請求を提出するように勧告することができる。

なお、裁判官は人民代表大会常務委員会の構成員、行政機関、検察機関ないし企業体、事業体で職務を兼任し、弁護士を兼務することが禁止されている。そして、夫婦関係、直系血族関係、2親等以内の傍系血族および姻族関係を有する裁判官は、同一裁判所内の副院長、裁判委員会委員、廷長、副廷長、審判員、助理審判員、管轄関係にある上下級の人民法院の院長、副院長を担当してはならず、裁判所から離任した2年以内に弁護士として訴訟代理人または弁護人を務めてはならず、離任後、任職した元裁判所が取り扱っている事件の訴訟代理人または弁護人を担当してはならない。さらに裁判官の配偶者、子女も当該裁判官の任職する裁判所で審理している事件のために、訴訟代理人または弁護人を担当してはならない。

中国が裁判官に対してこれほど強い懲戒、禁止および忌避事項を設けたのは、裁判官に生殺与奪の権限を与えたとともに、行政官並みの管理手法をとっていることに原因があるのではなかろうかと思われる。

表6－6　裁判官の行為規範における各段階の基本的要求

立件	①当事者の法に基づく訴訟権の行使を保障し、特に女性、高齢者、身体障碍者等人々の訴訟需要に配慮を与える。 ②人民大衆の訴訟に便宜をはかり、当事者の訴訟負担を減少させる。 ③立件の質を確保し、立件の能率を高める。
法廷審理	①法廷審理の発言と行為を規範し、良好なイメージを確立する。 ②法廷審理における制御力を高め、裁判の高質を確保する。 ③法廷審理の手続を厳正に遵守し、平等に当事者の訴訟権利を守る。 ④法廷審理の秩序を維持し、裁判活動の順調な進行を保障する。
訴訟調停	①調停の理念を樹立し、調停の意識を強化し、「調停を優先させ、調停と判決を結びつける」ことを貫き、紛争解決における調停の役割を十分に発揮する。 ②適法、自由意思の原則を切実に遵守し、不適切な調停、もっぱら調停の高比率の追求を防止する。 ③方式および方法を注意深く選び、調停の能力を高め、結審して事件の解決が実現されるように努める。
文書の作成	①格式と規範を厳格に遵守し、裁判文書を作成する能力を高め、裁判文書の質を確保し、裁判文書の厳粛性および権威性を維持する。 ②一般手続事件の裁判文書は内容が全面的で、法理の説明に筋が通り、論理が厳密で、用語が規範化され、文章が精練であるべきこと。 ③簡易手続事件の裁判文書は簡潔、正確、規範化であるべきこと。
執行	①法に基づき、適時に、有効に執行を行い、効力を生じた法律文書の厳粛性および権威性を確保して、当事者の適法権益を擁護する。 ②文明的な執行を堅持し、厳正に法に従って執行措置を講じ、不作為または乱暴な作為を断固として避ける。 ③方式方法を注意深く選び、執行の法的効果および社会的効果を重視する。

（出典：『裁判官行為規範』の内容をもとに筆者作成）

（5）裁判官の行為規範および職業倫理

▼裁判官の行為規範

『裁判官行為規範』（法発〔2010〕54号）は2005年に制定され、2010年に修正を受けたもので、ここではウェブサイト「法律図書館」[15]に掲載されたものをもとに概説してみたい。

同行為規範は、一般規定以外に、立件、法廷審理、訴訟調停、文書の作成、執行という5つの項目、つまり訴訟の各段階に応じて裁判官が遵守すべき基準を設けた。表6－6は前記各段階の基本的要求である。

68か条の内容すべてを査読していくと、その規範は訴訟のマニュアルの色彩が強いと思われるが、中には訴訟当事者に便宜を図るものも多く含まれている。たとえば、「当事者が自宅での立件または遠隔立件を要求する場合」を扱う第12条では、次のような規定が設けられた。すなわち、①当事者が身体障碍により行動が不自由で、または重病のために外出できないなどの原因で、かつ訴訟代理人に依頼する能力がない場合に、裁判所へ出頭して起訴を提起することができないとき、裁判官は実際の状況に基づき当該当事者の住所に赴き起訴の資料を受け取ることができる。②当事者の所在地が管轄裁判所から遠く離れ、かつ事件の事実がはっきりし、法律関係が明らかで、当事者間に争議が大きくない場合に、裁判所はウェブサイトまたは郵送の方法で起訴資料を受け取ることができる、と。

▼裁判官の職業倫理

これは『中華人民共和国法官職業道徳基本準則』として2001年10月に制定され、2010年12月に修正を経て公表されたものである。同準則では、裁判官の職業倫理は「公正、清廉、人民のため」を中核な内容とし、「司法事業に対する忠誠、司法の公正への保障、司法の清廉の確保、人民のための司法の堅持、司法イメージの保護」を基本的な要求としている。

ただし、司法事業に対する忠誠の中では裁判官に求めようとする倫理は「共産党に対する忠誠、国家に対する忠誠、人民に対する忠誠、法律に対する忠誠」とされ、共産党に対する忠誠を筆頭に挙げ、法律に対する忠誠は最後に置かれている。2012年12月、最高人民法院は裁判官宣誓条例を公表し、裁判官が就任する場合には宣誓をしなければならなくなった。宣誓の言葉は次のとおりである。

「私は中華人民共和国の裁判官として、次のように宣誓する。国に忠誠を尽くし、人民に忠誠を尽くし、憲法および法律に忠誠を尽くし、忠実に裁判官の職責を履行し、裁判官の職業倫理を厳正に守り、裁判官の行為規範に従い、公正に司法を行い、司法の清廉を保ち、人民のために司法を行い、社会の公平正義を擁護するために闘う[16]」

これは中国の裁判官が直面しているジレンマでもあり、法律と政権党との間に法益の衝突が生じる場合に、対処に迷ってしまう懸念が払拭されないであろう。ただし、職業倫理と比べれば、宣誓の言葉において共産党に対する忠誠という文言が消されたことは非共産党員出身の裁判官にとって束縛から解放された印象を与えると思われる。

2　検察官の在り方

前述したように、検察官は、法に基づき検察権、すなわち法律監督権を行使するものとして一目を置くべき存在である。したがって、中国では検察官は裁判官とほぼ同格に取り扱われており、その採用、任用、人事管理などの面で裁判官と似通っている部分が多い。本節では検察官の人事、職権および公訴人制度について概説する。

(1) 検察官の人事

▼検察官の種類、等級および採用と任用

検察官は検察長、副検察長、検察委員会の委員、検察員、助理検察員の５種類に分けられ、

2012年現在、全国で15万4664人の検察官が計上されている。表6－7はその種類別の人数統計である。

裁判官と同じように、検察官は等級制を適用されており、表6－8に示したのは検察官の等級および職務との配置関係である。同表によれば、検察官は、首席大検察官、大検察官、高級検察官、検察官の4等12級となっている。等級は現任職務、政治的素質、業務能力、検察業務の実績および勤務年数を基に、等級に応じて各級検察院の検察長の承認を受けて評定される。『検察官等級暫定規定』によれば、1～2級大検察官、1～2級高級検察官および最高人民検察院のその他の検察官は最高検察院の検察長による承認、省・自治区・直轄市検察院および直属の検察院所属の3～4級高級検察官、1～2級検察官と省・自治区・直轄市検察院所属の他の検察官は当該級の検察長による承認、省・自治区・直轄市検察院分院および自治州、省轄市検察院とその下に隷属する検察院所属の3～5級検察官は省・自治区・直轄市検察院分院の検察長による承認を受けなければならない。

等級の昇進については、5級検察官から3級検察官に昇進する場合に、1級昇進するごとに3年、3級検察官から1級検察官に昇進する場合に、1級昇進するごとに4年を必要とする。業績が特に優秀であるときに、規定期限を前倒しして昇進することができるが、最高検察院の検察長の承認を受けなければならない。

検察官になるためには、裁判官と同じく条件が必要とされる。ここでは重ねて記載しないので、裁判官になるための条件を参照されたい。

表6－7　2012年現在中国検察官の人数　（単位：人）

検察長	副検察長	検察委員会の委員	検察員	助理検察員	合計
3,574	11,465	18,566	92,566	28,493	154,664

（出典：『中国法律年鑑・2013年』中国法律年鑑社、1213頁より）

表6－8　中国検察官の等級および各級検察院における職務と等級との配置

検察官の等級		最高人民検察院		省、自治区、直轄市検察院	
等	級	職務	等級の配置	職務	等級の配置
首席大検察官	なし	検察長	首席大検察官	検察長	2級大検察官
大検察官	1～2級	副検察長	1～2級大検察官	副検察長	1～3級高級検察官
高級検察官	1～4級	検察委員会委員	2級大検察官～2級高級検察官	検察委員会委員	2～4級高級検察官
検察官	1～5級	検察員	1～4級高級検察官	検察員	2級高級検察官～2級検察官
		助理検察員	1～3級検察官	助理検察員	1～4級検察官

省、自治区検察分院、自治州、省轄市検察院		県、市、自治県、市轄区　検察院	
職務	等級の配置	職務	等級の配置
検察長	1～3級高級検察官	検察長	3～4級高級検察官
副検察長	2～4級高級検察官	副検察長	4級高級検察官～1級検察官
検察委員会委員	3級高級検察官～1級検察官	検察委員会委員	4級高級検察官～2級検察官
検察員	3級高級検察官～3級検察官	検察員	4級高級検察官～4級検察官
助理検察員	2～5級検察官	助理検察員	3～5級検察官

（出典：『中国検察官等級暫定規定』の内容をもとに筆者作成）

▼検察官の職務の任免と任職の回避

検察官の職務の任免は職務によって下記とおりの任免権限および手続に基づき行われる。

最高検察院の検察長は全人代によって選挙または罷免が行われ、副検察長、検察委員会の委員および検察員は最高検察院の検察長により指名され、全人代常務委員会が任免手続を行う。

地方各級の検察院の検察長は地方各級の人代によって選挙または罷免が行われ、副検察長、検察委員会の委員および検察員は所属の検察院の検察長により指名され、地方人代の常務委員会が任免手続を行う。

ただ、地方各級の検察院検察長の任免は1級上の検察院の検察長に報告し、当該級の人民代表大会常務委員会の承認を受けなければならない。

省、自治区内で地区ごとに設立され、または直轄市で設立された検察院分院の検察長、副検察長、検察委員の委員および検察員は省、自治区、直轄市検察院の検察長が指名し、当該級の人民代表大会常務委員会が任免手続を行う。

助理検察員は所属検察院の検察長により任免される。

なお、検察長、副検察長、検察委員会委員を任命する場合に、勤務経験者の優秀な者から候補者を選抜しなければならない。

検察官は下記の事由の一つに該当する場合に、その職務を免除しなければならない。①中国の国籍を喪失した場合、②配置換えで所属の検察院から離れた場合、③職務の変更で元職務を留保する必要がない場合、④考課によって「職務不適格」と評定された場合、⑤健康が原因で長期にわたって職務を履行することができない場合、⑥定年退官した場合、⑦自ら辞職または免職を受けた場合、⑧紀律違反または犯罪をして任職が続けられない場合、⑨その他の原因により任職が続けられない場合などがそれである。

法定条件を満たさず、または法定手続によらずに検察長に任命された場合に、1級上の検察院検察長は当該級の人民代表大会常務委員会に対し不承認を請求することができる。また、最高検察院および省、自治区、直轄市検察院の検察長は本級の人民代表大会常務委員会に対し、1級下の検察院の検察長、副検察長および検察委員会の委員を罷免させるよう請求することができる。

そして、検察官は人民代表大会常務委員会の構成員、行政機関、裁判機関および企業体、事業体の役員、弁護士を兼任することが禁止されている。

なお、夫婦関係、直系血族関係、2親等以内の傍系血族および姻族関係を有する検察官は同時に同一検察院の副検察長、検察委員会委員、検察員、助理検察員、管轄関係にある上下2級の検察院の検察長および副検察長を担当してはならない。

初めて検察官に就任し、または検察官の昇進を受ける場合に、公開に宣誓を行う方法で、真剣に法律への忠誠心等を表明しなければならない。誓いの言葉は次のとおりである。

「私は中華人民共和国の検察官として、次のように宣誓する。国家に忠誠を尽くし、人民に忠誠を尽くし、憲法および法律に忠誠を尽くし、忠実に法律監督の職責を履行し、検察官の職業倫理を厳正に守り、公平正義および法制の統一を擁護する」

▼検察官の研修と考課

検察官は研修を受けなければならない。研修の種類は「指導者の素質および能力の研修」、「昇進資格研修」、「職務就任資格研修」、「専門の業務研修」および「ポジション技能研修」の5種類に区分されている。

「指導者の素質および能力の研修」は検察長、副検察長に対する研修で、任期中には必ず1回受けなければならず、時間は1か月を下回ってはならない。

「昇進資格研修」は高級検察官に昇進したものに対する研修で、時間は同じく1か月を下回ってはならない。

「職務就任資格研修」は検察官法に定められる学歴条件に達していない現職の検察官に対する研修で、期間は6か月とされる。検察官法が公布される２００２年以前は、検察官の学歴等の規定がなく、高校卒業ないしそれ以下の学歴で検察官を担当していた検察官が多く、この研修はそのような人々に対して行われるものと考えられる。

検察官法が実施されて以来、中国の検察官の学歴構成が大きく変わり、10年前と比べれば、２０１２年に大学卒業以上の学歴を有する検察官は1万２７２４人から7万７６８６人に、修士学位以上の検察官は２１６人から４６９０人に増加したといわれているが、[17] ２０１２年現在15万４６６４人の検察官におけるシェアはまだ53・3％にとどまり、研修の任務は依然として重いといわなければならない。

「専門の業務研修」は業務部局の特徴に応じて、業務中の新事情、新問題に即して行われる研修である。

「ポジション技能研修」とは検察官に対し行われる基礎的な技能に関する研修であり、内容はパソコン、文書の作成、外国語についてなどとされる。

なお、国際交流を通して検察官を計画的に外国へ派遣し、短期研修および学位取得のための留学をさせるとともに、外国から専門家、学者および検察官を招聘して中国の検察官に講義を行うこともある。

また、最高人民検察院では国家検察官学院が設置され、検察官の研修を担当するとともに、２０１１年から高校生、高等職業学校の修了生から検察官の予備軍を養成する学部生も募集するようになった。ここでは、主に省級検察院正副検察長、地市級検察院検察長に対する「指導者としての素質および能力の研修」、高級検察官の昇進者に対する「昇進資格研修」、省級検察院の正副検察長、地市級検察院の検察長に新しく任命されたものに対する「職務就任資格研修」、最高人民検察院検察官に対する「ポジション技能研修」および国家検察官学院分校、省級検察官学院とその他研修機関の教員に対する教育研修の業務を担当している。

検察官は考課を受けなければならない。考課は所属の検察院により行われ、検察活動の実績、思想および品行、検察業務および法学理論、勤務の姿勢および態度を考課の内容とする。考課の結果は優秀、職務適格、職務不適格の３段階に分けて評定される。考課の結果は検察官に対する賞罰、研修、免職および等級の評定と給与の査定の根拠とされる。

▼検察官に対する賞罰

検察官法によれば、検察業務において顕著な成績および貢献をしたものに対しては表彰をし、不正行為がある場合には処罰を行わなければならないと定められている。その該当する行為は附表8に示したので参照されたい。

表彰は特別賞、三等功、二等功または一等功の記録、栄誉称号の授与に分かれ、処罰は警告、過失の記録、重過失の記録、降級、職務の取消、除籍となる。職務の取消処分を受けた場合は給与および等級も下げなければならない。かつ犯罪に関与する場合には刑事責任を追及される。

(2) 検察官の職責、権利と義務

検察法によれば、検察官の職責は①法に基づき法律監督を行うこと、②国家を代表して公訴を行うこと、③法により検察院が直接に受理すると規定された犯罪事件に対し捜査を行うこと、④法の規定に基づくその他の職責、の4項目が与えられている。検察長、副検察長、検察委員会委員は前記の検察に関する職責を履行する以外に、その職務に相応する職責、たとえば検察機関の行政管理などの業務も担当しなければならない。

また、検察官は表6－9に掲載した義務を履行しなければならず、またその権利を享受することができる。検察官の職業倫理を高めるために、最高人民検察院は2009年9月に『検察官職業倫理の基本準則』を制定し、検察官が国や国民および法律に対する忠誠心、検察業務を取り扱う過程の公正、清廉、文明について、きめ細かい要求を打ち出した[18]。そして、2010年10月に『検察官の職業行為

表6－9　検察官が履行すべき義務および享受する権利

履行すべき義務
1．憲法および法律を厳格に遵守すること。 2．職責の履行にあたり、私に殉じて法を曲げてはならず、必ず事実を根拠に、法律を準拠とし、公正心をもって法の執行を行うこと。 3．国および公共の利益を守り、自然人、法人その他組織の適法な権益を護ること。 4．清廉潔白で、職務に忠実で、紀律を遵守し、職業倫理を誠実に守ること。 5．国の秘密および検察業務上の秘密を保持すること。 6．法律の監督および人民大衆による監督を受けること。
享受する権利
1．検察官の職責を履行するために有すべき職権および勤務条件。 2．法に基づき検察の職責を履行する際には、行政機関、社会団体ならびに個人からの干渉を受けないこと。 3．法定事由によらず、法定手続を経なければ、解職、降職、免職または処分を受けないこと。 4．勤労報酬を取得し、保険および福祉待遇を享受すること。 5．人身、財産および住所の安全が法律による保護を受けること。 6．研修へ参加すること。 7．不服申立または告訴を提出すること。 8．退職すること。

（出典：『中国検察官法』第8条、第9条の内容をもとに筆者作成）

の基本規範（試行）』を制定し、職業の信仰、職責履行の行為、職業紀律、職業の態度、職業上の礼儀、職業外の行為について守るべき規範を設けた。なお、職業上の礼儀を改善するために、『検察機関における文明用語の規則』を制定し、接見時の用語、電話通信の用語、詢問（証人等に対する質問）に関する用語、訊問（被疑者、被告人に対する質問）に関する用語、出廷の基本用語、刑務所や看守所に対する監督業務時の用語について基本規範を設け、模範用語集まで作成してみせた。[19]

（3）公訴人制度の整備および強化

検察官が国家公訴人として犯罪を告発し、訴訟監督を行うことは検察官の中核的な職掌である。検察官は犯罪撲滅および訴訟監督の最前線に位置し、捜査活動に対する監督者であり、裁判手続の発動者、訴訟活動における誤りを正す矯正者でもあり、犯罪を撲滅し、人権を保障し、社会の調和安定および公正正義を維持する面で重要な役割を果たしている。しかし、検察官が担当しているこれほど重要な責務に対し、検察官の素質および業務能力は適応できておらず、国民からの目差しは厳しい。全人代における最高人民検察院の活動報告の採決に、数年来ほぼ3分の1の代表が反対票を投じたのはその証といえよう。全面的に公訴人の素質と業務能力を高め、司法の公正を保障し、法制の統一を図るために、2010年8月、最高人民検察院は『公訴人の建設の強化に関する決定』を公表し、36項目の措置を講じて公訴人制度の整備と強化に取り組むことになった。

この決定は専門型公訴人の増加、政治素質の改善、法廷での弁論能力および訴訟監督能力の向上などの面で具体的な措置を打ち出した。特に専門型公訴人の増加では、職務犯罪、組織犯罪、薬物犯罪、証券犯罪、ネットワークにおける情報犯罪、知的所有権犯罪、多人数型犯罪といった多発事件に関する専門性が高い事件の専門型公訴人を増加させなければならないとし、最高検察院、省級、地市級の検察院の公訴機関において、専門型公訴人は公訴人の20%以上、県級検察院では15%以上を占めなければならないという数値目標を設けた。また、大卒の学歴を有する公訴人は公訴人全体の85%以上、大学院の学歴を有する公訴人は13%以上を占め、公訴人の知識構造を大幅に向上させるように決めた。

3　裁判官はなぜ腐敗が多発する職業になったか

グーグルの検索窓に「中国では腐敗しやすい職業はなにか」を入力して検索したところ、Sohu

ニュースに掲載されたブログ「当官也是高危職業？」（官僚も危険度の高い職業なのか）と題するブログが目に映った。この中で、交通庁長、国土庁長、鉄道局長、薬品監督管理局長、裁判所所長がベスト５に入った。１９９５年から２０１３年にかけて84人の裁判所所長および副所長が汚職腐敗したとして摘発されたことで裁判官は１位となっている。[20]

このブログに出された腐敗職業のランクが正しいかどうかは判断できないが、正直にいうと、裁判所所長、副所長が腐敗の多発する職業になっていることにはやや驚いた。それはなぜだろうか。次は２０１３年８月、『財経』誌に掲載された鄭小楼の執筆による「裁判官の腐敗レポート」をもとに説明してみたい。

(1) 裁判官の腐敗の現状

司法腐敗が深刻な問題として世人の注目を浴びている中に、２００３年３月に中央政法委員会は裁判官、検察官、警察官等の法律執行に従事する職員に対し４か条の禁止令を公布し（附表９参照）、２００９年１月、最高人民法院も裁判官に関する５か条の厳禁規定を公布し（附表10参照）、厳禁規定に違反した裁判官は一律に裁判業務、執行業務のポジションから追放され、法に触れた場合には刑事責任を追及すると決定した。そのために、裁判官等の汚職腐敗が少しずつ減少しつつあったといわれている。

しかし、「裁判官の腐敗レポート」によると、これほど厳しい監督にもかかわらず、２００８年から２０１１年にかけて、依然としてそれぞれ７１２人、７９５人、７８３人、５１９人の汚職を行った裁判官が検挙され、中には最高人民法院副院長の黄松有の名前も含まれている。[21]

２０１３年にも最高人民法院諮問委員会元秘書長劉涌は収賄事件にかかわったとして逮捕され、各級裁判所で裁判権、執行権を悪用し紀律違反、法律違反をしたとして、３８１人もの裁判官または司法警察が検挙され、そのうち１０１人は刑事責任を追及されたという。

（2）裁判官腐敗の特徴

前記レポートは１９９５～２０１３年に刑事責任が追及された各階級の汚職裁判官の中から２００人をサンプルとして検証を行ったところ、中国の裁判官の腐敗には次のような特徴がみられるという。

第一に、一つの事件に多人数の裁判官が関与した集団腐敗事件が増加する傾向がみられる。

１９９５年から２０００年にかけて、多人数の裁判官が関与した汚職事件は1件しかなく、関与していた裁判官はわずか３人であった。しかし、２００２年以後は汚職事件に関与した裁判官の人数が増えつつあった。たとえば、２００２年に検挙された武漢市中級法院の収賄事件には13名の裁判官と44名の弁護士が関与していた。２００８年に検挙された広東省高級法院執行局元局長楊賢才が１１８３万人民元の収賄をし、源泉不明の巨額財産が１６９４万元に及ぶとして、無期懲役に処された事件で、前出の黄松有最高人民法院副院長および複数の裁判官が関与し、黄松有も無期懲役を言い渡された。２０１１年に検挙された寧夏自治区高級法院元副院長馬彦生の汚職事件に同自治区の３級裁判所の18名の裁判官等が関与していたという。湖北省検察院の調査報告によると、湖北省内での裁判官による汚職腐敗事件の40％以上は多人数の裁判官による共同犯罪であると指摘されている。

第二に、自由裁量権の悪用による犯罪が多く、証拠の取調および処罰が難しい。本来、自由裁量権とは法律の規定がなく、または法律規定に欠陥が存在しているとき、裁判官が職権に基づき、一定の範囲内で公正の原則により事件を処理する権力だと解説されている。しかし、裁判官が義理人情、特に金銭に誘惑された場合に、往々にして自由裁量権の伸縮空間を悪用して、依頼者に有利な判決を言い渡したあと、当事者から巨額なマージンを受領する。法律の専門性、複雑性により、利益の損害を被った当事者はその問題を発見しにくいし、判決の正当性が疑われても、事件に対する認識や法律に関する理解が違うからといって、自由裁量権の不当使用を庇護することになる。したがって、このような汚職腐敗の行為を有する裁判官は検挙されるまでに時間が費やされる。同レポートによると、２００人のサンプル中に元院長、副院長が84人で、犯罪を始めてから検挙されるまでに3年以内だったのは25人、30％を占める。4～8年かかったのは26人、31％、8年以上は11人、13％をそれぞれ占めている。

第三に、中級と高級法院の裁判官、および院長、副院長クラスの高級裁判官が汚職腐敗に関与することが多くなってきた。

同レポートで扱われている２００人の汚職裁判官の構成をみれば、基層法院は92人、46％、中級法院は69人、34･5％、高級法院は35人、17･5％となっている。中級人民法院の裁判官の人数が基層人民法院のおよそ4分の1強に過ぎないことからみれば、中級法院は腐敗が最も深刻なところとなっている。

なお、汚職裁判官の職務構成をみると、元院長、元副院長は合計84人におよび、42％を占めている。

84人中に収賄行為があったのは82％を占めた。

第四に、判決の強制執行業務に携わる裁判官に腐敗者が多い。

同レポートの検証によると、200人の汚職裁判官の中で判決の強制執行業務に携わるものは63人に及び、総人数の31・5％を占める。

強制執行業務に汚職腐敗が生じやすい原因は執行される財産の評価および競売において不正が氾濫しているからである。たとえば、ウルムチ鉄道運輸中級法院元局長楊志明は職権を超越し、450万元の仲介費用を受領する代わりに、差し押さえの財産に対する評価権を贈賄した仲介機関に独占させた。また、執行を担当する裁判官と買主、競売人および価格査定人と癒着して、価格査定人に低価格をつけるように暗示する。然る後に利益を得た買主から巨額のマージンを受け取る。

また、強制執行で収める金額が裁判所の経費よりも数倍ないし数十倍の巨額になるために、これらの金銭は汚職裁判官により狙われる対象となる。その手口としては執行金額を当事者に渡さず、裁判所の金庫にも預けず、私用に横領したり、当事者の名義を使って不正に受け取ったりして着服する。たとえば、吉林省高級法院執行廷の執行官李征達は8年間に巨額の執行金4500万元を横領したとして死刑に処された。

前述したような司法腐敗が存在しているため、毎年、全人代で行われる最高人民法院の活動報告に対する全人代代表の目はいつも厳しい。2000年に入って以来、ほとんど毎年のように前記の活動報告に対し2割以上の批判票が寄せられている。たとえば、2013年3月に開催された第12期全人代第1次会議で最高人民法院の活動報告に対する採決にあたり、賛成の2218票に対し、反対は

605票、棄権は120票で、24・6％に及んだ代表が裁判業務に批判の意思を示した。2013年に展開された腐敗撲滅のキャンペーンの甲斐があったか、2014年3月に開催された第12期全人代第2次会議で、最高人民法院の活動報告に対する採決では反対票が378、棄権票が95で、採決人数の16・25％を占め、昨年よりは改善されたものの、認証投票の色彩が強い全人代ではやはり異例な高さであろう。

（3）裁判官の腐敗を止められるか

第12期全人代第2次会議において最高人民法院院長周強は全人代代表に対し行った2013年度の活動報告では各級裁判所に裁判官腐敗の問題が存在し、人民大衆から強い不満を持たれている事実を認め、それを減少ないし撲滅する決意を表明し、解決策を示してみせた。

その中には、基層法院の基礎的な仕事に力を入れ、審級監督を強化し、不合理な考課指標を撤廃することや、逐級に裁判官を選抜し、基層に務める裁判官の昇進空間を拡張していくことなどが出された[22]。

事実上、最高人民法院および共産党の指導部は裁判腐敗による社会への侵蝕の厳重性を認識し、腐敗の主なる原因は裁判機関の不独立、裁判官に対する行政的な管理手法、ブラックボックスにおける裁判の進行方法にあることがわかりきっていると思われる。しかし、裁判機関の独立は共産党の一党支配の根幹を揺るがしかねない重大な問題で、容易にその改革に手を付けることができないのは現実である。一歩下がって改革を進めようとしているのは、司法区域を設けて裁判機関の地方行政機関による干渉を切り抜け、裁判官の行政官化の現状を改め、裁判の透明性を高めるといった事務であろう。

次はその中のいくつかの措置について簡潔に検証してみたい。

▼裁判官の等級、職務の序列の見直し

前述したように、現存の裁判官には等級制が適用されているが、級別が少ないため、裁判官の昇進は狭い橋を渡るように競争が激しくなる一方である。級別が上がらなければ昇給ができないからである。低い給与を補塡するために不正に走ってしまう裁判官が出てくる。この弊害をなくすために、2011年8月、最高人民法院は中共中央組織部と合同で『裁判官職務序列設置暫定規定』(中組発[2011]18号)を制定し、1997年に公表された『中国裁判官等級暫定規定』を廃止し、その規定に基づく等級の評定作業も停止させ、現在に至っている。表6－10によると、新規定は裁判官の等級は4等12級を維持したが、それに対応する俸給は12級から25級に拡大し、等級昇進の時間および職務の対応も調整された。表6－11は等級昇進にかかる時間であり、表6－12は調整後の職務に対する等級の配置である。

これに呼応するかのように、深圳市では2014年1月21日に「深圳市裁判所職員の分類管理および裁判官の職業化改革案」が採択され、裁判所の職員を裁判官、裁判補佐職員および司法行政職員に分け、裁判官を第四種類の公務員として、裁判官の職務系列に基づき単独管理を行い、裁判官の等級をもって待遇を決めることにした。

表6－13に示した各級裁判所における裁判官の職務に対する等級の配置および定員の最新規定を照合してみれば、深圳市の改革案は明らかに前記暫定規定に基づいて行われている。同案によると、深圳市中級人民法院は1級高級法官から4級法官の職務を配置し、区人民法院は2級高級法官から5級

表6－10　中国裁判官の最新等級

等 級	俸給級
首席大法官	2～4級
1級大法官	4～8級
2級大法官	6～10級
1級高級法官	8～13級
2級高級法官	9～14級
3級高級法官	11～17級
4級高級法官	13～19級
1級法官	15～21級
2級法官	16～23級
3級法官	17～24級
4級法官	18～24級
5級法官	18～25級

（出典：中共中央組織部、最高人民法院『裁判官職務序列設置暫定規定』（中組発〔2011〕18号）の内容をもとに筆者作成）

表6－11　中国裁判官の最新等級および昇進に必要とされる時間

等 級	俸給級	昇進に必要な期間
首席大法官	2～4級	規定なし
1級大法官	4～8級	
2級大法官	6～10級	
1級高級法官	8～13級	2級高級法官任職4年以上
2級高級法官	9～14級	3級高級法官任職4年以上
3級高級法官	11～17級	4級高級法官任職3年以上
4級高級法官	13～19級	1級法官任職3年以上
1級法官	15～21級	2級法官任職2年以上
2級法官	16～23級	3級法官任職2年以上
3級法官	17～24級	4級法官任職2年以上
4級法官	18～24級	5級法官1年以上
5級法官	18～25級	規定なし

（出典：中共中央組織部、最高人民法院『裁判官職務序列設置暫定規定』（中組発〔2011〕18号）の内容をもとに筆者作成。「人人網」http://blog.renren.com/share/222337067/13798274160［アクセス：2014/03/10］）

法官を配置する。各級の法官職務の配置方法およびその比率は前記新規定に従っていることがわかる。つまり、市裁判所では1級高級法官を1名配置し、副院長を担当する2級高級法官、3級高級法官の職数は副院長の定員に応じて配置し、副院長就任の3級高級法官とその他の3級高級法官、4級高級法官の職数は裁判官総数の35％以内に抑え、1級法官以下は任職条件に基づく管理を実施し、職数の制限を設けない。区人民法院では2級高級法官を1名配置し、3～4級高級法官の職数の合計は裁判官総数の28％以内、1級法官の職数は裁判官総人数の25％以内とし、2級法官以下は任職条件に基づく管理を実施し、職数の制限を設けないとされている。

また、等級の昇進も改善された。

表6－12　最高人民法院および地方各級人民法院の職務と等級の配置に関する最新規定

最高人民法院		高級人民法院		中級人民法院 直轄市所轄区人民法院	
職務	等級の配置	職務	等級の配置	職務	等級の配置
院長	首席大法官	院長	2級大法官	院長	2級 高級法官
副院長	1～2級 大法官	副院長	1級大法官～3級 ～2級高級法官	副院長	3～4級 高級法官
裁判委員会委員	2級大法官～1級 高級法官	裁判委員会委員	2～3級 高級法官	裁判委員会委員	4級高級法官～ 1級法官
廷長	1級 高級法官	廷長	2～4級 高級法官	廷長	4級高級法官～ 1、2、3級法官
副廷長	2級 高級法官	副廷長	2～4級 高級法官	副廷長	4級高級法官～ 1、2、3級法官
審判員	1～3級高級法官 ～	審判員	2～4級 高級法官	審判員	4級高級法官～ 1、2、3級法官
助理審判員	3、4級高級法官 ～1級法官	助理審判員	1～3級法官	助理審判員	2～4級 法官

直轄市中級人民法院		副省級市中級人民法院		基層人民法院	
職務	等級の配置	職務	等級の配置	職務	等級の配置
院長	1級 高級法官	院長	1級 高級法官	院長	4級 高級法官
副院長	2級 高級法官	副院長	2～3級 高級法官	副院長	1～2級 法官
裁判委員会委員	2～3級 高級法官	裁判委員会委員	3級 高級法官	裁判委員会委員	1～3級 法官
廷長	2～4級 高級法官	廷長	3、4級高級法官 ～1級法官	廷長	1～3級 法官
副廷長	2～4級 高級法官	副廷長	3、4級高級法官 ～1級法官	副廷長	1～3級 法官
審判員	2～4級 高級法官	審判員	3、4級高級法官 ～1級法官	審判員	1～3級 法官
助理審判員	1～3級 法官	助理審判員	2～4級 法官	助理審判員	4～5級 法官

（出典：中共中央組織部、最高人民法院『裁判官職務序列設置暫定規定』（中組発［2011］18号）の内容をもとに筆者作成。「人人網」http://blog.renren.com/share/222337067/13798274160［アクセス：2014/03/10］）

表6－13　地方各級人民法院における裁判官の職務に対する等級の配置およびその定員に関する新規定

法院の名称	裁判官の職務への等級配置およびその定員数					
高級人民法院	職務、等級	院長：2級大法官	副院長：1級高級法官、2級高級法官	裁判委員会常勤委員：2級高級法官	その他の2級高級法官	3級、4級高級法官
	配置数量	1名	副院長の定員数に応じる。	常勤委員の定員数に応じる。	副院長職数の50%以内。	裁判官総人数の55%以内。
中級人民法院	職務、等級	院長：2級高級法官	副院長：3級高級法官、4級高級法官	副院長およびその他の4級高級法官	1級、2級、3級法官	
	配置数量	1名	副院長の定員数に応じる。	裁判官総人数の28~32%以内。	合計数は裁判官総人数の55～55%以内。	
直轄市中級人民法院	職務、等級	院長：1級高級法官	副院長：2級高級法官	裁判委員会常勤委員：2級高級法官	その他の2級高級法官	3級、4級高級法官
	配置数量	1名	副院長の定員数に応じる。	常勤委員の定員数に応じる。	副院長職数の50%以内。	裁判官総人数の55%以内。
副省級市中級人民法院	職務、等級	院長：1級高級法官	副院長：2級、3級高級法官	副院長の3級を含む3級高級法官と4級高級法官		
	配置数量	1名	副院長の定員数に応じる。	裁判官総人数の40～45%以内。		
基層人民法院	職務、等級	院長：4級高級法官	副院長（1級、2級法官）およびその他の1級、2級、3級法官			
	配置数量	1名	裁判官総人数の60%以内、人民法廷が設けられる法院では70%以内。			
直轄市所属区人民法院	中級人民院法院の規定を参照して執行する。直轄市所轄の県、副省級市所轄の区人民法院の裁判官の職数は裁判官の職務配置のランク限度内に本規定を参照して決める。					

（出典：中共中央組織部、最高人民法院『裁判官職務序列設置暫定規定』（中組発〔2011〕18号）の添付資料2『地方各級人民法院裁判官職数比例暫行規定』の内容をもとに筆者作成。「人人網」http://blog.renren.com/share/222337067/13798274160［アクセス：2014/03/10］）

同案によれば、職務数に制限のない1等級下の裁判官は等級毎において毎年80％の比例で条件の整った裁判官のなかから優秀者を昇進させる。考課において2年連続で優秀と評定された裁判官は昇進にかかわる年限から1年を減少させる。

そして、裁判官職業化を推進するために、裁判官は裁判所内の政治部、事務局、監察室といった司法行政部局の責任者を兼任してはならない。行政部局の職員は一律に裁判官から排除され、給与体制も別々にされる。裁判官の地位を高めるためには、裁判官の定員は裁判所内の定員60％（中級法院）～65％（区法院）を上回ってはならないと規定された。

優秀な裁判官を裁判所に足止めさせるために、裁判官用の独自な給与体系を作り、一つの法官等級は複数の俸給等級に対応させ、それぞれの俸給基準を作るとともに、住宅の保障、医療保険などの福祉制度および定年退職の優遇政策を俸給の等級と直接セットとするという。

これらの措置は裁判官の昇進の機会が少なく、行政級別が低く、待遇の保障が弱いなどの現状の改善には寄与し、特に裁判の任務が最も多い基層法院の裁判官にとっては朗報となろう。

▼裁判の透明性向上

この点については裁判制度の中で触れたので、ここで重複して述べない。ただ、最高人民法院周強院長が中央テレビ局の記者取材に発言したことばを引用しておきたい。つまり「公開をもって司法の公正を促し、公開をもって裁判官の腐敗を撲滅する」と。実際に、2013年から裁判の公開と裁判文書のウェブサイトでの公開事業が既に始まっており、2013年末現在、既に16・5万点以上の裁判文書がインターネット上でアクセスできるようになっているという。

第7章
弁護士（律師）はどのような職業なのか

1　弁護士制度の導入と弁護士

（1）弁護士制度の導入および定着

▼中国における弁護士制度の登場

中国では弁護士のことは「律師」と呼ばれている、歴史上、弁護士という職業が公認されたことは1回もなかったどころか、一貫して歴代支配者に嫌われた存在である。

弁護士が徐々に中国に登場してきたのは1840年代以後からであろう。

アヘン戦争に負けた清朝政府は1842年にイギリスとの間に『中英南京条約』の締結を余儀なくされた。同条約の中で、香港の割譲、巨額の賠償金の支払い、5つの港湾都市の開放、さらにこれらの開放都市でのイギリスの領事裁判権の承認が盛り込まれた。それを皮切りに、1853年に締結された『中英五口通商附善後条項』などの不平等条約によって、全部で19か国の外国が中国で30近くの「租界」を設立し、領事裁判権を手にした。

領事裁判権とは、中国で領事館を設定している国の国民が中国で民事または刑事事件を起こし、またはそれに関与した場合に、中国の司法機関による裁判が認められず、その人の国籍国が租界内に設立した領事館で自国の法律に基づく裁判を受けることである。領事裁判権はまさに中国の司法主権を侵害するものである。他方、領事裁判権は不本意ながら中国の司法の近代化に対し促進的役割を果たした面も否定できない。弁護士制度の中国での登場はその附随品の一つといえる。

1869年に効力が生じた『洋涇浜で法廷を設け合同裁判を行う章程』によって弁護士制度は中国国民を当事者とする訴訟事件にも導入され、中国の法律を適用する合同裁判事件でもこれまで犯罪行為とみなされてきた弁護の正当化が認められるようになった。

その過程において、弁護士が当事者の正当な利益を守るために大いに活躍する様子を目の当たりにし、中国の国民は法の正義を守り、裁判官の独断を防ぐ面における弁護士の役割とその存在価値を見直し、当時の言論界は英語の「Lawyer」を貶す意味の「訟師」に訳さず、わざと「律師」に訳したのであった。

この中で、マスメディアや高級官僚の中でも、弁護士制度を高く評価し、それを中国に導入すべきという論調が高まってきた。1905年以後、予備立憲が行われるようになり、弁護士制度を早期に導入すべきだと主張する声がさらに高揚し、弁護士の導入は司法独立を実現するための鍵の一つであるとされた。

この背景の下で１９０６年３月に出された『刑事・民事訴訟法草案』の第４章「刑事・民事通用規則」第１節に「律師」に関する条文が盛り込まれた。これは中国での弁護士の正当化に関する史上初の法律といえよう。

この法律は官僚たちによって廃案に追い込まれたが、時代が前へ進む足取りは誰も阻むことができなかった。１９０９年公布、試行された『各級裁判庁試弁章程』および翌年に制定された『法院編制法』も弁護士および弁護士制度について具体的な規定を設けた。辛亥革命の勃発直前に、奉天高等裁判廷は弁護士制度を導入する具体的な計画さえ作成し、政府に対し弁護士制度の早期導入を促した。

▼中華民国時代の弁護士制度

辛亥革命はアジア史上初の共和国を誕生させた。孫文を臨時大総統とした南京臨時政府はアメリカを手本に三権分立の政治体制の確立に力を注ぎ、これまでの弁護士制度の導入を含む法制・法律近代化事業も受け継いだ。

南京臨時政府の時代、清代末期に直接に弁護士制度の導入に取り組んだ経験のある司法総長伍廷芳は孫文の支持を得て、中華民国の発足直後に、弁護士制度がまだ整備されていない中で、弁護士の裁判活動への参加を認めた。そして、南京臨時政府は政権を袁世凱に譲ろうとする直前に、『弁護士法草案』を作り上げた。

南京臨時政府のあとを受け継いで北洋政府の時代に入っても弁護士制度の整備は続いた。１９１２年９月16日、『弁護士暫定章程』が公布された後も、弁護士制度を整備し続け、弁護士に関する一連の法規が相次いで公布された。そのため弁護士の資格、条件、試験、任用、職責、義務、懲戒等の内容を含む弁護士制度に関する法律の体系が初歩的に形成された。

南京国民政府が発足した直後、1927年7月23日、『弁護士暫定章程』を修正し、『弁護士章程』として公布した。その後、『弁護士章程』は修正を繰り返されたが、大きな変化はみられなかった。1935年の『弁護士法草案』を経て、1940年12月に『弁護士法』が公布された。その後、『弁護士法実施細則』をはじめ一連の法規が相次いで制定された。1948年『中華民国弁護士公会全国連合会』も発足した。これによって、中国は30年近くの試行錯誤を経て弁護士制度を整備し、定着させるようになった。

▼弁護士制度の挫折と復活

中華人民共和国に入ってから、弁護士制度は曲折の道を辿り、弁護士制度が廃止された時期さえあったが、改革開放政策の実施に伴い、弁護士制度の復活と整備はその中の一環として進められていった。1980年8月26日に、全人代常務委員会第15次会議で『中華人民共和国弁護士暫定条例』が可決され、弁護士制度は中華人民共和国が樹立して30年以上の歳月を経てようやく法律の形で確認され、弁護士が訴訟活動に参加する法的保証ができることになった。

改革開放の深化に伴い、弁護士制度に対する見直しが始まり、8年間の討議を経た『中華人民共和国弁護士法』がようやく採択された。それを受けて、国務院司法部は弁護士業務について20本以上の行政規章を制定し、弁護士試験、弁護士事務所の設立、弁護士の訴訟費用、弁護士の倫理管理などについて細かい規定を設けた。なお、弁護士法が施行されたのちも、発展した社会事情に呼応し、2001年、2007年、2012年にわたって弁護士法に対して3回の修正を行い、弁護士制度を

表7－1　中国の弁護士および弁護士事務所の数量

	2006年	2007年	2008年	2009年	2010年	2011年	2012年
弁護士（人）	164,516	143,967	156,710	173,327	195,170	214,968	232,384
内：兼任弁護士（人）	8,068	7,842	8,116	8,764	9,294	9,740	10,108
弁護士事務所（所）	13,096	13,593	14,467	15,888	17,230	18,235	19,361

（出典：『中国統計年鑑』2013年、中国統計出版社、844頁）

ついに中国で定着させた。表7－1は2006～2012年における中国の弁護士および弁護士事務所の数を示したものである。

三十数年間の整備により中国の弁護士制度は長足の進歩を遂げた。中華全国弁護士協会が2013年8月に発表した『中国律師行業社会責任報告』（2013年）によれば、2012年現在、中国の弁護士の人数は1979年の弁護士制度回復当初の200人弱の1161倍の計算となる。また、弁護士事務所の数も1万9361に達した。なお、全国平均で1万人あたり保有弁護士の数は1・6人、最も多い北京では11・7人、その次の上海は6・7人となっている。ただ、弁護士の分布はまだ不均衡の問題が存在し、1万人あたり保有弁護士の人数が1人未満の地域は安徽、青海、甘粛、貴州、江西とチベット自治区の6省・区あり、最も低いチベットでは0・6人しかいないという。

(2) 弁護士になるためには

2012年に修正された『弁護士法』第2条によれば、「弁護士とは、法に基づき弁護士業務取扱証書を取得し、委託または指定を受け、当事者のために法的サービスを提供する従業員をいう」と規定されているように、中国では弁護士になるには、弁護士業務取扱証書の取得が前提条件である。なお、弁護士業務取扱証書を取得するには、「中華人民共和国憲法を擁護すること、弁護士資格を有すること、弁護士事務所で満1年実習を終えたこと、品行が良好であること」を具備しなければならないとされている。つまり、弁護士になるには、政治、品行条件以外に弁護士資格を取得しなければならない。

したがって、中国で弁護士として活動するには、国家司法試験に合格し、かつ弁護士業務取扱証書を取得しなければならない。

中国では弁護士試験が始まったのは１９８６年である。２００１年までに、弁護士試験は裁判官試験、検察官試験と切り離して行われていた。しかし、弁護士試験が国家試験の形をとり、それに合格するのが難しかったのに対し、裁判官試験および検察官試験は業内試験の性格で、資格を得るのが比較的容易であった。そのため、現実の裁判活動に、裁判官、検察官よりも弁護士の法律涵養が高いという「弁高裁低」の現象が現れた。司法の権威が損なわれかねない状況を正すために、第9期全人代常務委員会第22次会議で裁判官法、検察官法修正案が採択され、２００２年1月1日から初任裁判官と初任検察官の試験を弁護士資格の取得試験と統合させ、司法試験を一本化した。そのため、司法部、最高人民法院、最高人民検察院は合同で『国家司法試験実施方法(試行)』を制定し、中国の司法試験をさらに整備することとなった。

この試験制度によれば、3年制短大以上の法学部修了資格および同等の専門水準を有するもの、または4年制大学以上の学歴を有するその他の専攻からの修了者は弁護士試験を受ける資格が与えられている。つまり、法学専攻以外のものにも弁護士試験の受験資格を与えている。弁護士という職業は国民の中で人気が高いため、受験者は毎年増加し、２０１３年には40万人に達している。試験は筆記

表７－２　2002 ～ 2012 年度中国の司法試験の受験者数と合格者数および合格率等の推計

年 度	合格ライン（点数）	優遇地域の合格ライン（点数）	受験申込者数（万人）	受験者数（万人）	合格者数（人）	合格率（％）
2002	240	235	36	32.4	24,800	6.68
2003	240	225	19.7	17.1	17,000	8.75
2004	360	335	19.5	16.9	22,400	11.22
2005	360	330	24.4	20.7	31,644	14.39
2006	360	325	28	24.1	42,000	17
2007	360	320	29.4	24.9	56,000	20
2008	360	315	37	31.1	67,000	27
2009	360	315	41	35.3	68,000	22
2010	360	315	39	32.6	52,000	20
2011	360	315	41.5	34.7	35,000	11
2012	360	315	40	33.2	33,200	10

注釈：① 2002、2003 年は 400 点を満点とし、その他は 600 点を満点とする。②優遇地域の合格ラインは４ランクに分けられている。たとえば、2012 年と 2013 年では表中の 315 点以外に、チベット自治区は 280 点、内蒙古、広西、寧夏、新疆自治区および四川省、貴州省、雲南省、甘粛省、青海省の少数民族自治州、自治県は 305 点、以上５省所轄の県（市、区）は 310 点となっている。③合格率は合格者数対受験申込者数との比率である。
（出典：「１ケタの時代が訪れる司法試験の合格率」［2013 年６月３日］による。ただし、注釈は筆者が作成。「sohu 網」http://learning.sohu.com/20130603/n377868508.shtml［アクセス：2013/11/29］）

試験しかなく、成績が合格ラインに達した場合に、国務院司法部から弁護士資格を授与される。この試験は受験者が多く、合格者数が少なく、中国において超難関試験として知られている。表７－２は２００２～２０１２年の中国司法試験の合格率等の推計である。

弁護士資格の取得後、弁護士事務所で満１年以上の実習をし、中華人民共和国憲法を擁護し、品行が良好であれば、弁護士の業務取扱証書を申し込むことができる。この場合、①司法試験合格証書、②弁護士事務所での実習に関する弁護士協会が発行した考課合格の資料、④申請者本人の身分証明書、④申請者の加盟を受け入れる弁護士事務所の承認書を揃えたうえに、区を設ける市級または直轄市の区級司法行政管理機関に対し、弁護士業務取扱証書の申請を行わなければならない。

ただ、弁護士業務取扱証書が交付されたあと、毎年3月1日より5月31日にかけて登録の更新をしなければならない。各省、自治区、直轄市の司法局（庁）で登録の更新をしなければ無効となり、弁護士業務ができなくなるのである。司法行政機関は不良弁護士に対して登録の延期を決定し、悪質な弁護士については司法部の承認を経てその弁護士資格を取り消すことができる。

(3) 特許弁護士とはなにか

弁護士法が施行される当初、弁護士数の不足を補うために、選考という方法で、一部の特定者に弁護士資格を授与したことがある。『選考による弁護士資格の授与方法』（中国司法部43号令、1996年10月）によると、特定の条件の1つを満たしたものは弁護士資格の選考を申請することができる。しかし、2007年の修正弁護士法により、この制度が2009年2月から廃止され、選考による弁護士資格の授与が残ったものの、授与範囲が「法律サービス人員が極めて不足している」特定の分野に限られるようになった。

それを受けて、国務院法制事務局が2012年3月に『特許弁護士開業選考条例（意見聴取稿）』を公表した。その条例では「特許弁護士」の名称が新設され、表7－3に掲載されている特定6分野17項目の法律事務に限り選考による資格の授与が認められている。また、申請者の資格については、中国国籍、憲法の擁護、品行良好といったもの以外に、大学以上の学歴を有し、特定分野で専門業務に満15年間従事し、副教授以上またはそれと同等の専門水準を持ち、相応の専門的法律知識を有するこ

表７－３　特許弁護士の資格授与が認められる分野

1．国際経済貿易の分野	4．環境保護に関する分野
①ダンピング反対、補助金反対、独占反対に関する法律事務 ②法域をまたぐ会社に関する法律事務 ③海商、海事に関する法律事務 ④国際訴訟・仲裁に関する法律事務	①国際環境保護に関する法律事務 ②海洋・大気汚染と賠償に関する法律事務
2．知的所有権に関する分野	**5．ハイテクに関する分野**
①国際特許に関する法律事務 ②国際知的所有権の保護に関する法律事務	①バイオ工学、バイオテクノロジーに関する法律事務 ②情報ネットワークおよび電子ビジネスに関する法律事務 ③宇宙・航空技術および事故処理に関する法律事務
3．金融証券に関する分野	**6．その他の分野**
①銀行金融に関する法律事務 ②証券・先物に関する法律事務 ③保険業務に関する法律事務 ④税務に関する法律事務	①メディアおよび新聞分野に関する法律事務 ②医療事故の処理に関する法律事務

（出典：『特許弁護士開業選考条例（意見聴取稿）』「中国網」http://www.china.com.cn/policy/txt/2012-03/06/content_24816093.htm）

とが求められている。

特許弁護士は業務取扱証書を申請する場合に、普通の弁護士が提出を求められる資料の種類より多く求められるのみでなく、一部の資料については特殊な機関により発行されるものが求められている。たとえば、副教授以上と同等な専門水準に関する証明書については、その専門分野における国務院の産業主管機関または全国的な産業組織もしくは学術団体によって発行されたものでなければならない。具体的にいえば、次のような９種類のものが必要とされる。

①申込書
②申込者の身分証明書
③申込者の修了証書、学位記
④専門分野の勤務年数の証明書
⑤申込者の副教授以上の職務証書または同等の専門水準を有する証明書
⑥申込者の所在省・自治区・直轄市の弁護士協会が発行する当該申込者の品行良好の審査意見書

⑦申込者による常勤弁護士の開業をする承諾書
⑧申込者を受け入れることを認める弁護士事務所の同意書
⑨国務院司法行政機関が年度考課業務企画のために求めるその他の申請資料

また、中国では兼任弁護士が認められている。司法試験に合格し、弁護士事務所で1年の実習を終え、大学または研究機関で法学教育・研究を主務とするものは、勤務機関から許可を受けた場合に、前記の手続に基づき兼任弁護士取扱証書を申し込むことができる。ただし、兼任弁護士が所在の大学または研究機関を退職し、法学教育・研究をやめた場合に、公務員または全人代常務委員会構成員になった場合に、兼任弁護士取扱証書が抹消されることとなる。弁護士の人数が足りない当初、兼任弁護士は国民の法的サービスに対する需要と弁護士供給不足との矛盾を緩和させることに役立ったが、弁護士人数が23万人にもなった現在、兼任弁護士の取扱証書の交付審査が厳しくなりつつあるのが現状である。

2　弁護士はどのように弁護業務を取り扱うか

(1) 弁護士事務所とその設立手続

弁護士が業務を取り扱うところは「弁護士事務所」と呼ばれ、弁護士の唯一の業務機関とされている。司法試験に合格し弁護士業務取扱証書を申請する場合に、特定の弁護士事務所に所属することが前提条件とされている。そして、弁護士は一つの弁護士事務所にのみしか所属できない。では、弁護士事務所はどのように設立されるのだろうか。

▼弁護士事務所の設立の条件

同管理弁法によれば、弁護士事務所は「パートナーにより設立される事務所」（以下、パートナシップ事務所と略す）、「個人により設立される事務所」（以下、個人事務所と略す）と「国が設立資金を出して設立される事務所」（以下、国資事務所と略す）に分けられる。ただ、パートナーシップ事務所には普通の事務所と特別な事務所の２種類ある。どのような事務所を設立しても、共通の条件と個別の条件が求められている。具体的な内容は表７－４を参照されたい。

なお、弁護士事務所の定款およびパートナーシップ合意の書面は表７－５に掲載された内容を盛り込まなければならない。

▼弁護士事務所の許可手続

前記の資料等を揃えれば、設立人は区を設ける市級または直轄市の区（県）級の司法行政管理機関に対し、事務所の設立を申し込むことができる。申請書類を受理した前記の機関が20日以内に審査を終え、その資料の全部に審査意見を添付して省級司法行政管理機関に送付してその許可を求める。許可権機関は10日以内にその許可の決定を出さなければならない。許可を出した場合に、申込者に業務取扱証書を交付し、不許可の場合には書面をもってその理由を説明しなければならない。規定によると、民事行為無能力者または民事行為制限能力者、過失犯罪を除く刑事処罰を受けたもの、公職から除名され、または弁護士業務取扱証書の取消処分を受けたものには弁護士業務取扱証書を交付しては

表７－４　弁護士事務所の設立条件

<table>
<tr><td colspan="3">共通条件</td><td>①事務所の名称、住所および定款を有すること。
②弁護士法および弁護士事務所管理弁法の規定に適合する弁護士を有すること。
③設立人は一定の弁護業務経験を持ち、かつ専任で業務を取り扱うことができる弁護士でなければならない。なお、設立申込前３年以内において業務取扱停止処分を受けたことがないこと。
④弁護士管理弁法に定められた金額の資産を有すること。</td></tr>
<tr><td rowspan="5">各別条件</td><td rowspan="3">パートナーシップ事務所</td><td>普通事務所</td><td>①書面によるパートナーシップの合意を有すること。
②３名以上のパートナーシップが設立人を名乗ること。
③設立人は３年以上の業務経験を有し、かつ、専任で業務を取り扱うことのできる弁護士であること。
④人民元 30 万元以上の資産を有すること。</td></tr>
<tr><td>特別事務所</td><td>①書面によるパートナーシップの合意を有すること。
② 20 名以上のパートナーシップが設立人を名乗ること。
③設立人は３年以上の業務経験を有し、かつ、専任で業務を取り扱うことのできる弁護士であること。
④人民元 1,000 万元以上の資産を有すること。</td></tr>
<tr><td>特別事務所の支所</td><td>①弁護士事務所管理弁法に定められた名称を有すること。
②支所の住所を有すること。
③３名以上の常駐専任弁護士を有すること。
④人民元 30 万元以上の資産を有すること。
なお、設立の母体事務所については
①設立して３年経過したこと。
②母体の事務所および所属の支所が受けた業務停止の処分期限が満了し、所属の支所が受けた開業証書の抹消処分が２年を超えたことという条件が付けられている。</td></tr>
<tr><td colspan="2">個人事務所</td><td>①設立人は５年以上の業務経験を有し、かつ、専任で業務を取り扱うことのできる弁護士であること。④人民元 10 万元以上の資産を有すること。</td></tr>
<tr><td colspan="2">国資事務所</td><td>①少なくとも２名以上の弁護士がおり、かつ、専任で業務を取り扱うことのできる弁護士であること。
②事務所所在地の県級司法行政機関により設立を準備すること。
③設立前に県級人民政府から定員の割当および経費の支給に関する確約を受けたこと。</td></tr>
</table>

（出典：『弁護士事務所管理弁法』［司法部令 111 号］、『弁護士事務所の修正に関する司法部の決定』［司法部令第 125 号］の内容をもとに筆者作成）

表７－５　弁護士事務所定款、パートナーシップ合意の内容

弁護士事務所定款
①名称および住所（パートナーシップ事務所の場合にはパートナーの氏名も記載） ②目的 ③組織形態 ④設立資産の金額および由来（パートナーシップ事務所の場合には各パートナーによる出資額および出資方式も記載） ⑤責任者の職責ならびに選出および変更の手続 ⑥政策決定ならびに管理機構の設置および職責 ⑦当該事務所の弁護士の権利および義務 ⑧業務の取扱、費用、財務および分配など主な管理制度 ⑨事務所解散の事由、手続および清算方法 ⑩定款の解釈および修正手続 ⑪その他記載の必要ある事項
パートナーシップ合意の内容
①パートナーの氏名、居住地、身分証明書の番号および弁護士業務の取扱経歴 ②パートナーの出資額および出資方法 ③パートナーの権利および義務 ④責任者の職責ならびに選出および変更の手続 ⑤パートナー会議の職責および議事規則など ⑥パートナーの収益分配および債務負担方法 ⑦パートナーの加盟、脱退および除名の条件および手続 ⑧パートナー相互間の紛争解決方法および手続ならびにパートナーシップ合意への違反責任 ⑨パートナーシップ合意の解釈および修正手続 ⑩その他記載の必要ある事項

（出典：『弁護士事務所管理弁法』［司法部令111号］第14条、第15条より）

ならない。弁護士取扱証書の交付を受けると、正式に弁護士として弁護士業務を取り扱うことができる。

前記証書を取得した事務所は60日以内に事務所の公印を作成し、銀行口座を開設し、税務登記の手続を行い、開業にかかる各種の準備を終えた後、公印および財務印章の印影ならびに銀行口座を申請の受理機関に届け出て記録にとどめなければならない。

このようにして一連の手続が終われば、弁護士事務所は初めて弁護士を受け入れて業務活動を始めることができる。２０１２年現在、中国では１万３８３５、パートナーシップ事務所は３９９３、個人事務所は１５０４あ

り、それぞれ全事務所数の71・5%、20・6%と7・8%を占めている。パートナーシップ事務所は弁護士事務所の3分の2弱の大勢を占めている。

また、弁護士事務所管理弁法は事務所の終了および清算手続等も定めたが、その説明は省く。

(2) 弁護士の業務範囲

弁護士法によれば、弁護士は以下の業務を取り扱うことができる。

①自然人、法人その他組織の委託を受け、法律顧問を担当すること。
②民事事件および行政事件の当事者の委託を受け、代理人として訴訟に参加すること。
③刑事事件の被疑者もしくは被告人の委託もしくは法により法律援助機構の指名・派遣を受け、弁護人を担当し、または自訴事件の自訴人、公訴事件の被害者もしくはその近親者の委託を受け、代理人を担当し、訴訟に参加すること。
④委託を受け、各種訴訟事件の申立を代理すること。
⑤委託を受け、調停および仲裁活動に参加すること。
⑥委託を受け、非訴訟法律サービスを提供すること。
⑦法律に関する質問に回答し、訴訟文書および法律事務に関係するその他の文書を代筆すること。

また、旧弁護士法と違い、新弁護士法は、「弁護士業務取扱証書を取得しなかったものは弁護士の名義で法律サービス業務に携わってはならず、かつ法律に別段の定めがある場合を除き、訴訟代理または弁護業務に従事してはならない」と規定し、弁護士の業務独占権を明示した。

表７－６　最近５年間弁護士が取り扱った種類別事務量統計

項目	単位	2007年	2008年	2009年	2010年	2011年	2012年
法律相談所	箇所	295,990	314,876	338,179	369,129	392,456	447,993
民事事件訴訟代理	件	1,247,877	1,401,147	1,499,105	1,569,043	1,693,635	1,779,118
刑事事件の弁護および代理	件	495,824	511,971	564,204	530,800	569,330	576,050
行政事件訴訟代理	件	56,342	54,666	57,286	51,011	52,136	43,312
非訴訟法律事務	件	607,049	729,218	569,304	549,453	625,229	585,358
法律質問への回答	万人／万回	381.83	350.86	383.08	474.51	513.55	436.9
法律事務文書の作成代理	万件	715.37	720.99	684.22	723.72	787.36	733.0

（出典：『中国統計年鑑』2013年、中国統計出版社、844頁）

表７－６は弁護士が２００７年から２０１２年にかけて前記各種の訴訟に参加し、または代理人として取り扱った事務量の統計である。

表中にある法律相談所は中国では通年法律顧問を担当する機関名であり、自然人・法人以外に、地方各級の役所でも設けられている。不完全な統計によると、全国の弁護士総人数の10分の1に相当する２万３５００人以上の弁護士は地方各級の役所で法律相談役を担当している。そのうち、省級役所では１３００人以上、地区・市級役所では８１００人以上、県級役所では１万４０００人以上となっている。これらの法律顧問は２０１０年からの３年間だけで諮問を51万回以上受け、法律意見書を８万７０００部余り提出し、重大プロジェクトの討議に参加した回数は１万６４００回余り、重要事件の検討に参与した回数は１万７０００回余りに及び、各地の役所の業務改善に大いに寄与したという。２０１２年2月、弁護士は一般大衆の代表として他の代表とともに中南海に入り、時の総理大臣温家宝が主宰する「政府活動報告」の意見聴取会に参加し、最高指導部に建言を行った。これは弁護士制度が回復されて以来最初の試みである。

（3）社会的事務への取り組み

前記『中国律師行業社会責任報告』（２０１３年）によれば、弁護士は以上の業務以外に、低所得者に対する無料の法的サービスの供与および社会的問題の解決への援助、ソーシャル・ガバナンスへの模索および立法活動における建言、法的知識の普及活動などにも大いに取り組んでいるという。

低所得者に対する無料の法的サービスの供与および社会的問題の解決への援助では、２０１０年からの3年間に、法律援助センターにより指名を受け、約80万件以上の事件の当事者に法律援助を与えた以外に、弁護士または弁護士事務所が独自で約51万件以上の事件の当事者のために無料の代理または弁護業務を引き受け、免除した費用は延べ56億人民元に達したという。また、同じ期間に、弁護士は社会的トラブルの解決に取り組んだ回数が約58万回、苦情の陳情者への対応に携わったのが約6万回以上、直接に対応したのが11・5万回以上に及び、苦情陳情の対応に関する業務改善の意見書を4・3万部以上提出した。

ソーシャル・ガバナンスへの模索の面において、２０１２年まで、全国各地で弁護士事務所を中心に、「農民出稼者法律援助機構」が成立し、40万人近くの農民出稼者のために支給遅延の給与、事故の賠償金3・86億元余りの返済を成功させた。

立法活動における建言においては、過去3年間に、弁護士は全人代および全国政治協商会議に建言書を２３０件以上、各級地方人代および政治協商会議に対し７０００件以上の勧告を提出した。法律案の起草、検証および討議、立法業務に関する検討などの過程における弁護士の意見が重視されたため、法律、行政法規、規程の制定、法律の修正、司法解釈ならびに政策決定の過程で弁護士はますます重要な役割を果たすようになった。そのため、中華全国弁護士協会および傘下の専門委員会に対する立法機関、裁判機関からの法律制定・修正および司法解釈に関する意見聴取の依頼は２０１２年のみで20件以上に達したという。

法的知識の普及活動については、過去3年間に、弁護士を主体として開催した法的知識の研修活動は3万５０００回以上に及び、２６７万人以上の住民が法的知識の普及による恩恵を受けた。また、各地の弁護士協会は「12・4全国法制キャンペーンデー」、「3・15国際消費者の権利デー」およびメーデー、建国記念日などの祭日を利用し、大型の法律普及活動を展開している。なお、各地の弁護士協会は会社の経営管理者、企業従業員、学校等の教職員、政府の行政管理者に対し、彼らの法による行政の能力、自己保護の能力を高めるための専門的な法治研修活動を展開し、63万人以上のものがその恩恵を受けた。なお、農村地域の法的サービスの不足を解決するために、中華全国弁護士協会は２０１２年に農村法律事務委員会を立ち上げ、農村地域での法的サービスの提供を指導し、法的サービスが農村に進出するよう模索し始めた。

（4）弁護士の権利および義務

弁護士は弁護または代理人を務める過程に以下の権利を与えられている。

①当事者との面会権。『弁護士法』第33条では次のように定められている。「弁護士は弁護人を担当

する場合には、弁護士業務取扱証書、弁護士事務所の証明書および委託書または法律援助の公信を持参し、刑事訴訟法の規定に基づき拘禁され、または居住の監視を受けている被疑者または被告人と接見する権利を有する。弁護士が被疑者または被告人と接見する際には監視を受けない」と。具体的にいえば、この権利は次のように行使される。国家機密とかかわる当事者と面会する場合、捜査機関の承認を受けなければならないが、そうでない場合はその承認を必要としない。弁護士が当事者との面会を申し入れたとき、関係機関は48時間以内にその面会を手配しなければならない。2人以上の共同犯罪事件など重要かつ複雑な事件の場合には、5日間以内にその面会を手配しなければならない。しかし、弁護士が身柄拘束中の当事者と面会するとき、監視を受けないと規定されたものの、捜査機関が立会人を同席させることがしばしば発生している。

②担当事件の資料閲覧権。この権利について、同法第34条は「弁護士は弁護人を担当する場合には、人民検察院が事件について審査して起訴した日から当該事件の記録資料を閲覧し、抄録および複製する権利を有する」と定められている。ただし、抄録した資料は弁護士事務所に保管しなければならない。

③調査権。この権利は三つの内容を含んでいる。一つは「事案の必要に基づき、人民検察院もしくは人民法院に対し証拠の収集もしくは調査・取得を申請する」ことで、二つ目は「人民法院に対し証人が出廷して証言する旨を通知するよう申請する」ことである。三つ目は弁護士が自ら証拠の取調に取り組むことである。この場合に、「弁護士は弁護士業務取扱証書および事務所の証明を証憑として関係する機関または個人に対し取扱を引き受けた法律事務について調査を行うこと

ができる」とされているが、被調査者に対し強制力がないため、弁護士の調査に協力的でないものがよくある。

④強制措置の解除の請求権。つまり、警察機関、人民検察院、人民法院が講じた強制措置が法定期間を上回った場合に、弁護士はその強制措置の解除を請求することができる。

⑤訴訟への参加権。弁護士は裁判過程において次のような権利を有する。まず、裁判長の承認を受け、弁護士は証人、鑑定人、現場調査人または被告人に対し尋問をすることができる。次に、弁護士は法廷調査の段階で、示された物証、読み上げられた未出廷証人の調書、鑑定結果、現場検査の記録およびその他の証拠文書に対して自分の意見を述べ、出廷した証人に対し尋問を行うことができる。なお、弁護士は新しい証拠を提出することができる。最後に法廷で事件の事実、適用法律などについて弁論を行うことができる。

⑥弁護および代理の拒絶権。弁護士は委託を受け弁護人または代理人を引き受けた場合に、正当な理由がないときはその弁護または代理を拒絶してはならない。ただし、委託された事務が違法であり、委託人が弁護士から提供されたサービスを利用して違法活動に従事したり、委託人が事件とかかわる重要な事実を隠したりする場合には、弁護士はその弁護または代理を拒絶することができる。

⑦訴訟文書副本の受領権。つまり、裁判所の判決書、裁定書、調停書、および検察院の起訴書、抗訴書はその謄本を弁護士に送付しなければならない。弁護士が参加した仲裁事件の場合に、仲裁機関は裁決書謄本を弁護士に送付すべきである。

表7－7　業務取扱における弁護士が行ってはいけない禁止行為

①ひそかに委託を受け、または費用を収受し、委託者の財物その他の利益を受ける行為。
②法律サービス提供の便宜を利用して当事者が係争する権益を取得する行為。
③相手方当事者の財物その他の利益を受け、相手方当事者または第三者と悪意により通謀し、委託者の権益を侵害する行為。
④規定に違反して裁判官、検察官、仲裁委員その他の関係ある業務人員と会見する行為。
⑤裁判官、検察官、仲裁委員その他の関係ある業務人員に対し贈賄し、賄賂を斡旋し、もしくは当事者に贈賄するよう教唆もしくは誘導し、またはその他の不正な方式により裁判官、検察官、仲裁委員その他の関係ある業務人員が法に基づき事件を取り扱うことに影響を及ぼす行為。
⑥故意に虚偽の証拠を提供し、または他人を脅迫し、もしくは利益により誘導して虚偽の証拠を提供させ、相手方当事者が適法による証拠の取得を妨害する行為。
⑦当事者を誘導または教唆して公共秩序を乱し、または公共の安全に危害を及ぼす等の不法手段を講じさせて紛争を解決する行為。
⑧法廷または仲裁廷の秩序を乱し、訴訟または仲裁活動の正常な進行を干渉する行為。

（出典：『中国弁護士法』［2012年修正］第40条より）

⑧弁護士業務の取扱における法による保護権。つまり、弁護士は業務活動中にその人身権が侵害を受けず、「弁護士が法廷において発表した代理または弁護意見は法による追及を受けない」とされている。しかし、法律は但し書きを設け、「国の安全に危害を及ぼし、悪意により他人を誹謗し、および法廷の秩序を大きく乱す言論を発表することを除く」として、この権利に制限を加えている。現実中にこの但し書きの適用で処罰を受けた弁護士が少なくないという。

前記のような権利を享受する一方、弁護士は相応の義務も履行しなければならない。その中には、委託者の適法権益を維持・保護する義務、業務取扱過程で知りえた国の秘密および商業秘密を保持する義務、当事者のプライバシーを漏洩しない義務、同一事件における双方当事者の代理人を同時に引き受けない義務などが含まれている。また、弁護士法は弁護士が業務取扱中にやってはいけない禁止行為を定めている。具体的には表7－7を参照されたい。

3　弁護士の管理、業務取扱行為規範および法律責任

(1) 弁護士管理のシステム

中国において、弁護士に関する管理システムは弁護士事務所の内部管理、司法行政管理機関による監督と管理、弁護士協会による自律管理から構成されている。

▼弁護士事務所の内部管理

弁護士法によれば、弁護士事務所は業務取扱の管理、利益相反の審査、費用収受および財務管理、苦情中立調査および処理、年度考課ならびに公文書管理などの制度を整備し、弁護士の業務取扱過程における職業倫理および業務紀律に対する遵守状況を監督しなければならないとしている。次はそれらの概要について説明しておく。

①業務取扱の管理とは、弁護士が業務の取扱を引き受ける場合に、弁護士事務所が引受人として委託を受け、委託者と書面による委託契約を結ぶことである。

②利益相反の審査とは、事務所が業務の委託を受理する場合に利益の相反があるかどうかについて事前審査をし、事務所が引き受けようとする業務および委託者との間に利益の相反が存在するとき、その業務の引き受けをしてはならないということである。

③費用収受および財務管理とは、費用の統一的収納、統一的管理の制度および財務管理制度を整備

し、事務所内部の合理的な分配制度およびインセンティブ・メカニズムを確立して実行することを指す。また、事務所は普通の採用で加盟する弁護士および事務職員のために失業、養老および医療保険等の社会保険手続をしなければならないと同時に、業務取扱リスク、事業発展および社会保障に備える基金を設立しなければならない。

④苦情申立調査および処理制度とは、所属の弁護士が業務取扱活動において法令違反行為が発生した場合の遅滞ない調査・処理、委託者との間に紛争が生じた場合の調査・処理のシステムをいうのである。苦情申立を受けた弁護士に対し行政処罰または業内懲戒をする必要があると認めたとき、事務所は遅滞なく所在地の県級司法行政管理機関または弁護士協会に報告しなければならないとされている。

⑤年度考課ならびに公文書管理とは二つの内容が含まれ、前者は事務所で年度考課制度を整備し、弁護士の勤務態度、職業倫理、紀律遵守等について考課を行い、等級を評定し、賞罰を実施することをいう。後者は考課を記録する公文書と業務取扱に関する記録や資料を収めるファイルの整備を指すものである。

また、事務所は所属の弁護士に対し、職業倫理および業務取扱に関する紀律の教育を強化し、業務学修および経験交流活動の展開を組織し、弁護士が業務研修、生涯教育活動に参加するための条件を供与しなければならないと要求されている。

▼司法行政管理機関による監督・管理

司法行政管理機関による監督・管理について前記『弁護士事務所管理弁法』には詳しい規定が設け

られており、その内容は表7－8にまとめたので参照を願う。

各級司法行政機関が弁護士事務所に対する監督・管理を実施する過程に、弁護士事務所が法に基づく業務取扱を妨害したり、事務所の適法権益を侵害したり、事務所または弁護士個人に対し財物その他の利益を強要したりしてはいけないことも規定され、司法行政機関の職員が事務所の設立許可および監督・管理活動において職権の濫用、職務の懈怠をして犯罪に触れた場合に刑事責任が追及され、犯罪にならない場合は行政処分を受けなければならないとなっている。

▼弁護士協会による自律管理

『中華全国弁護士協会定款』によると、弁護士協会は弁護士および弁護士事務所から構成される社会団体法人であり、弁護士の自律性組織であり、全国では中華全国弁護士協会（英語名称：All China Lawyers Association, 略称 ACLA）、各省、自治区、直轄市および区を設ける市においては地方の弁護士協会が設立されることとなっている。弁護士協会は各級の司法行政管理機関の指導および監督を受ける。弁護士および弁護士事務所は所在地方の弁護士協会に加盟しなければならない。地方弁護士協会に加盟した弁護士および事務所は同時に全国弁護士協会の会員となる。

中華全国弁護士協会は1986年に設立され、4年ごとに（2011年までは3年）全国弁護士代表大会を開催している。代表は省、自治区、直轄市弁護士代表大会によって会員弁護士から選ばれる。

中華全国弁護士協会の下には民事専門委員会、刑事専門委員会、行政法専門委員会、経済専門委員会、国際業務およびWTO事務専門委員会、海事海商専門委員会、知的所有権専門委員会、憲法および人権保護専門委員会、未成年者保護専門委員会など14の小委員会が設けられている。

表7－8　各級司法行政機関による弁護士事務所への監督・管理の職責

県級司法行政機関
①業務取扱活動における法律、法規および規則に対する遵守状況。 ②業務取扱および内部管理制度の整備および実施状況。 ③法定の設立条件の維持、変更に付きの認可請求の報告、または記録留めの届出に対する執行状況。 ④事務所の清算および抹消の申請状況 ⑤弁護士業務の年度考課、業務総括の状況。 ⑥事務所に対する通報および苦情申立の受理。 ⑦行政処罰の履行、整頓・是正の実施状況。 ⑧司法部および省級司法行政機関所定その他の職責。
区を設ける市級司法行政機関
①所轄地域内の事務所の弁護業務ならびに組織・チームおよび制度整備状況の把握、弁護士業務の強化に関する措置および方法の制定。 ②1級下の司法行政機関の日常的監督・管理業務への指導・監督、事務所に対する専門項目に対する監督・検査業務の展開、事務所に対する重大な苦情申立事件に関する調査・処理への指導。 ③弁護士事務所に対する表彰業務。 ④事務所の違法行為に対する処罰の実行、事務所の営業許可証取消の処罰を科すべき場合には1級上の司法行政機関に処罰の勧告を提出。 ⑤事務所に対する年度検査・考課業務の展開を主宰。 ⑥事務所の設立・変更・分所の設立および抹消の申請に対する受理および審査。 ⑦事務所の業務取扱公文書の整備、公文書情報の公開。 ⑧法律・法規および規則所定その他の職責。
省級司法行政機関
①所轄地域の事務所の発展企画および政策の策定、事務所管理にかかわる規範的文書の作成。 ②所轄地域内の事務所の弁護業務ならびに組織・チームおよび制度整備状況の把握。 ③下級の司法行政機関の日常的監督・管理業務への指導・監督、事務所に対する専門項目に対する監督・検査業務の指導。 ④弁護士事務所に対する表彰業務。 ⑤事務所の重大な違法行為について営業許可証取消の処罰の実行、1級下の司法行政機関の行政処罰業務への監督、行政再議および申立事件の取扱。 ⑥事務所設立の審査・承認、変更の審査・承認または記録、分所設立の審査・承認および営業許可証の取消にかかわる事務の取扱。 ⑦所轄地域内の事務所に関する重大情報の公開。 ⑧法律および法規所定その他の職責。

（出典：『弁護士事務所管理弁法』第46条、第47条、第48条より）

『弁護士法』および『中華全国弁護士協会定款』によると、弁護士協会は下記の職責を履行することとなっている。①弁護士が法に基づく業務取扱を保障し、弁護士の適法権益を維持・保護すること、②弁護士の業務経験の総括および交流を行うこと、③業内規範および懲戒規則を制定すること、④弁護士の研修業務を展開し、弁護士の職業倫理および営業紀律に関する教育を行い、弁護士の業務取扱に対する考課を行うこと、⑤司法試験合格者の実習活動を管理し、実習結果に対する考課を行うこと、⑥弁護士および事務所に対し表彰または懲戒を実施すること、⑦弁護士に対する苦情申立を受理し、弁護士の業務活動に生じた紛争を調停し、弁護士の不服申立を受理すること、⑧法律、行政法規および規程に定められたその他の職責などがそれである。

中華全国弁護士協会は弁護士に対し賞罰事務を取り扱っている。①民主および法制整備において目立つ貢献をした場合、②国および国民の利益を保護する面で重大な貢献をした場合、③全国または所在地域に重大な影響を有する事件の取扱において成功を収め、成績が著しい場合、④立法および司法業務の改善に推進的な役割を果たし、弁護士事業の改革および発展のために著しい貢献をした場合などに対して、中華全国弁護士協会は通達による表彰、奨励、名誉称号の授与ないし物品による奨励を与えることができる。

反対に以下の行為がある場合には訓戒、通達による批判、公開譴責、会員の資格剥奪などの処分を行うことができる。①『弁護士法』およびその他の法律法規に違反した場合、②弁護士定款および弁護士業種規範に違反した場合、③社会公共道徳に著しく違反し、弁護士職業のイメージおよび名誉を損なった場合、④弁護士の職業倫理および業務取扱紀律に違反した場合、⑤処分を受けるべきその他の紀律違反行為がある場合、などがそれである。また、弁護士協会は法律違反、紀律違反の弁護士会員に対し、処罰権を有する行政管理機関に行政処罰を勧告することができる。司法行政管理機関から業務取扱停止処罰を受けた弁護士は処罰を受ける期間に協会の選挙権および被選挙権を行使することができなくなる。

弁護士および弁護士事務所に関する前記3種類の監督・管理の中で事務所の内部管理は最も基本的なものである。司法行政機関の監督管理は主に事務所に対するもので、なるべく弁護士に対する直接的な管理を控えている。弁護士協会の自律管理は前記の管理に対する補強的な性格を帯び、その重点は弁護士の監督よりも弁護士の適法権益を保障することにあるのではないかと思われる。

(2) 弁護士の業務取扱行為規範

弁護士の業務取扱行為を規範し、弁護士の権益を保障するために、中華全国弁護士協会は2011年11月に『弁護士業務取扱行為規範』(中華全国弁護士協会律発通〔2011〕35号)を制定し、弁護士の業務取扱の指針、弁護士業務を評価・判定する業内基準、かつ弁護士による自律の行為基準を公表した。

同行為規範は9章108条から構成され、詳しい目次は表7-9に示したとおりである。

基本行為規範では10種類の規範を設けた。具体的には下記のようなものがある。

①憲法および法律への忠実、弁護士の職業倫理および業務取扱紀律への遵守。

②誠実に信義を守り、勤勉に職責を尽くし、事実および法律に基づき当事者の適法権益を擁護し、

表7－9　『弁護士業務取扱行為規範』の目次

第1章　総則 第2章　弁護士の業務取扱基本行為規範 第3章　弁護士業務推進の行為規範 　第1節　業務の推進・拡張原則 　第2節　弁護士業務の推進・拡張広告 第4章　弁護士と委託者または当事者との関係規範 　第1節　委託代理関係 　第2節　虚偽承諾の禁止 　第3節　委託者の権益を不法に取得することへの禁止 　第4節　利益相反の審査 　第5節　委託者の財産の保管 　第6節　再委託 　第7節　委託関係の解除および終了	第5章　弁護士の訴訟または仲裁への参加規範 　第1節　調査・証拠の取調 　第2節　法廷の尊重および司法職員との付き合いの規範化 　第3節　法廷審議における風采および言語 第6章　弁護士同士間の関係規範 　第1節　尊重および協力 　第2節　不正競争の禁止 第7章　弁護士と所属弁護士事務所との関係規範 第8章　弁護士と弁護士協会との関係規範 第9章　附則

法の正確な実施を擁護し、社会的公平および正義を擁護すること。
③職業修養に励み、弁護士全体の名誉・名声を擁護すること。
④弁護業務で知りえた国家秘密を保持し、当事者のプライバシーを漏洩しないこと。
⑤同業者への尊重と共助、公平な競争をすること。
⑥弁護士資格と合致しない法律サービスに従事しないこと。
⑦同一事件において双方の当事者を代理せず、本人または近親者との利益相反がある法律事務を代理しないこと。
⑧各級の人代常務委員会の構成員になった期間に訴訟代理または弁護業務に従事しないこと。
⑨不良な社会的影響をもたらし、弁護士業務の名声・名誉を損なう行為、国の司法または行政機関による職権の行使を妨害する行為、法により禁止される機構・組織または社会団体に参加する行為などをしないこと。
⑩弁護士協会の提唱に応じて社会的公益事業に関心を寄せ、それを支持し、積極的に参加すること。

弁護士業務推進の行為規範では弁護士および事務所は広告、

学術論文の公刊、講義および法律普及活動への参加等の形をもって弁護士業務の推進・拡張をすることができるとし、広告の発布方式、内容および制限を受ける事項が定められた。

弁護士と委託者または当事者との関係規範では、委託事項の協議と合意、弁護士の弁護方法の自主選択権、業務関係の公文書の設置と業務記録の作成、当事者から提供された証拠等の資料の慎重な保管、委託権限内での活動厳守、虚偽承諾の禁止、委託者の財物に対する不法取得の禁止、利益相反の審査および利益の相反が存在する場合における対応方法、委託者の財産保管、再委託等について規定を設けた。特に利益相反のある事件について弁護士が代理人として引き受けてはならない、または主体的に回避を申し出なければならない事由を細かく設定している。具体的には附表11を参照されたい。

(3) 弁護士および弁護士事務所の法律責任

弁護士法は弁護士および弁護士事務所の法律責任を定め、責任の負担方式としては行政責任、民事賠償責任および刑事責任の3種類が挙げられる。

まず、行政責任をみてみよう。弁護士の行政責任については以下の4通りが挙げられる。

①警告と5000元以下の罰金を科し、違法所得の没収および事案が重大である場合に業務取扱停止3か月以下の処罰を科する(第47条)。

②警告と1万元以下の罰金を科し、違法所得の没収、事案が重大である場合に業務取扱停止3か月以上6か月以下の処罰を科す(第48条)。

③5万元以下の罰金および業務取扱停止6か月以上1年以下の処罰を科す。違法所得の没収、事案

が重大である場合に弁護士業務取扱証書を取り消す（第49条）。

④弁護士が警告処罰を受けた後1年以内に再び警告処罰を受ける事由が生じた場合には業務取扱停止3か月以上1年以下の処罰を受けることになる。業務取扱停止の処罰を科され、期間満了後の2年以内にさらに業務取扱停止の処罰を受ける事由が発生した場合には弁護士業務取扱証書が取り消される（第51条）。

①から③までの行政処分事由については附表12に示したのでそれを参照願う。

なお、6か月以上の業務取扱停止の処罰を受けた弁護士は処罰期間が満了したのち、3年以内はパートナーを務めることができないとされている。

弁護士事務所に対しては、以下の8種類の行為の1つが該当する場合に、警告または業務停止・整頓1か月以上6か月以下の処罰を科し、10万元以上の罰金を科し、違法所得を没収する。そして、事案が重大である場合には弁護士事務所の営業許可証が取り消されると定められている。その行為は以下のとおりである。①規定に違反して委託を受け、または費用を収納する行為、②法廷の手続に違反して名称・責任者・定款・パートナーシップ合意・住所およびパートナー等の重大事項の変更を行った行為、③法律サービス以外の経営活動に従事する行為、④他の弁護士事務所または弁護士をそしり、または紹介料を支払うなどの不正手段により業務を引き受ける行為、⑤規定に違反して利益の相反を有する事件の業務を引き受ける行為、⑥法律援助義務の履行を拒絶する行為、⑦司法行政機関に対し虚偽の資料を提供し、またはその他の虚偽を弄する行為、⑧所属弁護士に対する管理を怠ったために重大な問題をもたらす行為、などがそれである。

弁護士事務所が前記の事由で行政処罰が科された場合には、事務所の責任者も事案の程度に応じて警告または2万元以下の罰金を科される。

また、弁護士および弁護士事務所に関する行政処分は、警告、罰金、違法所得の没収、業務取扱停止の処罰については区を設ける市級または直轄市の区（県）級人民政府の司法行政機関によって実施され、弁護士業務取扱証書の取消、弁護士事務所の営業許可証の取消については省級人民政府の司法行政機関によって実施されることとされている。

次に民事賠償責任についてみてみたい。『弁護士法』第54条によると、「弁護士が法に反し業務を取り扱い、または故意もしくは過失により当事者に対し損害を与えた場合には、その所属の弁護士事務所がその賠償責任を負う。弁護士事務所は弁償した後に、故意または重大な過失行為をした弁護士に対し求償することができる」とされている。中国の現状をみれば、委託を受けた代理権限を越えたことによる損害、重要な証拠を遺失・毀損したことによる損害、収集すべき証拠を収集しなかったことによる損害、主観の過失で訴訟期限が過ぎたことによる損害、正しく権利を主張しなかったことによる損害、職責の履行を理由なしに延滞し、または法に基づいて職責を履行しなかったことによる損害、当事者のプライバシーまたは秘密事項を漏洩することによる損害などがもたらされたとき、弁護士は民事賠償責任を負わなければならないとなっている。

最後に刑事責任の取り方をみよう。附表12に掲げた③の事由で行政処罰が科される行為の中で、法に触れて犯罪行為となった場合には、『刑法』に基づき刑事責任が追及されることとなっている。

第8章　刑務所の仕組みはどうなっているか

1　「労働改造」と行刑制度の整備

行刑制度とは公判により有罪と認定され、管制、有期懲役、無期懲役および死刑を言い渡された刑罰を執行するシステムであり、その執行場所は主に刑務所、すなわち監獄である。では中国の監獄の仕組みはどのようになっているかをみてみよう。

(1)「労働改造」とはなにか

中華人民共和国樹立後、中国政府は自分の政権を社会主義政権と位置づけ、その階級性を鮮明に打ち出し、あらゆる面でイデオロギーを強調するようになった。政権党の共産党は、労働により世界が改造されるとともに、人間自身も一新することができると考え、世の中の搾取をなくすには、すべてのものが働かなければならないとしている。したがって、行刑制度の面でも受刑者を労働への参加によって改悛させるという行刑制度を実行することにした。

1954年8月、時の政務院は『中華人民共和国労働改造条例』を公布し、労働改造を制度化させた。これは事実上、新中国発足後に制定された監獄に関する最初の法規であり、「労働改造」の法的根拠でもある。

しかし、労働改造という行刑方法は中国での発明ではないようである。16世紀から西洋諸国で始まった習芸所はそのきっかけだと思われる。中国は清代末期における監獄の近代化活動の中で、日本を経由して導入を試み、各地で多くの習芸所を建て、軽罪犯を収容して作業に参加させ、技能を身につけたのち社会へ復帰させるように活用していた。ただ、労働により受刑者を改造する制度を整備したのは中華人民共和国に入ってからであろう。

労働改造条例は中国の労働改造機関を看守所、監獄、労働改造管教隊、少年犯管教所に分類し、監獄は監獄以外の場所で作業に参加するのに適切でない死刑・執行猶予、無期懲役に処された受刑者とその他の重要な刑事犯を収容し、労働改造管教隊は3年以上の有期懲役に処された受刑者およびその他の刑事犯を収容する機関としている。

ここに言及された労働改造管教隊は受刑者が労働改造を受け、強制的に作業に参加させられることにより自分の罪を改悛する場所である。労働改造管教隊での生産は国家の計画経済の一環に組み込まれ、国民経済生産の需要に基づき、各地で労働改造農場、労働改造工場、労働改造鉱山として設置されている。その内部では受刑者の人数に応じて小隊、中隊、大隊、支隊および総隊に分けられ、準軍事的な管理手法をとっていた。

労働改造管教隊は「改造第一、生産第二」の方針を掲げ、受刑者が新しい人間になれるように改造に重きを置こうとしたが、1日に9～12時間の作業量を課していたうえに、労働環境も整備されず、改造の手法が不透明であったところもあり、社会からの評判が芳しくなかったのは事実である。

ただし、受刑者が刑期服役満了後、労働改造農場または工場で就業したい場合には、労働改造機関はその者を正式な従業員として採用し、就職を受け入れることができる。なお、受刑者が出身地に戻りたくない場合には、人口の過疎地帯で安置させることも可能であった。刑期服役満了後、再就職の手配ができたため、出獄者の再犯罪が比較的良く防止されたという。

(2) 行刑制度の再整備

改革開放政策の進行に伴い、計画経済体制は逐次に市場経済体制に移行しつつあった。この変化は中国の社会治安のみでなく、監獄の管理業務にも大きな影響を与えた。特に犯罪者の構成が大きく変わり、受刑者に対する刑罰執行の難しさが増しつつあった。他方、中国は国際社会に溶け込むために、行刑制度を含む国際交流が広がり、国連の『被拘禁者処遇最低基準規則』および『拷問及び他の残虐な、非人道的な又は品位を傷つける取り扱い又は、刑罰に関する条約（拷問等禁止条約）』に加入したのである。

また、法治国家の構築を目指して、1980年代から法制の整備事業が大掛かりに行われ、『刑法』『刑事訴訟法』などの法律が相次ぎ公布されたのに対し、1990年代に入っても行刑制度については正式な法律が制定されなかった。このことは、国際上で人権侵害の証しとしてよく取り上げられた。なお、前記の労働改造による行刑制度も中国社会の変化により、時代遅れの部分が明るみとなり、監獄の財政管理体制、受刑者の人権保護などの面で改善しなければならない問題が多く指摘された。

このような背景の下に、1994年12月に『監獄法』が制定、公布された。これに1990年に国務院が公布した『看守所条例』を加えて、中国の刑事法律体系は実体法の『刑法』、手続法の『刑事訴訟法』と刑事執行法の『監獄法』から構成され、整備されるようになったといえる。

2012年10月に改正を経た『監獄法』は、総則、監獄、刑罰の執行、監獄の行政管理、受刑者に対する教育改造、未成年受刑者に対する教育改造、附則の7章78条から構成され、前記の『労働改造条例』および1982年当時の公安部が制定した『監獄、労働改造隊の管教業務の細則』を見直し、特に改革開放政策実施後の行刑実践の教訓と経験を総括し、新しい行刑理論を取り入れて制定されたものである。

(3) 現行行刑制度の特徴

それまでの行刑制度と比べれば、『監獄法』を中心とした現行行刑制度は次のような特徴を持っている。

まず、法による支配が強調された。『労働改造条例』の体制下では監獄は「人民民主主義独裁の道具の一つで、すべての反革命犯とその他の刑事犯に対し懲罰および改造を実施する機関」であるとし、その階級性が強調された。それに対し、現在は「監獄は国の刑罰執行機関である」（監獄法第2条）とされ、行刑の目的は「刑罰を正確に執行し、受刑者を懲罰、および改造し、かつ、犯罪を予防し、減少させるため」（同法第1条）であると規定された。

次に、受刑者の法定権利がより広範に規定された。『監獄法』は「受刑者の人格は侮辱を受けない。その人身の安全、適法な財産および弁護、不服申立、告訴、告発その他の法により剥奪されず、または制限されない権利は侵害を受けない」（同法第7条）と定め、監獄の警察の法執行活動に対して規範を設けて受刑者の権利を保護するようにした。たとえば、受刑者の労働報酬については、労働改造の時代では、受刑者の労働報酬は本人の食事代、被服代、小遣い、雑費支出、医薬品代、技術の手当て、および図書、テキスト、文房具の購入など受刑者教育に使われる費用として均等に受刑者に充てられ、個人としての報酬が支給されなかった模様である。いまではその均等主義的なやり方を廃止し、「監獄は労働に参加する受刑者に対して、関係規定に従って報酬を支給し、かつ、国の労働保護に関する規定を執行しなければならない」（同法第72条）と規定し、貨幣給与の形で受刑者の労働に応じて報酬を支給することにした。

また、監獄の財政保障体制が確立した。労働改造のシステムにおいては、監獄の経費は国家予算内からの交付以外に、「労働改造機関の売上」も経費の一部分として計上されていた。これによって、労働改造管教隊は受刑者を労働に参加させることに偏り、受刑者に対する改造をいい加減にすることになりかねなかった。いまはそれを見直し、「国は監獄の受刑者改造に必要な経費を保障する。監獄の人民警察経費、受刑者の改造経費、受刑者の生活費、監獄の行刑施設経費その他の専門経費は国家予算に計上される」（同法第8条）と規定された。かつ、受刑者が労働に必要とする生産施設および生産経費も国が提供すると定められている。

最後に、現行の行刑制度では、受刑者に対する思想教育、文化教育、技術教育を改造手段として取り入れ、国家機関、社会団体、軍隊、企業、事業単位、および社会各界の人々ならびに受刑者の親族を動員して受刑者の改造に協力させるなど全社会による受刑者の改造体制を整備しようとしている。

なお、受刑者に対する人権保障についても強化策が講じられ、見せしめのような行刑手法を廃止し、管制、執行猶予の懲役刑、監獄外執行など5種類の刑罰を言い渡された受刑者を所在地のコミュニティ（町内会相当の住民自治組織）で執行させるようにするなど人道的な行刑方法が採用された。

2 監獄の分類

監獄法および看守所条例によれば、刑罰を執行する場所は監獄、未成年受刑者管教所および看守所の3種類とされている。以下はそれについて概説したい。

(1) 監獄および女子監獄

監獄は日本の刑務所に相当し、判決により死刑・執行猶予2年、無期懲役または有期懲役に処された受刑者に対し、刑罰を執行する場所である。

本来、中国では男女受刑者を同じ監獄に収監し行刑を行っていたが、女性受刑者の増加および女性受刑者の特別性を配慮して、女子監獄が設置されるようになった。現在、一部の地方を除き、ほとんどの省級地方では女子監獄が設置されており、受刑者を男女別に収監し、刑罰を執行している。なお、受刑者の犯罪の性格および刑期に応じて重罪犯監獄と軽罪犯監獄と分けられているところもあるようだが、詳しい内容は筆者は把握していない。

監獄には機能によって、刑務官など監獄を管理する職員が日常業務を取り扱うエリア、受刑者が生活する施設・作業する施設が設置されるエリア、刑務官、武装警察などの職員が生活するエリアという3つのエリアが設けられている。

なお、監獄内部では監獄、監区、分監区の3層に分けられており、１つの監区には５００人程度、分監区は約１５０人程度の収容人数に応じて設置される。

監獄に関する管理体制について、１９８３年までは警察業務を司る公安部の管轄下に置かれていたが、警察業務の軽量化を図るために、その以後は、国務院の司法行政機関、つまり司法部が全国の監獄に対する管理業務を司る最高機関となった。監獄の設置、廃止および移転等は司法部の認可を受けなければならない。ただし、中国の監獄が省級行政区域に応じて設置されているため、監獄に対する日常の管理業務等は各省、直轄市、民族自治区政府内に設置されている司法行政管理機関の内設機関の監獄管理局により担当している。図８－１に示したのは中国の監獄管理体制である。

表８－１はウェブサイトに掲載された「全国監獄名録」に基づいて統計した全国各省の監獄数である。これによると、２０１３年末現在、中国には５４６所の監獄が設けられ、そのうち女子監獄は23所あるという。しかし、この名録は政府の公表ではないため、すべての監獄を網羅しているかどうか

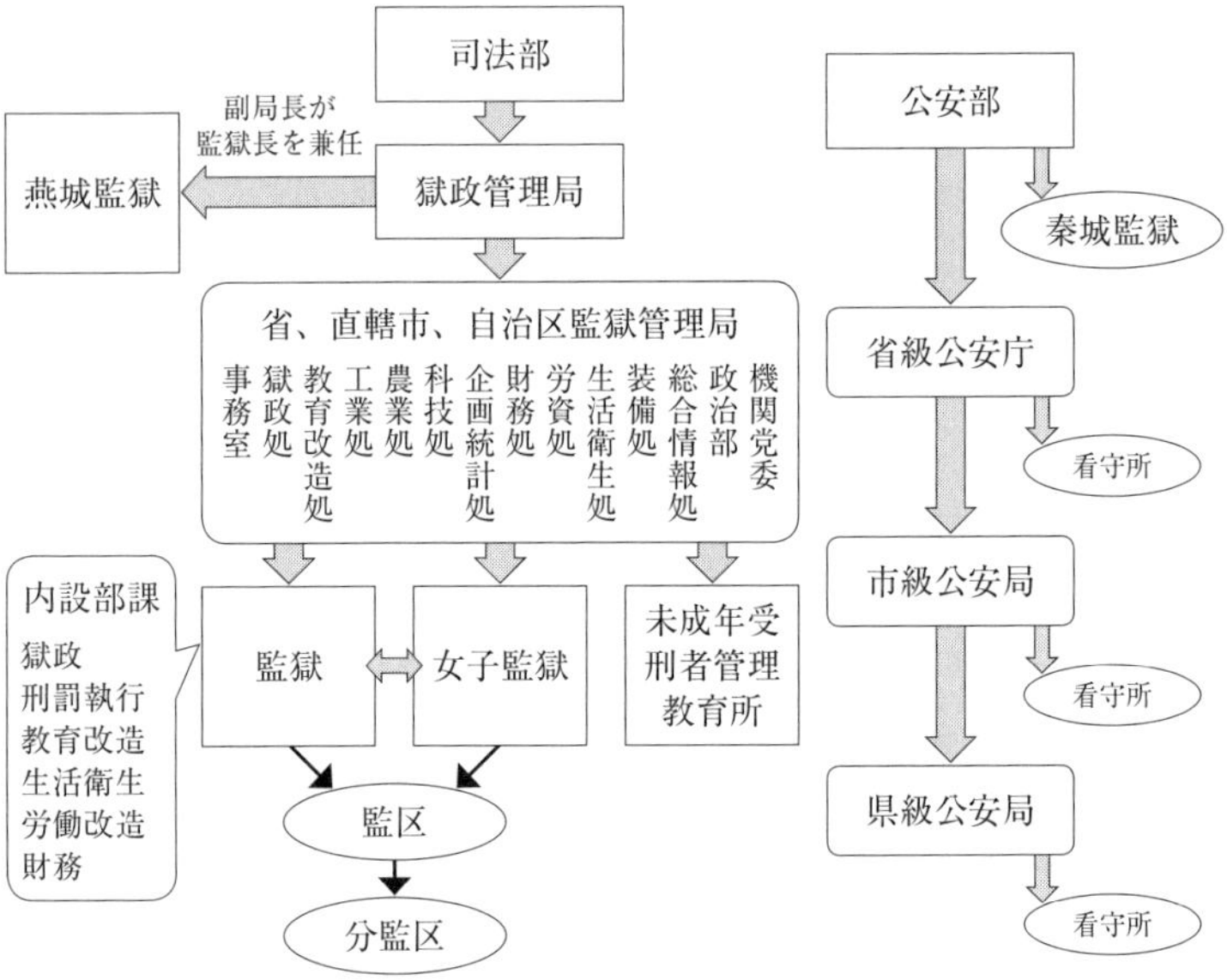

図８－１　中国の監獄管理体制

（出典：関係資料をもとに筆者作成）

は判別できない。この名録では、若干の省、市、自治区において女子監獄および未成年犯管理教育所が設置されているかどうかがわからないが、筆者が「不明」とされている地方についてインターネットを利用して検索したところ、全部、女子監獄（貴州省は２つ）および未成年犯管理教育所がそれぞれ１つずつ（チベットのみ女子監獄がない）設けられていた。ただ、青海省建新監獄が女子監獄であるにもかかわらず、名称だけでは判別できないといったような事情もあるので、監獄の総数にどれぐらい影響があるかは判断できない。

５４６の監獄にどれぐらいの受刑者が収容されているのだろうか。表８－２に示された２００４年から２０１２年まで年度別の受刑者人数をみれば、２０１２

表8－1　2013年現在中国各省の監獄数

地方名	監獄（所）		未成年犯管理教育所（所）	地方名	監獄（所）		未成年犯管理教育所（所）
	総所数	内女子監獄			総所数	内女子監獄	
公安部	1	0	0	河南省	22	1	2
司法部	1	0	0	湖北省	32	1	1
北京市	6	1	1	湖南省	16	1	1
山西省	19	1	1	広東省	20	1	1
河北省	22	不明	1	広西区	15	不明	1
天津市	6	不明	不明	陝西省	20	1	1
内蒙古区	14	1	1	甘粛省	14	1	1
黒竜江省	18	不明	1	寧夏区	6	不明	1
吉林省	10	1	1	青海省	14	不明	不明
遼寧省	31	1	1	新疆区	20	不明	3
山東省	19	不明	1	チベット区	3	不明	不明
安徽省	16	1	1	四川省	43	1	2
江蘇省	25	2	2	重慶市	3	1	1
上海市	10	1	1	貴州省	30	不明	1
浙江省	13	1	1	雲南省	30	2	1
福建省	16	1	1	海南省	5	1	1
江西省	14	1	不明	総 計	546	23	32

（出典：http://wapiknow.baidu.com/question/128162988.html に掲載された「全国監獄名録」をもとに筆者作成）

表8－2　中国における刑務所の受刑者人数の統計

（単位：人、％）

	受刑者総人数	内：女性受刑者		内：未成年受刑者	
		人数	比率	人数	比率
2004年	1,562,742	75,870	4.85	21,975	1.41
2005年	1,558,511	77,279	4.96	23,957	1.53
2006年	1,565,711	77,771	4.97	23,250	1.48
2007年	1,566,839	78,334	5.00	21,807	1.39
2008年	1,589,222	80,951	5.09	20,772	1.31
2009年	1,623,394	85,167	5.25	20,662	1.27
2010年	1,646,593	90,322	5.49	18,450	1.12
2011年	1,656,773	93,051	5.62	16,701	1.01
2012年	1,641,931	95,770	5.83	15,429	0.93

注釈：①未成年者受刑者は14～18歳の受刑者を指す。②比率は受刑者総人数における比率で、筆者計算。
（出典：「在押服刑人員基本状況」中国国家統計局編『中国統計年鑑』所収［中国統計出版社、2005～2013年の歴年版］）

年現在、中国では受刑者の人数は164万1931人で、そのうち、女性受刑者は9万5770人、受刑者総人数の5・83％を占め、未成年者の受刑者数は1万5429人、総人数の1％弱となっており、監獄1か所あたりに約3000名の受刑者を収容している計算となる。ただし、女子監獄では約41644人と平均数値を大きく上回っている。2002年に『中国の女子監獄調査手記』のノンフィクションを発表した女性作家孫晶岩が取材したすべての女子監獄の受刑者が収容限度を超えているとみたのはそのためであろう。

(2) 未成年受刑者管理教育所

『未成年受刑者管理教育所規定』（司法部令第56号、1999年5月6日）によると、未成年受刑者管理教育所（中国語名：未成年犯管教所、略称：未管所）は監獄の一種類で、国が刑罰を執行する施設である。ただ、この施設は刑務所および看守所とは違い、有期懲役から無期懲役を言い渡された満18歳未満の未成年者の受刑者のみ収容し、彼らに刑罰を執行し、教育改造を行うところであり、日本の少年刑務所に相当すると思われる。

本来、中国には未成年犯という概念がなく、25歳以下の受刑者をまとめて青少年犯と呼び、彼らは普通の刑務所に設けられている監区に収容され、処罰を受けていた。また、政府の犯罪者人数の統計も少年犯または未成年犯の項目がなく、青少年犯を18歳未満と18~25歳の2組に分けて扱っていた。1982年2月に警察行政機関たる公安部が公布した『監獄、労働改造隊勤務細則』は18歳未満の少年犯の概念を導入し、1999年12月の『未成年受刑者管理教育所管理規定』もそれまでの少年犯を

表8－3　中国における青少年犯罪者人数の統計　（単位：人、%）

年度	犯罪者総人数	青少年犯罪者人数			犯罪者総数における青少年犯罪者の比率	
		内：18歳未満者	18～25歳	総計	18歳未満者	総計
1997年	526,312	30,446	168,766	199,212	5.7	37.9
1998年	528,301	33,612	174,464	208,076	6.4	39.4
1999年	602,380	40,014	181,139	221,153	6.6	36.7
2000年	639,814	41,709	179,272	220,981	6.5	34.5
2001年	746,238	49,883	203,582	253,465	6.7	34.0
2002年	701,858	50,030	167,879	217,907	7.1	31.0
2003年	742,261	58,870	172,845	231,715	7.9	31.2
2004年	764,441	70,086	178,748	248,834	9.2	32.6

注釈：①青少年犯罪者の統計は1997年から始まり、2003年までは「人民法院審理刑事案件中青少年犯罪状況」と題する統計表に掲載されたが、2004年では統計表の題名が「人民法院審理刑事案件犯罪情況」と変わり、2005年はさらに「人民法院審理刑事案件罪犯情況」と変更した。2005年からこの統計の公開を停止した。②18歳未満の比率は筆者による計算である。

（出典：中国国家統計局編『中国統計年鑑』［中国統計出版社、1998年～2005年の歴年版］）

未成年犯に名称変更したが、表8－3からわかるように、２００４年まで、中国政府の統計は依然として青少年犯の統計のままであった。ただ、18歳未満の受刑者は未成年犯または少年犯としてみても差し支えないと思われる。

表8－3の18歳未満の犯罪者人数の統計をみると、中国での未成年者の犯罪は、統計のある１９９７年から２００４年にかけてほとんど毎年のように増加しているようにみえ、２００４年の犯罪者人数は１９９７年の２・３倍であり、当年の犯罪者総人数の９・２％を占める高い犯罪率となった。いかに未成年者による犯罪を防止し、未成年受刑者に対する処罰を行うかは中国社会に横たわっている大きな問題である。１９８２年から未成年受刑者を普通の監獄に収容せず、単独に収容する方針を決定した。１９９９年の『未成年受刑者管理教育所管理規定』の制定はそのための改善策の一環だと思われる。

未成年受刑者管理教育所は「懲罰と改造とを結びつ

け、人を改造することを旨とし」「教育、感化、応援と扶助」の方針を貫き、未成年受刑者をある程度の文化知識および職業技能を有する順法の国民に改造するとし、未成年者の生理、心理、行為の特徴に基づき、教育を中心に、それぞれ異なる事情に応じる教育、理をもって人を納得させる教育による改造の方式を採用し、順法的、科学的、文明的、直接的な管理を行おうと強調している。

また、未成年受刑者の合法的権益を守り、未成年受刑者の人格を尊重し、未成年受刑者の心身の健康、生き延びるのに有益な環境を形成させるために、日常管理において、未成年受刑者に対して「学員」の名称を使うこととなっている。

未成年受刑者管理教育所は省、自治区、直轄市ごとに、司法部の承認を受けて設置される。2013年末現在、中国は全部で32所の未成年受刑者管理教育所が設けられており（表8－1参照）、2012年現在、1万5429人の未成年受刑者が収容されている（表8－2参照）。未成年受刑者管理教育所には行政管理、教育、作業、生活衛生、政治業務などの内設機関が設置される。管理教育所は所、管区の2級管理体制を敷き、1つの管区には150人以内の受刑者しか収容されないこととなっている。また、普通の監獄と違い、未成年受刑者管理教育所および管区の人民警察（刑務官）の配置比例は普通の成年監獄の比例より高く設定され、人民警察に対する学歴、専門の要求も高い。前記規定によれば、未成年受刑者管理教育所および管区に配置される刑務官はすべて短大、大学修了者でなければならず、そして、そのうち、40％以上は法学、教育学または心理学の修了者でなければならない。

なお、未成年受刑者管理教育所の経費は国により全額交付され、未成年受刑者の教育改造費用は成年受刑者より高く保障されることとなっている。

（３）看守所とはなにか

監獄の他に、中国にはまた警察機関に付設されている看守所という刑罰の執行施設が存在している。１９９０年に国務院に制定された『看守所条例』（国務院令52号）によれば、「判決により有期懲役１年以下に処され、または残りの刑期が１年以下で、労働改造場所（監獄──筆者注）へ執行のため送致するのに不都合である受刑者は看守所が監督管理することができる」とあるように、看守所は短期刑の受刑者を収容する施設の一つである。また、死刑の執行予定者も看守所に収容される。

ただ、監獄と違い、看守所は捜査を受ける段階の被疑者および刑事裁判を受ける最中の被告人も収容している。これは日本の留置場と拘置所の役割を兼ねて果たす施設であると思われる。しかし、日本では留置場は警察機関に設置され、その目的は被疑者の逃走と罪証の隠滅を防ぐことにある。拘置所は司法行政機関つまり法務省に設置され、その目的は未決囚の逃走と罪証隠滅の防止とともに、刑事施設の紀律秩序を維持するためだという。

実をいえば、看守所は清代末期の司法近代化を模索する過程で明治時代の日本の仕組みを真似て導入したものであり、最初の看守所が光緒33（１９０７）年に導入された。清王朝が崩壊する直前の１９１０年末時点、全国各地で66所の看守所が設置されていたという。

中国共産党はこの制度を踏襲し、政権党になる前の根拠地でそれぞれ警察機関と裁判機関で看守所を設置した。前者は捜査および予審を受けるもの、後者は刑事被告人および既決犯を収容していた。

政権党になった後は管轄権を警察機関の公安部に統一させ、中央、省、市、県を単位に看守所を設置するようになり、収容者も未決犯および残りの刑期2年以下、労働改造場に送致するのに不都合の既決犯となった。

1983年の司法制度改革にあたり、監獄としての労働改造場の管轄権を公安部から司法部に移したとき、看守所の管轄権も警察機関から司法行政機関に変えようとしたが、司法部の業務量の急増を配慮し、看守所はそのまま公安部に残して現在に至っている。

今現在、中国にはどれぐらいの看守所があるか、公開資料がないため把握していない。ただ、看守所条例に「県級以上の行政区域を単位として設置し、当該級の警察機関が管轄する」といった条文がある。『中国統計年鑑（2013年版）』によると、2012年現在、中国には地級行政区域は333（内、地級市285）、県級行政区域は2852（内訳は市轄区860、県級市368、県1453、自治県117、その他54）あるので、看守所は少なくとも3185所設置されている計算となる。なお、収容されている人数は控え目にみても年間100万人以上ではないかと推定される[23]。

前記の条例によれば、看守所の任務は、「国の法律により拘禁された犯罪者に対して武装警察による看守を実行し、安全を保障し、犯罪者に対して教育を行い、犯罪者の生活および衛生を管理し、かつ捜査、起訴および裁判業務の順調な実行を保障する」（第3条）とされている。ただし、この規定は『刑事訴訟法』と整合性が保たれていない。同法第12条では「人民法院の法による判決を経なければ、何人に対しても、有罪であると確定してはならない」と定められている。したがって、看守所条例が看守所に収容されるすべてのものを犯罪者と決めつけるのは違和感がある。事実上、看守所に収容されているものの中に、ごく少数の死刑の執行予定者および短期刑の受刑者以外は、ほとんど取調を受けている被疑者と公判を受けている被告人である。刑事裁判上で性格がそれぞれ違う３種類の人間を同一の看守所に収容し、同様の手法で管理することは見直されるべきであろう。

そのような弊害を意識しているかのように、中国の『刑法』『刑事訴訟法』『看守所条例』などの法規には看守所の被収容者の適法権利を守る条文が散見される。それらの権利には下記のようなものが挙げられる。①判決で選挙権の剥奪が言い渡されていないものの選挙権、②生命権、健康権、人格が尊重を受けるべき権利、体罰と虐待を受けない権利、期限を超えて拘置・拘留を受けない権利、功績を立てて褒賞を受ける権利といった人身権利、③適法財産が侵害を受けない財産権、④訴訟上の権利、⑤自身の適法権利を侵した国家機関または職員を告発し、国家賠償を請求する権利、⑥親族との通信、接見権、などがそれである。

『看守所条例』第２章は収容手続を定めている。それによると、看守所は被収容者を収容する場合に、送致機関の保有する県級以上の警察機関もしくは国家安全機関により発行した逮捕証もしくは刑事勾留証または県級以上の警察機関、国家安全機関、刑務所もしくは人民法院、人民検察院が発行する証明文書に基づかなければならない。前記の書類を持たず、または書類の記載が実状と合致しないときは収容しないとなっている。

また、看守所は被収容者を受け入れるときに健康診断を行わなければならない。精神病患者または急性伝染病患者、拘置・拘留期間に死亡のおそれがあり、または自身の生活が処理できないほどの重病患者（社会に危険をもたらすおそれのある極悪犯罪者を除く）、妊娠中または１歳未満の嬰児を自ら授乳している女性などが収容されないと規定されている。

出所するときには二つのケースが規定されている。一つ目は裁判により有罪判決が言い渡され、死刑・執行猶予2年以下の刑罰に処され、その執行を刑務所またはコミュニティで行うときである。この場合、裁判所の執行通知書および判決書に基づき出所の手続を行う。二つ目は無罪釈放の判決、または起訴猶予の決定を受けたときである。この場合に、看守所は人民法院の判決書または人民検察院、警察機関もしくは国家安全機関により発行した釈放通知文書に基づき、釈放の手続をし、釈放証明書を発行することとなっている。

中国の看守所は多くの問題を抱えている。被収容者の適法権利がよく侵害されること、居住環境が悪いこと、管理方式が粗いこと、収容期限を超えて拘留・拘置すること、有期懲役1年以上の判決を受けた受刑者も多数収容していることにより、彼らの刑務所で労働改造を受ける権利、ないし減刑、仮釈放を受けるチャンスが逃れること、被収容者の人格を辱める行為が多発することなどが指摘されている。[24]

3　高官受刑者の専用監獄

(1) 実験基地を兼ねる燕城監獄

表8-1をみればわかるように、司法部は中国の監獄業務を司る行政官庁であるが、司法部が直接

に管理する監獄は１つしかない。北京のすぐ隣にある河北省三河市に設けられた燕城監獄がそれである。

燕城監獄は２０００年11月に建設を開始し、一期目の工事が２００２年10月に竣工した近代的な監獄である。

この監獄は刑罰の執行、受刑者の改造という一般的な機能を担当する以外に、全国の刑務所の改革の実験基地としての役割を与えられている。つまり、司法部はこの監獄を「改造、研究、創新、実験」を一体とするハイレベルで総合的な基地にしようとし、一流の管理、一流の職員、一流の施設を実現しようと努めていくという（呉宗憲『監獄学導論』１１７頁）。

現在、燕城監獄には６５０人余りの受刑者が収容されている。受刑者には窃盗、詐欺、強盗、強姦の犯罪をし、無期懲役または刑期の比較的長い有期懲役を言い渡された普通の刑事犯がいる一方、外国籍の受刑者もいる。普通の刑事犯はほとんど改造に対抗的な態度をとる「頑固犯」で、外国籍の刑事犯は殺人犯、強盗犯、薬物犯がほとんどであるという。外国籍の受刑者は40人以上が収容され、国籍は20数か国に及ぶ。外国籍の受刑者は英語で警察と意思疎通ができるが、英語以外の他国籍の受刑者との意思疎通は北京第二外国語学院の副教授以上の教員の協力を受けて行っているという。

また、日本の中央官庁、地方公共団体の副大臣、大臣および知事級以上の政治家、官僚に相当する汚職の高官出身の受刑者も40人以上この監獄に収容されている。汚職犯罪をした高官出身の受刑者は平均年齢が50歳を超えており、入所時に最も若い受刑者は38歳に過ぎなかった。汚職受刑者の監舎は二人部屋で、室内にはテレビや水洗トイレおよびシャワーが付いている。部屋の外部ではトレーニングをしたり、衣服を干したりすることができ、面積が6平米ほどのベランダも設置されているという。風説ではあるが、燕城監獄は全部の工事が竣工した場合に、現在中央官庁の高官受刑者を収容している秦城監獄に取り替わり、秦城監獄は看守所の役割しか果たさなくなるという。

(2) 高官受刑者収容専用の秦城監獄

次は、国内外で広く知られている秦城監獄についてみてみたい。

この監獄は北京看守所の看板を掲げているが、政治により失脚した中国の上層部の政治家や高級官僚または公判を経て有罪判決を言い渡された汚職、腐敗高官の受刑者を収容するところとして世間からの注目を浴びている。収容している受刑者の特別性もあり、この監獄は司法部の管轄ではなく、警察機関の公安部が管理を司っている。

天安門広場から直線距離で約40キロ離れた昌平区小湯山の付近に位置する秦城監獄は、国民党政権時代の中央監獄たる功徳林監獄に取って替わるために、ソ連の援助を受けて設置された近代的監獄である。監獄内には1958年に新築した4棟の監舎と1967年に増築した6棟の監舎から構成される。前者は「甲、乙、丙、丁」、後者は「戊、己、庚、辛、壬、癸」と命名されているという。

秦城監獄は1960年に竣工したときから現在に至り、収容した受刑者の種類に応じて4つの時期に分けられる。

第一の時期は竣工時から1960年代中期までであり、収容した受刑者は主に偽満州国の高官、階級が少将以上の日本人戦犯および国民党の戦犯であった。たとえば、国民党の特務機関たる軍事委員会統計調査局（軍統と俗称される）の少将処長の沈酔などが収容されていた。

第二の時期は１９６０年代中期から始まった文化大革命の期間中である。収容された受刑者は主に右派反対キャンペーンの際に右派分子のレッテルが貼られた上層部の右派分子および文化大革命中に失脚した上層部の政治家であった。元国家主席劉少奇の夫人王光美、中国共産党中央委員会宣伝部元部長陸定一などがその代表格の人物といえる。

第三の時期は１９７０年代から１９８０年代までの時期であり、収容した受刑者はいわゆる林彪グループと四人組グループの構成員であった。毛沢東夫人の江青などがその代表的人物であろう。

第四の時期は１９９０年代からの時期であり、収容した受刑者はほとんど腐敗、汚職をしたとして有罪判決を言い渡された中国共産党の高官たちである。共産党中央委員会政治局元委員・北京市元書記の陳希同、同政治局元委員・上海市元書記の陳良宇、同政治局元委員・重慶市元書記の薄熙来などがその中の代表的人物である。最近十数年来、公判を経て有罪判決を言い渡された１００人以上の大臣級以上の高官受刑者のほとんどが秦城監獄に収容されたことがあるという。

第9章 刑罰の執行はどのように行われるか

1　刑罰の執行手続および内容

判決の効力が生じると、受刑者に対する刑罰の執行が始まる。次は『監獄法』および『刑事訴訟法』の内容をもとに刑罰の執行に関する主な手続を説明していきたい。

(1) 収監

収監とは、死刑・執行猶予2年、無期懲役または有期懲役の判決を言い渡された受刑者を監獄、すなわち刑務所に収容することである。収監は刑罰執行の開始を意味する。

被告人を拘置した看守所は、人民法院から送付された死刑・執行猶予2年、無期懲役または有期懲役に処された受刑者の受刑執行通知書および判決書を受けてから、1か月以内に受刑者を監獄に引き渡さなければならない。裁判所は受刑者を監獄に送致するとき、人民検察院の起訴状副本、人民法院の判決書、執行通知書、裁判終結記録表などの法律文書も送付しなければならない。監獄側は受刑者を引き渡されたとき、前記の法律文書がなく、または文書が揃わず、あるいは文書に記録されている内容に誤りがあるなどの問題がある場合に、その受刑者を収監してはならない。

収監される受刑者に対し、監獄は健康診断を行い、手持ちの品物を調べる必要がある。受刑者の手持ち品物の中に禁制品があれば没収され、生活の必要品でないものについては監獄が保管するか、受刑者の同意を得たうえにその親族に差し戻すことになる。身体検査をする場合に、女性受刑者は女性刑務官により行われる。また、『刑事訴訟法』第２５４条によると、有期懲役の受刑者の中に、重大な病気にかかり、監獄外で治療を受ける必要がある受刑者、妊娠中または自己の嬰児に授乳している女性受刑者、生活を自ら処理できず、かつ当分の間監獄外執行を適用しても社会に危害を及ぼさない受刑者は、しばらく収監しなくてもよい。なお、無期懲役に処された妊娠中または自己の嬰児に授乳している女性受刑者も収監しなくてよい。ただし、その中には、死刑・執行猶予2年の受刑者は含まれていない。監獄は受刑者に対する検査結果を人民法院に通報し、人民法院は当分の間収監しないかどうか、あるいは監獄外で執行するかどうかを決定する。受刑者は幼児を監獄内に連れて刑罰の執行を受けることはできない。

(2) 監獄外執行

監獄外執行とは法的条件にかなった受刑者に対し一時的に刑罰執行の場所を変更して刑務所以外の

ところで刑罰を執行する制度で、刑罰執行の一つのパターンである。これを適用する受刑者は二種類ある。一つ目は、前記収監の項目で言及した収監しなくてよい受刑者である。二つ目は、刑罰執行の過程において、重症を患って短期間に死亡の危険がある受刑者、ひどい慢性病を患って長期間にわたって治療を行ってきたにもかかわらず効き目がない受刑者、60歳以上かつ病気にかかり、社会に危害を及ぼすおそれを失った受刑者、身障者になって働く能力を失った受刑者などである。これらの受刑者の監獄外執行に関する動議は刑務所つまり監獄により行われる。刑務所はまず意見書を提出し、省、自治区、直轄市の刑務所管理機関に報告して許可を求めなければならない。許可機関は監獄外執行を認めた場合に、その決定を警察機関および原判決をした裁判所に通報し、その副本を検察機関に送付しなければならない。検察機関は監獄外執行の決定が不当であると認定した場合に、その決定を受領した日から1か月以内に不同意の意見書を決定機関に提出しなければならない。このとき、当該決定機関は検察機関の意見書を受領した後に、直ちに当該決定を再審査しなければならない。

監獄外執行の条件に適合しない事由が発見されたとき、監獄外執行に関する規定に著しく違反したとき、監獄外執行の事由がなくなり、刑期がまだ残っているとき、当該受刑者は再び収監され、刑務所で刑罰の執行を受けなければならない。監獄外執行期間に刑期が満了した場合に、当該受刑者は元の刑務所により釈放手続を受けて釈放される。受刑者が監獄外執行期間に死亡した場合には、警察機関により元の刑務所に通知されることになる。

（3）減刑、仮釈放および釈放

▼減刑

受刑者は刑務所で刑罰執行を受ける期間に、法的条件を満たせば、法定手続に基づいて言い渡された刑期を短縮することができる。いわゆる減刑制度である。

しかし、受刑者の改悛に有益であるはずの減刑制度には、手続に不備があり、適用に透明性を欠く問題が存在しているため、権力者または金持ちの受刑者はそれを利用して、刑務官と癒着し、減刑の適用に必要な功績を虚構し、刑期を減らし、刑罰の執行から逃避する事件が多発している。有期懲役10年を言い渡された広東健力宝グループの元会長張海が刑務官に贈賄して1年間に2回の減刑も受け、10年の刑期を6年に減刑して釈放された事件がスクープされたのはその一例に過ぎない[25]。

そのために、２０１１年11月に最高人民法院裁判委員会は『減刑、仮釈放の若干問題に関する規定』を決定し、翌年2月にそれを公表し、減刑および仮釈放について手続を整備した。それによると、「刑務所の規定を真剣に守り、教育による改造を受け入れ、確実に改悛する行為がある場合、または功績行為がある場合に減刑することができ、重大な功績行為がある場合には減刑をしなければならない」となっている。表９－１に掲載したのはその具体化された行為である。

前記減刑の条件を満たした受刑者が現れたとき、刑務所は裁判所すなわち人民法院に対し減刑の提案を出し、人民法院は減刑提案書を受領した日から1か月、最長2か月以内に審査、裁定を行わなければならない。減刑の適用の開始時間、減刑の間隔および減刑の幅は表９－２に示したとおりである。

また、死刑・執行猶予2年に処された受刑者は刑期が2年執行された場合に、減刑の対象者となる。

表９－１　減刑が適応される条件別の事由

確実に改悛する行為	功績行為	重大な功績行為
同時に以下4つの情状を有する。 ①真剣に罪を反省すること。 ②真剣に法律、法規および刑務所の規定を遵守し、教育による改造を受け入れること。 ③思想、文化、職業技能に関する教育活動に参加すること。 ④作業に意欲的に参加し、作業の任務を完成するよう努めること。附帯民事賠償義務を積極的に履行する行為は真剣に罪を反省している行為とみなされる。	①人の犯罪活動の実施を阻止したとき。 ②監獄内外の犯罪活動を告発し、または事件の検挙に重要な手がかりを提供し、捜査を経て真実であることを証明できたとき。 ③司法機関に協力してその他の犯罪容疑者（同事案の容疑者を含む）の身柄を拘束したとき。 ④作業、科学技術研究において技術革新を行い、成績が著しいとき。 ⑤自然災害に立ち向かい、または重大な事故を排除する過程に成績が著しいとき。 ⑥国および社会に対してその他の貢献をしたとき。	①人の重大な犯罪活動を阻止したとき。 ②監獄内外の重大な犯罪活動を告発し、調査を経て真実であることが証明されたとき。 ③司法機関に協力してその他の重要な犯罪容疑者（同事案の容疑者を含む）の身柄を拘束したとき。 ④発明創造または重要な技術革新をしたとき。 ⑤日常作業または生活において自己を捨てて他人を救助したとき。 ⑥自然災害に立ち向かい、または重大な事故を排除する過程に優れた行為があるとき。 ⑦国および社会に対してその他の重大な貢献をしたとき。

（出典：最高人民法院『減刑、仮釈放の若干問題に関する規定』第２条、第３条、第４条の内容をもとに筆者作成）

表９－２　主要刑期別の減刑の開始時間、減刑の間隔および減刑の幅

項目	５年以上有期懲役		無期懲役	死刑・執行猶予から無期懲役に減刑した場合
減刑開始時間	1年6月以上執行した後		２年執行した後	２年執行した後
減刑の間隔	一般的に1年以上		規定不明	
減刑の幅	罪への反省行為、または功績行為があるとき	１回の減刑は１年以内	20年以上22年以下の有期懲役へ	25年有期懲役へ
	罪への反省行為、および功績行為があるとき、または重大な功績行為があるとき	１回の減刑は２年以内	15年以上20年以下の有期懲役へ	23年有期懲役へ
備考	５年以下有期懲役の場合には適当に縮小できる。重大な功績行為があるときはその開始時間および間隔の制限を受けない。		減刑を受けた後、実際に執行する刑期は13年を下回ってはならない。	減刑を受けた後、実際に執行する刑期は15年を下回ってはならない。

（出典：最高人民法院『減刑、仮釈放の若干問題に関する規定』第５条、第６条、第７条、第８条、第９条の内容をもとに筆者作成）

法律には執行猶予期間に故意に犯罪をしなかった場合には減刑しなければならないと定められている。したがって、中国では死刑の判決を受けた受刑者の人数が多いが、国民には、死刑・執行猶予2年を言い渡された場合は、受刑者に対し死刑の執行がまずないというコンセンサスが形成されていると思われる。

▼仮釈放

受刑者が刑罰執行期間に法定条件を満たした場合に、条件付きで刑期満了前に出獄することができる。これは仮釈放の制度である。

(1)仮釈放が適用される法定条件　仮釈放の法定条件は形式条件と実質条件に分かれる。『刑法』第81条の規定によれば、形式条件は刑期の執行期間で、有期懲役の場合に、刑期の2分の1以上を執行した受刑者、無期懲役の場合に、実際に13年以上の刑期を執行した受刑者は仮釈放の対象者となる。実質条件は受刑者が罪に対する反省、改悛の姿勢であり、「監獄の規則を誠実に遵守し、教育による改造を受け入れ、反省の態度が確実であり、再度犯罪の危険性がない」ということである。具体的にいえば、犯罪を認め、判決に従うこと、受刑者の改悛行為に関する規範および監獄の紀律を遵守すること、思想・文化・技術の勉強に意欲的に参加すること、作業に意欲的に携わり、公共器物を愛護し、作業の任務を完成することなどは罪に対する反省・改悛の態度が確実であるとみなされるという。

(2)特段の事由による仮釈放　ただし、特段の事由がある場合に、最高人民法院の承認を経れば形式条件の制限を受けずに仮釈放が適用される。北京刑事律師網によれば、ここにいう「特段の事由」とは次のようなものが含まれるという[26]。

①受刑者が服役期間に重要な発明または著しい功績を収めた場合。
②受刑者がほとんど行動能力を喪失し、かつ反省、改悛の態度があり、仮釈放後再び社会に危害を及ぼすことができない場合。
③受刑者が専門的技能を所持し、関係機関がその技能を早急に使用したい場合。
④受刑者の家庭に特別な困難があり、受刑者本人による世話を受ける必要があるため仮釈放を請求した場合。この場合に、司法実務中では県級以上の警察機関または人民政府の関連機関により証明書を交付しなければならない。ただし、犯罪グループの主犯、累犯および罪が特別に厳重である受刑者は除く。
⑤犯罪時に未成年者で、刑罰執行期間に改悛の態度が確実であり、仮釈放後再び社会に危害を及ぼすおそれのない場合。
⑥政治的必要性に絡む特定の外国籍または中国の大陸籍に属しない受刑者の場合。
⑦その他の特別な事由がある場合。

(3)仮釈放が適用されない受刑者　他方、『減刑、仮釈放の若干問題に関する規定』第18条によると、以下に掲げる受刑者は仮釈放を適用されない。

①刑罰の種類および刑期を問わず、受刑者が累犯である場合。
②殺人、爆撃、強盗、強姦、誘拐などの暴力性犯罪により10年以上の有期懲役または無期懲役に処された受刑者。ここにいう暴力性犯罪には例示した方法以外による他人の人身に対する傷害、武装叛乱、武装暴動、ハイジャックなどの犯罪が含まれる。

③10年以上の有期懲役、無期懲役に処された暴力性犯罪をした受刑者の場合、減刑を受けて刑期が10年以下になったときでも仮釈放を受けることができない。

（4）仮釈放の手続　仮釈放の条件を満たした受刑者に対し、仮釈放を適用する場合に下記の手続で行わなければならない。

まず、有期懲役の受刑者（死刑・執行猶予2年および無期懲役から有期懲役に減刑された受刑者を含む）の場合には、受刑者の服役所在の監区（分監区）の刑務官が集団討議を経て勧告を提出し、仮釈放の対象者を受刑者に対し公示をしたうえに、刑務所の主管機関により審査確認をし、主管監獄長の承認を経た後、刑務所の名義で仮釈放の勧告書を監獄所在地の中級人民法院に提出する。当該人民法院は仮釈放勧告書を受け取った日から1か月以内に審査、裁定を行わなければならない。事情が複雑、または特殊な場合に、1か月延長することができる。

人民法院が仮釈放（減刑を含む）の事案を審理する場合に、受刑者の拘置刑務所の公共エリアまたは社会に対し公示をしなければならない。公示は、①受刑者の氏名、②原判決に認定された罪名および刑期、③受刑者が受けた減刑の状況、④執行機関の減刑、仮釈放の勧告および根拠、⑤公示期間、⑥意見のフィードバックの方法、などの内容を含まなければならない。

次に、無期懲役の受刑者に対する仮釈放は受刑者の服役している刑務所が仮釈放の勧告書を作成し、省レベルの監獄管理局に審査を求め、承認を受けた後、高級人民法院に裁定を求める。

最後に、有期懲役受刑者の仮釈放の期限は残余の刑期とし、無期懲役の期限は10年とする。仮釈放（減刑を含む）を審理する場合には、人民法院は書面審理の方法により行うことができるが、以下の事件は公開審理をしなければならない。

①受刑者が重大な功績行為があることにより減刑が請求された場合。

②減刑を請求する開始時間、間隔時間または減刑の幅が一般的な規定に合致しない場合。

③社会に対し重大な影響があり、または社会から高い関心を受けた場合。

④公示期間に意見が寄せられた場合。

⑤人民検察院に異議を提起された場合。

⑥人民法院が開廷審理の必要を認めた場合。

▼釈放

有期懲役を言い渡された受刑者の刑期が満了した場合に、刑務所は適時に当該受刑者を釈放し、釈放証明書を交付しなければならない。刑務所はその服役期間の改悛の情況に対し書面による評定を行い、その評定書を判決書の謄写本とともに釈放者の就業・定住所在地の警察機関に送付しなければならない。

刑期満了の被釈放者は釈放証明書を持参して所在地の警察機関に定住を申請する。刑期満了の被釈放者は法に基づき復権し、その他の公民と平等な権利を享有する。

(4) 死刑執行の手続

中国は死刑が廃止されておらず、刑法には死刑を適用される罪が60以上ある。現在、死刑の廃止を求める法学者や弁護士もいるが、残虐な犯罪によって多数の無辜の庶民が殺され、巨額な横領、賄賂を手にする汚職腐敗の官僚が大勢存在している現状では、国民からのコンセンサスを得られないのも事実である。したがって、毎年、「死刑即時執行」を言い渡された受刑者は少なくない。ただし、具体的にどれぐらいの受刑者が死刑を執行されたかについては、裁判所から統計が出されておらず、年に数千人から数万人の憶測があるが、全容は把握されていない。ただ、死刑が執行された受刑者数が世界で一番多いのではないかと推測されている。

では、死刑執行がどのような手続に基づき行われているかを概説しておく。

▼執行の承認と執行の方法

死刑即時執行の判決が最高人民法院の再審査を経て決定された場合に、最高人民法院院長は死刑執行命令に署名し、死刑を言い渡した裁判所に交付しなければならない。当該裁判所は死刑執行命令を受領した日から7日以内に受刑者に対し死刑の執行を行わなければならない。この場合に、死刑を執行する裁判所は執行の3日前に同級人民検察院に通知を出し、執行監督の検察官の派遣を依頼しなければならない。

裁判所は受刑者に死刑執行を承認した判決文書を送達するとき、受刑者に近親族に会見する権利があることを告知しなければならない。受刑者が近親族との会見を申し入れ、かつその近親族の住所および連絡方法を提供した場合に、その申し入れを認め、その旨を近親族に通知しなければならない。また、近親族が受刑者に会見したいと申し入れるときに、その会見を認め、会見の手配をしなければならない。

死刑を執行するまえに執行を指揮する裁判官は受刑者本人に違いないことを確認し、遺言や書簡等があるかどうかを訊ね、調書を作成したうえに、受刑者を執行要員に引き渡す。死刑は銃殺または注射によって執行され、注射による執行は指定される刑場または拘置所内で行われ、前記以外の方法で執行するときには、予め最高人民法院に報告し、承認を受けなければならない。

死刑の執行は公布しなければならないが、見せしめまたは受刑者の人格を辱める行動をとってはならない。

▼死刑執行の中止と処理

死刑を執行する場合に、①執行前に判決に誤りのある可能性を発見したとき、②執行前に受刑者が重大な犯罪事実を告発し、またはその他の重大な功績行為を有し、判決が改められる可能性があるとき、③受刑者が妊娠しているとき、という事由があれば、死刑の執行を中止し、最高人民法院に報告してその裁定を求めなければならない。死刑執行中止の報告を受けた場合に、死刑を承認する決定を出した最高人民法院の元合議廷で再審査をし、または別に合議廷を組織して再審査をして裁定を下す。

死刑執行の中止を裁定した事案について、最高人民法院は下記の事由に応じて処理することとなっている。

①妊娠している場合は法に基づき判決を改める。

②受刑者が重大な犯罪事実を告発し、またはその他の重大な功績行為を有することが確認され、法に基づき判決を変更する必要があるとき、死刑を承認しないと裁定し、原判決を取り消し、審理を改めるように差し戻さなければならない。

③原判決に誤りがなく、受刑者に重大功績の行為がなく、またはその重大功績の行為があるにもか

かわらず原判決に影響を与えないと確認されたとき、死刑の承認判決を引き続き執行するように裁定しなければならない。ただし、最高人民法院院長は改めて死刑執行命令に署名し、それを執行裁判所に再交付しなければならない。

死刑は人間の二度と取り戻せない貴重な命を剥奪する報復刑で、受刑者の犯罪により命を失った死去者および近親族に対し少しでも慰める効果があり、社会全体に対しても警告的な意味を示すことができる。しかし、「目には目を、歯には歯を」「殺人は命をもって償う」という応報主義では殺人犯をなくすことができるかどうかは疑われる。したがって、筆者としては中国でも死刑をなくす時代が訪れる日が遠くないことを祈願する。

2　受刑者に対する改造

刑務所は受刑者に対し刑罰を執行する施設であると同時に、受刑者を法律遵守の公民になるように改造するところでもある。刑務所は「懲罰と改造とを結びつけ、教育と作業とを結びつける」という原則の下に、受刑者を組織して作業に従事させ、彼らに対して思想教育、文化教育および技能教育を行わなければならないと監獄法によって定められている。

中国の監獄事情に詳しい法学者呉宗憲の調査および研究によれば、中国の刑務所内では教育による改造と作業による改造が行われているという。以下は主に呉宗憲『監獄学導論』を基に、中国の刑務所が受刑者に対し行っている改造の在り方を概説しておきたい。

(1) 教育による改造の内容

この中には、環境への適応に関する教育、文化知識に関する教育、職業技能に関する教育、思想・倫理に関する教育、生活様式に関する教育といった内容が含まれているという。

▼環境への適応に関する教育

この教育の目的は受刑者が新しい環境に溶け込むように援助することにあり、内容は収監初期の刑務所環境への適応と釈放直前の社会復帰後の生活への適応に関する教育が含まれる。前者は「刑務所入所教育」、後者は「退所教育」と呼ばれている。

司法省により制定された『刑務所における教育改造の業務規定』(司法部令79号、2003年6月13日公布)および『受刑者に対する教育改造綱要』(司法通46号、2007年7月4日公布)によれば、刑務所は新入所の受刑者について服役改造の専用ファイルを作り、受刑者が収容されている監区または分監区で集中的に2か月間の入所教育を行わなければならない。入所教育の内容は所在刑務所の紹介、法律の常識に関する講義、刑務所の規則および紀律に関する教育、犯罪への反省、改悛に関する教育、刑務所内における行為養成に関する教育、心理健康・心理テスト、作業教育・前途教育などが含まれる。

退所教育は釈放予定の受刑者が社会への復帰に備えるための教育で、期間は3か月とされている。教育の内容は社会経済の発展の現状、政府が公布した関連政策および本人の前途に関する教育、再犯を防ぐための遵法教育および緊急救助に関する指導、再就職指導、生活再建に関するアドバイス、服役の態度姿勢に関する評定などが含まれる。

▼文化知識に関する教育

これは受刑者が文化レベルを高め、科学的知識を増長させるためのものである。中国では非識字者または低学歴の受刑者が多い。王春林が北京市における農民出稼出身の受刑者１万６５７人の学歴を調べたところ、非識字者が４９２人、小学校卒が２９６１人、中学校卒が５８９４人で、それぞれ受刑者総数の３・９％、27・８％、55・３％を占め、中学校卒以下の受刑者は受刑者総人数の87％に及んでいる（呉鵬森、章友徳主編『城市犯罪与基層治理』72頁）。このような深刻な状況に直面し、『監獄法』は「それぞれの状況に応じて、受刑者に対して非識字者一掃教育、初等教育および初級中等教育を行わなければならない。試験に合格した場合には、教育管理機関から相応の学歴証書を発給される」と定めた。

このような背景の中で、刑務所は受刑者の文化程度に応じて、非識字者一掃クラス、小学校クラス、中学校クラスを開設し、義務教育を受けさせるように努めている。45歳未満の受刑者が義務教育を完成しておらず、普通に学習ができるとき、義務教育を受けさせるようにしている。また、前記『受刑者に対する教育改造綱要』では受刑者に対する非識字者一掃の教育および小学校の教育について具体的な比率を設けた。その規定によると、非識字者の受刑者は入所後の２年以内で非識字者から脱出し、非識字者の一掃率は非識字者の受刑者の95％を占めなければならないという。なお、釈放者の中で、小学校卒の学歴の保有者は小学校に進学すべき人数の90％以上に達しなければならないという。受刑者の学習意欲を刺激するために、多くの刑務所は優秀な成績を収めた受刑者に対し、減刑を含む奨励の措置を講じた。２０１２年、全国の刑務所で延べ34万人の受刑者が非識字者から脱出し、延べ12万人の受刑者が小学校、中学校の卒業証書を取得した（『中国法律年鑑』［２０１３年］２２０頁）。

また、刑務所は勉強の意欲が強い受刑者に対し、高校以上の教育を施す条件を整備し、テレビ大学、通信教育、高等教育の独学試験に参加するように推奨している。

▼職業技能に関する教育

これは受刑者が職業の技能レベルを高めるために展開される技能研修である。技能研修は営利的研修と非営利的研修に分けられているが、刑務所の管理経費が不足していた時期には、刑務所が行っていた研修はほぼ刑務所にとって収益になるものが多かった。監獄法の公布に伴い、刑務所の管理経費が国の全額負担になって以来、非営利的研修を行う刑務所が逐次に増えてきた。たとえば、上海市監獄管理局は２００３年7月に「上海市監獄管理局受刑者技術研修センター」を設立し、受刑者に対しさまざまな技能研修コースを設け、研修教育を行った。その技能研修を受けた受刑者が釈放後、容易に再就職ができたため、再犯の防止にも寄与したと評価されている。前記『中国法律年鑑』によれば、２０１２年に延べ27万人の受刑者が各種の職業資格証書を手にし、１００％の受刑者が刑務所で技能研修を受けたという。

なお、思想・倫理に関する教育とは、受刑者が誤った価値観を改め、モラルおよび修養を高めることを目的とするものである。その内容は公民の倫理教育、伝統的な美徳教育、職業倫理教育、家庭倫理教育が含まれる。

生活様式に関する教育とは受刑者の日常生活における生活パターンおよび行動方式に対する指導で

ある。その中には、人生の指向・人生価値観・生活の目的といった生活に関する態度への指導、個人の風格・個人の修養・個人の消費といった個人生活への指導、社交礼儀作法への指導などが含まれる。

（２）教育による改造の方法

これはさまざまなものが講じられている。刑務所が受刑者の犯罪性格および刑期に応じて編成した教育カリキュラムに基づき、刑務官により受刑者全員に対して行われる通常教育はさておき、ここでは主に、個々の受刑者に対する「個別教育」と、社会的有名人の講演等および受刑者の刑務所外での見学等による「啓発教育」を取り上げて説明したい。

▼個別教育

この教育はマンツーマン式の談話方式をとり、刑務官と受刑者との間に行われる意思疎通の活動である。受刑者の全員に対する集団式教育と比べれば、個別教育は対症療法的で、受刑者への影響力が強く、双方向の意思疎通の色彩が濃いなどの特徴があり、教育の効果が著しいという。したがって、この種の教育方法は刑務所により重視されている。『刑務所における教育改造の業務規定』第17条では表９－３に掲載した「面談を行うべき10項目の事情」が定められ、受刑者は10項目事情の１つに該当するとき、刑務官は必ず当該受刑者と面談を行わなければならない。『受刑者に対する教育改造綱要』第19条ではさらに受刑者に対し１か月に必ず１回の面談を行わなければならないと規定されている。つまり、面談を通じて受刑者の思慮を理解したうえに、対症療法的な教育措置を講じる。

表９－３　受刑者と面談を行うべき10項目の事情

1.	新入所または受刑刑務所あるいは監区が変更された場合。
2.	処遇が変更し、または作業ポジションが変わった場合。
3.	奨励または処罰を受けた場合。
4.	受刑者同士に矛盾または衝突が生じた場合。
5.	刑務所を離れて帰省する前後または家庭に事変が生じた場合。
6.	接見がなく、または長期間にわたって家族からの連絡がない場合。
7.	行為が正常でなく、情緒が不安定な場合。
8.	受刑者が自ら面談を要望する場合。
9.	当分の間監獄外執行、仮釈放または釈放を受けて刑務所を出所する前。
10.	個別面談を必要とするその他の事情がある場合。

（出典：『刑務所における教育改造の業務規定』第17条　http://www.moj.gov.cn/zt/content/2013-12/06/content_5092649.htm?node=55691［アクセス：2014/02/15］より）

▼啓発教育

この教育はさまざまな方法がとられている。たとえば、社会的な有名人を刑務所に招いて受刑者に対し講演会や報告会を行ったり、著名な歌手に依頼して刑務所内でイベントを挙行したり、社会団体により受刑者に対し彼らが必要とする物品を贈呈されたり、法律家、心理学などの学者が受刑者が抱える各種の苦悶に解答する諮問大会を行ったり、改悛態度のよい受刑者に親族との会食、配偶者との同居の機会を提供したりするといった刑務官以外の社会人による教育もあれば、受刑者をして、刑務所外で展覧会、博物館および大型プロジェクトなどを見学させたり、刑務所外の企業や工場へ作業に行かせたり、刑務所外の教育機関で勉強させたり、高齢者福祉施設や孤児院で親善活動に参加させたり、刑務所外で自分の書道、絵画の展示、スピーチコンテストおよびスポーツ試合に参加させたりするといった刑務所外でのイベントによる教育もある。また、刑務所と専門学校、職業研修機関とが提携して受刑者に対し職業訓練を行ったり、ボランティアと受刑者との間にマンツーマンまたは複数人対1人の教育扶助を行ったりするというやり方を導入している刑務所もある。この中で、最も教育効果があったのはマンツーマンによる教育扶助であろう。上海青浦刑務所の資料によれば、２０００年にマンツーマンによる教育扶助を受けた１５０人の受刑者の中で、改悛の姿勢が明らかに好転したのは95％、良き改造者に評定されて減刑を受けたのは35％、刑務所からの表彰を受けたのは52％に達したという。

（3）作業による改造と方法

中国刑法では「有期懲役、無期懲役を言い渡された受刑者は……労働能力を有するものであれば、労働に参加し、教育および改造を受けなければならない」（第46条）と定められている。また、『監獄法』も「労働能力を有する受刑者は必ず労働に参加しなければならない」（第69条）、「監獄は受刑者の個人的状況に基づき、合理的に労働を組織し、当該受刑者が悪習を矯正し、労働習慣を養成し、生産技能を学びとり、かつ釈放後の就業の条件を創造させる」（第70条）と定めている。ここにいう労働は日本の刑務所で行われる作業に相当すると思われるが、中国ではそれを受刑者に対する改造の手段として使っていることに特徴がみられる。

つまり、受刑者が刑務所で作業すなわち労働に参加することは刑罰執行の一環であり、法定的な事務である。受刑者は作業に従事する能力さえあれば、本人の意思を問わず作業に参加しなければならないという強制力に拘束される。ただし、受刑者が参加する作業は、普通の企業で行われる営利的な経済活動とは違い、その目的は受刑者をして、作業への参加を通して自分の罪を認識させ、改悛させるように努めることにある。したがって、刑務所での作業には受刑者を改造する役割が寄せられている。

しかし、中華人民共和国が建国された直後から、労働を通して受刑者を改造する方針が導入されて以来、刑務所の作業を受刑者に対する懲罰とみなしたり、刑務所の経費不足を補塡する財源の一つとしたりする傾向がみられる。その傾向はいまだに完全に是正されていないようである。呉宗憲によると、現在中国の刑務所で行われている作業は、①国民の日常生活用品を製造する作業、②橋梁、道路、建築の建設に従事するインフラ整備作業、③刑務所内の施設の維持に従事する作業、④図面の作成や翻訳等が含まれる技術的作業、⑤知識の勉強を含む職業技能を習得する習芸作業に分類されているが、前記5種類の作業中では①と②が最も多く、ほとんどの刑務所に①の作業のための工場が設けられている。そして、作業量が不足する一部の刑務所以外では、ほとんどの受刑者が1週間に作業に参加する日数は6日間に及んでいるという。

『監獄法』公布後、刑務所の管理機関はその制度の改善、整備のために努力を繰り返し、その傾向を変えようと努めた。たとえば、ここ数年来、ほとんどの刑務所は1週間の日課を5日間作業＋1日間勉強＋1日間休憩と設定し直した。しかし、受刑者が作業に費やす時間は依然として多すぎるのではないかと指摘されている。

3　未成年受刑者に対する行刑および改造

(1) 未成年受刑者に対する行刑および改造の特徴

未成年受刑者は法律を犯し、有罪と認定され、有期懲役または無期懲役、死刑・執行猶予2年の判決を言い渡された以上、受刑者であることは成年受刑者と変わりがなく、刑罰の執行を受けなければならない。他方、未成年受刑者は身体的、心理的などの面で未熟であるため、刑罰執行の場合には成年受刑者と異なる方法をとる必要があると考えられる。したがって、前述したとおり、中国の『監獄法』および『未成年者保護法』はともに未成年受刑者の刑罰執行について教育による改造を主に、刑罰を副次にする方針を定めたのである。その方針を具体化したのは『未成年受刑者管理教育所の管理規定』である。同規定および未成年受刑者管理教育所の実状を成年受刑者の監獄と照合してみると、未成年受刑者に対する行刑および改造は、入所教育や退所教育などの面で同じような部分もあるが、下記のようなところに特徴がみられる。

▼未成年受刑者の参加する作業への規制

前記管理規定第43条では「未成年者を組織して作業に参加する場合に、作業の種類、労働の強度、安全保護などの面で国の関連規定を厳しく遵守しなければならず、未成年受刑者をして重労働または危険な作業に参加させ、管理教育所以外のところで作業に参加させてはならない。16歳未満の受刑者は作業に参加させない。作業に参加する時間は1日に4時間、1週間に24時間を超えてはならない」と規定されている。事実上、ほとんどの管理教育所は1週間の作業時間を20時間以内に抑え、夜間作業を行わないようにしているという。

また、未成年受刑者管理教育所の作業は職業訓練を兼ねており、受刑者が釈放後の就職に備えるための狙いが含まれている。たとえば、北京市の場合では未来の就業情勢と個人の興味を考えて、所内でアパレル、家電製品の維持修理、電機加工、パソコンのデータ入力、冷却制御、美容などの技術養成クラスを設けて、未成年受刑者がこれらのクラスで作業をしながら職業の訓練を受けるようにしている。その結果、毎年約１４０人の未成年受刑者が作業を通して技術を学び、試験によって社会に認められる資格証書を取得したという。[27]

▼未成年受刑者に対する文化教育の保障

同管理規定によれば、未成年受刑者管理教育所は受刑者に対し教育を行う場合に、地元の教育管理機関と提携し、教育の経費、教員の研修、授業業務の指導、試験、卒業証書の交付などの面で支持を受けなければならない。管理教育所は収容者人数の４％の比率で教員を配置し、教員は国の規定に合致する学歴のある刑務官に委嘱しなければならず、受刑者への教員の委嘱が禁止されている。管理教育所では未成年受刑者の文化程度に応じて非識字者一掃、小学校、中学校ないし高校の教育を行い、年次に分けてクラスを設け、認定された教科書を使って授業を行わなければならないと定められている。

これらの教育を行うために、管理教育所は講義棟、実験棟、図書室、運動場などの施設を設け、講義用器具、図書資料および文化、体育に必要とされる器材を配備し、各監区には談話室、閲覧室、活動室を設置しなければならない。なお、教室での授業時間は1週間に20コマ、年間１０００コマを下回ってはならず、その中に、文化および技術の授業に使われる時間は総コマ数の70％を下回ってはならない。このような教育を受け、試験に合格した場合に、地元の教育機関または労働行政機関は相応する卒業証書または資格証書を交付しなければならない。たとえば、広東省未成年受刑者管理教育所に設置された廣東育新中学校では非識字者一掃クラス、小学3年次から中学3年次のクラスを設け、数学、国語、社会、自然、体育、歴史、物理などの授業を行い、試験合格者に中学校の修了証書を交付しているという[28]。

文化教育のほかに、未成年受刑者に対し、犯罪の事情、刑期、心理および反省改悛の態度に応じて刑務官は教育改悛責任制を実行し、対症療法的な個別教育を行うとともに、生活常識の教育も展開し、受刑者に生活自律の能力を養成させる。また、受刑者に対し、生理、心理に関する健康教育を行い、心理テスト、心理カウンセリングおよび心理矯正を行うために、多くの未成年受刑者管理教育所では心理矯正機関を設けた。

▼未成年受刑者に対する寛容的な管理およびプライバシーへの保護

まず、未成年受刑者に対して、法定の場合に手枷を使用することができるのを除き、原則的には足枷、手枷、捕縄、電気警棒といった戒具を使ってはならない。次に、親族との接見時間と回数は成年受刑者より多めに設定されている。改悛の情状が著しい受刑者については親族と一緒に会食することが認められ、接見の時間も24時間以内に延長される。さらに、許可を受けた場合に、親族またはその他の後見人と電話で通話することが認められる。直系親族が重病を患い、死亡した場合に、またはその他の事変が生じたとき、所長の許可を受け、帰省が許可され、自宅での滞在時間を最長で1週間認める。なお、未成年受刑者の健康を守るために、適切な日程を作り、1日の睡眠時間は8時間を下回ってはならないと刑務所に要求されている。

未成年受刑者のプライバシーの保護については次のような規定が設けられている。「未成年受刑者に関する身上の資料は適切に保管し、それを公開したり、教育管理の従事者または取調の担当者以外に漏洩したりしてはならない。未成年受刑者に対する取材、記事は省レベルの監獄管理局の許可を受けなければならず、かつ取材・記事の対象者の氏名、住所、写真および当該者を推測しうる資料を公にしてはならない」という。

(2) マルチメディア教育による改造の促進

最近、多くの未管所ではインターネットを利用して未成年受刑者の勉強の意欲性を刺激し、彼らに対する教育改造の効果を高める方法を模索している。北京市未管所で2013年7月に設置された全国初の「マルチメディア教育ウェブサイト——未来ウェブサイト」はその中の一例であろう。

未来ウェブサイトは拘置中の未成年受刑者向けの内部専用ウェブサイトであり、社会通用のインターネットへのアクセスは遮断されている。当ウェブサイトでは「学習を閲覧、娯楽、奨励、教育、管理と結びつける」設計の理念を基に、「閲覧型」「学習型」「協働型」に分けて、1級項目18個、2級項目55個のプログラムを設置し、内容は教育改造、獄政管理、労働改造、カウンセリングなどの改造手段および補助的教育機能が含まれる。

サイトはチェックポイント式の設問、テストの成績によるポイント交換、ポイントを持って娯楽と両替するというショッピング方式で、受刑者に電子ブック、マルチメデイア資料バンク、シュミレーションコミュニティ、映画やドラマの鑑賞などのサービスを提供し、受刑者が娯楽をしながら改造を受ける効果を求めようとするものである。

未成年受刑者がこのウェブサイトにアクセスする場合には、次のような段取りを経なければならない。

まず、カードによるアクセス。受刑者は未管所で発行されたＩＤカードを使い、未来ウェブサイトにアクセスする。この場合に、システムは自動的にカード保有者の基本情報およびポイントを含む情報が読み取れる。

次にウェブサイトを利用するとき、スタート画面が開かれたら、刑務所の規程および紀律、行為規範に関する5つの問題を解かなければならない。これをクリアしなければアクセスができない。しかも、このチャンスは1日に5回しか与えられない。これをもって受刑者に身分意識と遵法意識を強化させる。

最後にポイントを楽しめるウェブの内容と連動させる。つまり、ウェブサイトでは、司法省が編纂した『法律の常識教育』『公民の道徳教育』および『反省改悛教育』と題する教科書、北京市監獄局により編纂された『光明行』というシリーズの内容を基に作成されたデータベースを設けており、ランダム方式で試験問題を編成することができる。利用者は難易度の異なる試験問題に対する正解率によって相応するポイントが入手できる。ポイントが多いほど格の高い娯楽と交換することができる。

未来ウェブサイトは未成年受刑者に喜ばれている。このウェブサイトの運営が始まって以来、受刑者は受け身的な学習姿勢から意欲的な学習姿勢に変わり、ポイントを少しでも多く取得するために熱心に学習するようになった。受刑者に対するアンケートによれば、98・7％のものが未来ウェブサイトに非常に満足していると答えた。刑務官もウェブサイトの学習型項目の利用状況から受刑者の教育改造の現状を把握し、協働型項目の利用状況を通して受刑者の思想、心理的状態を分析し、受刑者によりよく適応する教育改造の内容を充実させ、教育の方法または方式を適時に調整することができる。[29]

4　コミュニティ矯正の導入

(1) コミュニティ矯正とはなにか

コミュニティ矯正とは受刑者を収監せずに、普通のコミュニティで刑罰を執行する活動である。つまり、コミュニティ矯正の条件に合致する受刑者をコミュニティが受け入れ、専門の国家機関が、関連する社会団体および民間組織ならびにボランティアの協力を受け、受刑者の犯罪心理および行為の悪習を矯正し、彼らを順調に社会に復帰させるように促すことである。

この非監禁型の刑罰執行は2003年から18の省で実験を始め、2009年に全国範囲に広げたものである。2004年5月9日、司法部は『司法行政機関コミュニティ矯正業務の暫定弁法』(司法通［2004］88号)を公布し、コミュニティ矯正の適用対象、矯正機関および職員、矯正の実施方法等について規定を設けた。以下はそのシステムの概要を説明しておきたい。

暫定弁法によれば、コミュニティ矯正を受ける対象者は下記の5種類とされている。

①管制刑を言い渡されたもの。

②有期懲役・執行猶予を言い渡されたもの。

③当分の間監獄外執行との許可を受けたもの。その中には(1)重病を患い、保証付きで刑務所外の

病院通院を必要とするもの、（2）妊娠中または自分の嬰児に授乳している女性受刑者、（3）生活が自ら処理できず、当分の間監獄外執行を適用しても社会に危害を及ぼさないもの、が含まれる。
④仮釈放（仮出獄）を裁定されたもの。
⑤政治権利が剥奪され、刑務所外で服役するもの。
矯正期間については、前記①と⑤の場合には言い渡された実際の刑期、②と④の場合には執行猶予または仮釈放の考査を受ける期間、③の場合には裁定された監獄外執行の期間とされる。

(2) コミュニティ矯正機関、職員とその職責

コミュニティ矯正機関は業務取扱機関と実施機関に分けられる。省（自治区、直轄市）、市（地区、州）および県（市、区）レベルの司法行政機関内にコミュニティ矯正業務指導小組事務局が設けられ、同級コミュニティ矯正業務指導小組の業務取扱機関として、関連する法律、法規および規程の実施を指導、監督し、関係機関と提携してコミュニティ矯正業務中の重要問題の解決を図り、当該地域のコミュニティ矯正業務の実施状況を検査、考課することに責任を負う。

郷・鎮および街道の司法所は矯正業務の実施機関とされ、下記の職責が与えられている。
①監禁の刑罰執行に関する国の関連する法律、法規、規程および政策を実行すること。
②被矯正者に対して管理を実施し、警察機関と合同で被矯正者に対し監督および考察を行うこと。
③被矯正者に対し査察を行い、査察の結果に基づき賞罰を実施すること。
④関連する社会団体、民間組織および矯正ボランティアを組織して被矯正者に対し各種の形式によ

る教育を展開し、被矯正者が遭遇した困難と問題の解決を応援すること。

⑤労働能力のある被矯正者を組織して公益労働に参加すること、などがそれである。

前記機関の職員以外に、矯正ボランティアもコミュニティ矯正の業務に加担することができる。前記暫定弁法によると、矯正ボランティアになるには次のような条件を満たさなければならない。

①法を擁護し、法律を遵守し、品行が端正であること。

②コミュニティ矯正業務に熱心であること。

③ある程度の法律および政策の識見、文化素質および専門知識を有すること。

前記の条件を有するものは、住所地の街道、郷・鎮司法所へ申し込んだうえに、司法所により県級司法行政機関に届け出て委嘱状の交付を受ける。

（3）コミュニティ矯正を実施する手続

コミュニティ矯正業務は二つの段階に分けられる。

一つ目は被矯正者を受け入れる段階である。

決定権機関はコミュニティ矯正の適用者を決めた場合に、その法的文書を被矯正者の受け入れ予定地の警察機関または司法所に送達し、被矯正者は裁定または判決があった日から7日以内に指定されたコミュニティへ出頭しなければならない。司法所は被矯正者の身分と法的文書をチェックしたうえに受け入れの手続を行う。この場合に、被矯正者は登記表を記入し、保証書を提出する。続いて司法所は被矯正者の個人ファイルを作り、被矯正者に対し面談教育を行い、矯正を受ける期間の権利および義務等を告知し、被矯正者の犯罪の原因、犯罪の種類、危害の程度、反省改悛の態度、家族および親族関係等の状況を全面的に把握し、総合的に分析を行ったうえに、被矯正者の類別に応じて、対症療法的な矯正計画および措置を練り、かつ矯正結果および需要に基づき適時にその内容を調整することとなる。

二つ目は具体的な矯正の実施段階である。

前記司法部の暫定弁法によると、矯正の内容および手段は下記のようなものが挙げられる。

①研修、講座、見学、社会活動への参加等の方法をもって、被矯正者に対し社会情勢・政策・法制・公民倫理に関する教育を行う。

②被矯正者と個別面談を行い、恒常的な個別教育を行う。

③毎月、被矯正者の思想状況を分析し、重大な事件が生じた場合に、随時に情報を収集して分析を行い、そのうえに対症療法的な教育を行う。

④専門家を招いて定期的に被矯正者のためにカウンセリングを提供し、心理健康の教育を行う。

⑤社会団体およびボランティアを組織して被矯正者に対し応援教育活動を行うとともに、被矯正者の親族を通して教育を強化する。

⑥公共益に合致し、被矯正者の能力が及ぶ範囲内で、操作性が強く、監督検査が行われやすいという原則の下に、労働能力のある被矯正者を組織して公益活動に参加する。

⑦関係機関と団体と提携して被矯正者のために職業訓練および就職指導を行い、条件を満たす被矯正者に最低生活保障の福祉を提供する。

矯正の効果を高めるために、司法所は考課制度を整備し、被矯正者の罪への反省・改悛、規律や法律に対する遵守ぶり、学習労働の態度などについて考査評定を行う。考査評定の結果に基づき、矯正姿勢の良好者を表彰し、法定条件を満たしたものについては減刑の勧告を提出する。他方、法律、法規およびコミュニティ矯正の関連規定に違反したが、新しい犯罪を構成しない被矯正者に対しては、情状に応じて警告を出すか、関連機関に対し警告、過失の記録、治安処罰、執行猶予の取消、仮釈放の撤廃または収監執行などの勧告を提出する。

矯正期間が満了した場合に、被矯正者は法定手続に基づき矯正を終了する。

コミュニティ矯正が実施されて以来、多くの受刑者は収監されずに、コミュニティで矯正を終了して社会に復帰した。２０１３年11月現在に至って、全国各地のコミュニティでは累計１７０万７０００人の受刑者を受け入れ、延べ１０４万人が矯正を解除されたという。コミュニティ矯正を受けているものが拘置中の受刑者に占める比率の半分を上回ったところさえ現れた。河南省がその中の一つとされている。これはコミュニティ矯正制度が各地に受け入れられている証左といえよう。[30]

第10章 公務員制度はどのように運営されているか

1　公務員制度の導入

(1)「幹部管理」制度から公務員制度へ

▼科挙の廃止と近代文官制度への取り組み

1905年、清朝政府は科挙試験の廃止を決定し、1300年以上も続いた科挙試験を基盤とする伝統的な官僚制度にピリオドを打ち、近代的官僚制度の整備に関する模索を始めた。しかし、この試みは始まって間もなく、辛亥革命が勃発して挫折した。1912年に成立した中華民国はこの模索を継続し、試行錯誤を繰り返しながら、1930年代に入り、新しい文官制度が一応確立した。この制度には高等文官試験と普通文官試験が導入され、任用は薦任官、委任官、簡任官に分けられていた。ただし、この制度は導入されてから数年間しか実行されなかった。そして、国民党による一党支配の必要により、文官試験による任用は徹底しなかった。1937年以後、日本軍の中国に対する全面的な侵略により、国民党政府は首都まで陥落され、首都を南京から重慶へ移さざるを得なくなり、この制度は全国範囲内での実施ができなくなった。また、1946年から中国共産党との国内戦争により実質上停止した。

▼「幹部管理」制度の登場

1949年、中華人民共和国の成立後、政権を掌握した共産党は国民党の文官制度を廃止し、革命戦争時代からソビエト共和国連邦の制度を参考に根拠地で実施してきた幹部管理制度を全面的に採用し、中国の伝統的官僚制度や工業先進諸国で実施されている公務員制度および国民党時代で整備されつつあった文官制度と異なる社会主義的な官僚制度、いわゆる「幹部管理制度」を樹立してその整備に取り組んだ。

建国直後、ソ連一辺倒の政策を国是とした中国指導部はソ連の「ノーメンクラツーラ」（中国語訳：社会名流名録）制度をそのまま導入し、1953年11月に『幹部管理の業務強化に関する中共中央の決定』を公表し、「中央および各級の党委員会組織部の統一管理下において中央および各級の党委員会の各部により幹部管理を分担する制度を逐次に整備していく」方針を決めた。

▼幹部の分類と「幹部職務表」に基づく幹部の管理

同決定は初めて全国の幹部を9種類に分け、それぞれ党委員会の組織部により管理されることにした。表10－1はそれを示すものである。

この分類はその後数回修正が加えられたが、幹部の分類に基づく管理の体制には変わりがなかった。

表10－1　幹部の分類表

番号	類 別	主管機関
1	軍隊幹部	軍事委員会の総幹部部、総政治部および軍隊の各級幹部部、政治部
2	文化教育業務の幹部	党委員会の宣伝部
3	企画・工業業務の幹部	党委員会の企画部、工業部
4	財政・貿易業務の幹部	党委員会の財政部、貿易業務部
5	交通・運輸業務の幹部	党委員会の交通部、運輸部
6	農業・林業・水利業務の幹部	党委員会の農村業務部
7	統一戦線にかかわる幹部	党委員会統一戦線部
8	政法業務の幹部	党委員会の政法業務部
9	党および大衆業務の幹部と上記8種類以外の幹部	党委員会の組織部

注釈：7番の分類は矢吹進「私の文革『体験』――シンポジウム『レンズが撮らえた文革』に寄せて」の名称を借用しているが、原文には「少数民族・宗教界の党外上層部の代表的人物、各民主党派および無党派の民主人士、華僑民主人士、商工業界の代表的人物、協商機関・民主党派機関・商工業連合会・仏教協会・イスラム協会・回民文化協会の機関幹部」となっている。
（出典：中央文献研究室編『建国以来重要文献選編』第4冊［新華書店発行、1993年7月、573頁］の内容をもとに筆者作成）

これを受けて、1955年1月に、中共中央は正式に「中共中央の管理する幹部の職務名称表」の決定を公布し、党の最高指導部が管理する幹部の範囲を決めると同時に、各級の党委員会が管理する幹部の職務名称表の制定を指示した。この職務名称表は1980年、1984年、1990年および1998年の4回にわたる修正を受けて現在に至っている。そのために、共産党中央および各級の党委員会が管理する幹部の職務の範囲はときには4級下まで、ときには3級下、2級下および1級下まで管理するといったように時期によって異なったが、1998年の修正では中央管理の幹部は次の9種類となっている。すなわち、①中国共産党中央直属機関・機構の指導幹部職務類、②中国共産党中央紀律検査委員会幹部職務類、③中華人民共和国中央国家機関指導幹部職務類、④中央の管理する社会団体の指導幹部職務類、⑤中央の管理する地方党政指導幹部職務類、⑥中央の管理する国有重点企業（53社）指導幹部職務類、⑦中央の管理する国有金融指導幹部職務類、⑧中央の管理する大学の指導幹部職務類、⑨中央の管理するマスメディアの指導幹部職務類、などがそれである。それ以外に、直接管理はしないものの、指名、決定段階に中央の意見を伺い、任命後はその名簿を中央に届け出なければならないという職務表も出されている。

▼「幹部管理」制度の特徴

このような管理制度において、次のような特徴が挙げられる。

まず、共産党による幹部管理の徹底さである。前述したように、1級の党委員会の管理する範囲および権限には伸縮性があるものの、共産党の手から幹部管理の権限が離れたことはない。

次に、幹部の範囲が森羅万象である。前記幹部分類表からわかるように、ほとんどすべての分野の職員が幹部とされている。その時代では労働組合の職員は組合幹部、技術者は技術幹部、会社の役員は企業幹部、医者は医療幹部、ジャーナリスト等は宣伝幹部、俳優は芸術幹部と呼ばれていた。

さらに、幹部の採用では政治優先主義と学歴本位主義がとられていた。前者については、共産党についていわゆる革命事業に携わったすべてのものに幹部の身分を与え、農民、労働者の優秀分子から幹部を抜擢することはその証左であり、後者については高等専門学校、短大、大学卒の学生は、政治的な問題を持つもの、本人が幹部になりたくないと拒否するものを除き、自動的に幹部の身分を取得することになる。ただし、その代償として勤め先や勤務地の選択権は与えられておらず、すべて人事管理機関の配属企画に従って赴任しなければならない。

最後に、幹部の任用等において強直的で、個人の意思が無視される。幹部は一旦配属されると、人事機関からの配置換え以外に、現勤務先から他の勤務先への異動はほとんど不可能である。死ぬまで同じ部局で勤務を余儀なくさせられたものが少なくなかったと思われる。

▼公務員制度導入への取り組み

1970年代の後半に入り、中国は改革開放政策を導入し、市場経済にシフトするとほぼ同時に、幹部管理制度を全般的に見直し、市場経済のシステムに適応するような官僚制度の確立と整備に着手し、1990年代の前半には国家公務員制度の導入のための実験を開始した。

1993年10月に国務院により公布された『国家公務員暫定条例』をきっかけに、「幹部」という用語はいまだに使われているものの、数十年間実行してきた「幹部管理制度」は遂に終止符を打たれ、近代的な公務員管理制度の実験、整備に取り組むようになった。1995年2月に中共中央はまた『党政指導幹部の選抜・任職業務の暫定条例』を公布し、公務員の幹部職員の選抜、任職についてこれまでと異なる方法や仕組みを導入し、幹部職員の選抜・任職に関する公開性、競争性を高めようとした。その規定によると、幹部職員の選抜・任職は今までの党委員会のブラックボックスの作業を見直し、民主的推薦を行い、組織による考課・考査を経て、試験を施し、党委員会で決定するという「推薦試験制」を実行するようになった。これも試行錯誤を経ながら、幹部職員の『公開選抜』と『競争による任用』という2つの方式に定着しつつあり、2002年7月に中共中央組織部による『党政指導幹部の選抜・任職業務条例』の公表をもって幹部職員の昇進昇格の仕組みが落ち着くことに至った。このようにして、12年の実験を踏まえ、2005年4月に『公務員法』が制定され、異色の公務員制度が整備された。

(2) 公務員の範囲

しかし、中国には独自の国情があり、公務員という名称は同じであっても内容はユニークなところが存在している。

まず、中国の公務員の範囲をみよう。『公務員法』第2条によれば、中国の公務員は3つの要素を満たさなければならない。すなわち、公職を履行すること、国の行政定員に属すること、国の財政によって給与、福祉が負担されることがそれである。しかし、この規定は曖昧で、公務員の範囲がよくわからない。それを明らかにしてくれたのは、公務員法の起案業務を実際に担当した中共中央委員会組織部、国家人事部、全人代常務委員会法制業務委員会、国務院法制弁公室による合同編集、人事部大臣張柏林が主編を務めて刊行した『中華人民共和国公務員法(釈議)』である。それによると、中国の公務員には下記のような7つのカテゴリーが含まれている。

第一は中国共産党の系列機関に勤務する職員である。共産党は永年政権党として、中共中央をはじめ、郷・鎮以上の地方各級政府と対応して共産党の地方委員会、および紀律検査委員会が設置されている。これらの党機関には党務を取り扱う業務機関が置かれている。業務機関の数はランクによって違うが、中央には弁公庁、組織部、宣伝部、統一戦線部、対外連絡部、政策研究室、党史研究室などがある(図1-1参照)。これらの業務機関に勤務する専従党務職員は公務員とされるのである。ついでに党の機関に勤務する公務員は共産党員でなければ採用されない。

第二は人民代表大会の系列の機関に勤務する職員である。中国の人民代表大会は形式上、外国の議会に相当し、政府が設けられている郷・鎮以上の各級人民政府と対応して設置されている。常務委員会の委員長と不特定数の副委員長および常務委員会の業務機関として設置されている事務局に勤務する職員はみな公務員である。

第三は国務院から郷・鎮までの行政府の機関で勤務する行政職員である。これは公務員の主な部分をなしているものであり、人数が最も多い。

第四は全国人民政治協商会議系列の職員である。政治協商会議は中国特有のもので、それを設立する狙いは各階層のエリートを政府の協力者として抱き込むことにあると思われる。政治協商会議は「飾りの花瓶」と皮肉られているとはいえ、国政の組織として存在している以上、日常の業務を取り扱う業務機関も設置する必要があるので、一部分の専従リーダと事務職員は公務員の身分を与えなければならない。

第五は最高人民法院をはじめとする各レベルの裁判機関に勤務する裁判官と事務職員である。中国は三権分立を拒否しているため、裁判機関も国家機関の一部分として扱われており、裁判官や事務職員を公務員に加えるのもあたりまえであろう。

第六は最高人民検察院をはじめとする各レベルの検察機関に勤務する検察官と事務職員である。

第七は「民主党派」と呼ばれる中国農工民主党、致公党、民革中央、九三学社など全部で8つの政党の責任者およびその業務機関に勤務する事務職員である。これらの政党はすべて新中国の樹立前に創立されたもので、共産党と手を組んで時の政権党・国民党と戦った友党であるが、現在は共産党の協力政党としての役割を果たしており、組織的活動、資金の調達、日常の運営などの面で中国共産党の指導を仰いでいる。したがって、これらの政党の責任者および政党機関に勤務する職員も公務員の中に納められている。

中国は共産党の一党支配を堅持し、共産党が国のすべてを掌握しているため、工業先進諸国の基準からみる場合には、中国の公務員の範囲は異様にみえるかもしれない。また、中国は地方自治を実施していないため、国家公務員と地方公務員の区別をしていない。なお、国有企業や国立大学、病院、研究機関など各種の事業体の職員が公務員から排除されている。そして、前記のカテゴリー中の一部分のものは公務員とされながらも公務員法の適用を受けないことになっている。そのため、公務員法第3条第2項では「指導構成員の選出、任免、監督または裁判官、検察官等の義務、権利およびその管理については別に規定がある場合はそれに従う」と規定したのである。ここでいう「指導構成員」とは選挙により就任しなければならない正・副職の責任者を指すのである。これは、範囲はやや狭いが日本の特別職公務員に似ている。ただ、日本は国会議員や地方議会議員は特別職公務員、いわゆる政治家とされているが、中国ではそのような区別がなされていない。また、統計上では中国の公務員は広義の公務員と狭義の公務員に分けられ、狭義の公務員は国務院をはじめとする各レベルの行政機関に勤務する職員のみを指し、広義の公務員は前記7つのカテゴリーを含むものである。前者は約500万人で、後者は1053万人にも及んでいるという。

(3) 公務員の分類と等級

公務員は職位の性質、特徴および管理の必要性から総合管理職、専門技術職、法規執行職に区分され、さらに総合管理職は指導職と非指導職に分けられている。指導職は国家級正職、国家級副職、省・部級正職、省・部級副職、庁・局級正職、庁・局級副職、県・処級正職、県・処級副職、郷・科級正職、郷・科級副職を設けている。

非指導職については庁・局級以下に設定されており、高いレベルから数えると、巡視員、副巡視員、調研員、副調研員、主任科員、副主任科員、科員、事務員と分けられている。指導職と対応すると、巡視員は局級正職、副巡視員は局級副職、調研員は県・処級正職、副調研員は県・処級副職、主任科員は郷・科級正職、副主任科員は郷・科級副職にそれぞれ相当する。

公務員は1級から15級に分けられ、職務と等級との対応表は附表13のとおりである。この対応表からわかるように、中国では公務員だけでなく、国有企業を含むすべての公職は公務員の等級と対応している。お寺の和尚でさえ、自分の名刺に司・局長級とか、県・処長級とか記す現象が生じた。これは中国社会が官本位、すなわち行政を中心に運営されている社会と皮肉られる原因であろう。

2　公務員の管理と任用

(1) 公務員の管理原則と管理機関

中国では、公務員の管理原則は工業先進諸国の「不偏不党」の主義主張を退け、共産党の指導を貫いている。そのため、公務員法第4条は次のように定めている。「公務員制度については、マルクス・レーニン主義、毛沢東思想、鄧小平理論および『三つの代表』という重要な思想をもって指導する旨を堅持し、社会主義初級段階の基本的路線を貫徹し、中国共産党の幹部路線および方針を貫徹し、党が幹部を管理するという原則を堅持する」と。これは「共産党による幹部管理」の原則が公務員管理にも適用されている証左である。

共産党による幹部管理の原則を明文化したのに対して、公務員の管理機関については明確な規定を避け、ただ「中央の公務員主管機関」と「県以上の地方レベルの公務員主管機関」に分け、中央の公務員主管機関は全国の公務員の総合管理に責任を負い、地方の公務員主管機関はそれぞれ当該地域の公務員の総合管理に責任を負うとの規定に止まった。

しかし、事実上、中国の公務員主管機関は共産党委員会の業務機関の一つである組織部と政府機関の一つである人事部局とされているが、各自の業務分担について人事部局では非指導職の主任科員以下の公務員の入り口の採用試験や公務員管理に関する職位の分類、考課、賞罰、職務の昇降格、人事異動、研修、給与福祉、退職免職、不服申立の受理、定年退職など日常の人事管理業務を担当し、組織部では公務員管理の方針、政策の決定ないし指導職公務員と非指導職副調研員以上の公務員の昇進に関する選抜、考査、試験、面接および任用決定等を担当することとなっている。政府系の人事部局は共産党系の組織部の事務扱い機関と揶揄されているが、共産党の地位は立法府、行政府および司法府より優位とされているため、これは「共産党による幹部管理」の原則の具体化であろう。

(2) 公務員の採用と考課

幹部管理制度と比べれば、公務員制度の最も大きな相違は採用試験が行われていることであろう。

主任科員以下の公務員を採用する場合は、必ず採用試験を経なければならない。試験は筆記試験と面接試験の2通りとなっており、主催機関は中央官庁の場合には政府系の人事管理機関、地方役所の場合には省級政府の人事管理機関と区別されている。試験内容と方法は諸国と共通するものが多く、詳しい説明は省いておく。

公務員は1年の試用期間を経て正式な公務員として採用された後、毎年勤務考課を受けなければならない。考課の内容は徳性、能力、勤勉性、業績および廉潔性の5方面が含まれている。徳性とは公務員の政治的態度、品行および遵法精神、職業のモラルや社会的公徳に対する遵守状況等の内容を指す。能力とは公務員の業務力、技術力および管理能力等を指す。具体的にいえば文化知識、専門知識、勤務経歴といった学識、指導力、協調性や監督力といった業務能力などが含まれている。勤勉性とは公務員の勤務態度や出勤率および努力ぶり等を指す。廉潔性とは公務員の公正公平精神の堅持、不正腐敗を防ぐ自制心等を指す。

考課の方法は平時考課と定期考課に分かれているが、平時考課は定期考課の基礎となる。平時考課は監督者が随時に部下の勤務状況を評価することであり、定期考課は年度考課とも呼ばれている。定期考課は非常設の考課委員会または考課小組により政府または業務機関の責任者の指導のもとに独自に行われる。

定期考課は基本的には次のような段取りで展開されている。まず、考課を受ける公務員は自らの勤務に関する総括または職務遂行報告を作成し、主管上司に提出する。次に、主管上司は当該公務員周辺の職員の評価意見を聞き取ったうえでコメントを書き、評定のランクに関する意見を提出する。さらに、考課委員会または考課小組は審査と調整を行ったうえに、考課の書類を機関の責任者に提出し、評定のランクを確定させる。最後に書面で考課の結果を本人に通知する。公務員は考課結果に異議がある場合には書面で再議を申し出ることができる。

定期考課の結果は優秀、職務適格、基本的職務適格（中国語名：基本称職）、職務不適格といった4つのランクに分けられる。この考課の評定ランクは公務員の職務、級別、賃金ならびに報奨、研修ないし免職の根拠とされる。考課で優秀、職務適格と評定されたものは昇進の資格を有し、特に優秀と評定された場合は報奨を受けるとともに優先的に昇進を受ける。それに対し、職務不適格と評定された場合には職務階級を1つ降級して任職することとなる。なお、実際の運用上、職務不適格の評定を2年続けて受けた者は免職される。

公務員の考課結果は公務員の職務の昇降のみでなく、公務員の身分が維持できるかどうかにかかわる重大な問題なので、考課の結果を気にしない公務員はいないだろう。したがって、公務員の考課は公務員の競争・向上心を刺激する役割がある一方、公務員を取り締まる手段としても使われかねないので、公務員間の相互不信を助長するマイナスの面も囁かれている。

(3) 公務員の任職

公務員の任職手続は選任制と委任制が定められている。

選任制とは法律により選挙を経て就任しなければならないと定められた職務への任職である。中国憲法および各種の国家機関組織法ならびに中国共産党規約の規定によれば、最高人民法院、最高人民検察院を含む各種の国家機関の党政指導幹部をはじめ、地方各級人民政府の首長、副首長ならびに地方政府構成機関の長、中国共産党中央委員会の指導部および地方各級の党委員会の指導部の構成員等は、それぞれ所定の手続に基づいて選挙を受けなければならない。

中国は普遍・直接選挙を行っていないため、国民の目に映るその選挙は信任投票のようなものに過ぎず、選挙の結果に対し懐疑的なまなざしが向けられている。選挙の正当性を求め、国民からの信用を勝ち取り、かつ選挙過程中のブラックボックスの操作を減少ないしなくすために、中国政府は指名の段階で改善の措置を講じ、候補者の指名作業を透明化、公開化、手続化するように工夫している。中共中央組織部が公表した『党政指導幹部の選抜任用の業務条例』によると、この候補者指名作業は民主的推薦、組織による考査、協議、集団による討議決定、公示等の手続を経なければならないとなっている。そして、指名を受ける候補者は任職予定の職務によって勤務経歴、職位数の経験、学歴要求、政治的素質等の要求もきめ細かく設けられた。

とにかく、この選任制を通して就く職務は日本の政治家が就く職務に相似するものも多いと思われるが、直接選挙を行う日本と違い、中国はあくまでも中国共産党の主導の下に間接選挙によって選ばれている。候補者選定段階に推薦者の範囲を広げ、考査に候補者周辺の人々の意見も聞き取り、討議決定に機関のナンバーワンの決定権を制限し、集団討議を経て投票で決める表決制を導入し、さらにその候補者を公示して社会一般からの意見も求めるといった選定手法はコップ内の民主化といわれてもしかたがないが、これまでと比べれば一歩前へ進んだとも評価できよう。

委任制とは選任制を必要としないすべての職務に適用される任用手法である。委任制公務員は任職期間中に任命権者によって適材適所の方針のもとに、配置換え、留任、昇任、昇格、降格、免職などの形で特定の職務に任用される。

（4）公務員の交流

中国は公務員の交流制度を実施している。公務員法によると、公務員の交流は調任（出向）、転任、掛職鍛練（職務留保付きの出向）など3つの方式がとられている。

▼調任（出向）

国家行政機関以外の職員が国家行政機関に入り指導職または助理調研員以上の非指導職を任職し、または国家行政機関の職員が国家行政機関を離れ、行政機関以外の機関で任職することは調任と呼ばれている。出向は行政機関への出向と行政機関からの出向が含まれ、条件や資格がそれぞれ異なる。

行政機関への出向は次のような条件が必要とされている。まず、定員内の該当する職位に空席がなければならない。次に出向の候補者に対し厳格な考査を行い、任職予定の職務に必要とされる徳性、業務能力および相応する資格要件がなければならない。必要がある場合は候補者に対し筆記試験または面接試験を施すことができる。最後に、出向の受け入れ機関は公務員の管理権限に従い、出向の候補者に対し審査、承認の手続をとらなければならない。なお、行政機関への出向の資格を有する者は国有企業、国有事業体、人民団体および大衆団体で公務に従事する職員となっている。

行政機関からの出向は二つの方式による。一つは公務員の総合管理機関が当該機関の公務員の構成状況および公務員管理の必要性を踏まえ、計画的に一部分の公務員を非行政機関の関連機関に送り出して任職させる。この場合の関連機関とは当該行政機関と繋がりを持つか、配属下にある国有企業や人民団体および事業体などが考えられる。他の一つは公務員個人が自分の特長、才能、専攻および個人の都合で申請をし、関係機関の許可を受けたうえに非行政機関で任職する形である。行政機関からの出向者は公務員の身分を失うことになる。

▼転任

これは公務員管理機関または任命権者が業務の需要に従い公務員の職位の配置換えを指すものであり、勤務機関内部の転任と、職業や勤務機関および地域をまたぐ転任の2種類が含まれる。勤務機関内部の転任は公務員管理の日常業務としておよそ5年ごとに計画的に行われ、基本的には同じ職種の中で配置換えを受ける。

注目されるべきなのは職業や勤務機関および地域をまたぐ転任であろう。この転任は指導職の公務員を中心に行われており、中央機関と地方機関との転任、同レベル地方機関同士間の転任、地方各級行政機関系列内の転任が含まれている。

中国政府がこのような転任を計画的に、大がかりに展開する狙いは次のように指摘される。まず、中央政府と地方政府の指導職公務員の転任により、地方政府に対するコントロールが強化され、地方政府と中央政府との提携関係の構築を助ける役割が期待される。次に、同レベル地方政府間の指導職公務員の転任は管理経験の相互交流、地域間の融和促進、先進地域と後進地域との相互援助体制の構築に繋がる。さらに、家のドアから学校のドアを経て行政機関のドアに辿り着き、指導職務に就任したという若手「三ドア公務員」の中央機関から地方政府への転任は彼らに地方の事情を理解させ、国の多様性を認識させ、全国的視野を持たせ、業務処理能力を向上させる面では大きな役割が期待されている。他方、地方行政機関の公務員を中央機関に転任させることは、地方機関で勤務する公務員の見識を広め、業務能力を向上し、地方の公務員にさらなる昇進の道を開く奨励的役割が期待される。最後に、公務員制度につきものともいわれている縄張り主義、事なかれ主義、閉鎖主義、保守主義などの弊害が打破され、開放的なシステムの構築に寄与するのではないかと思われる。

ここ十数年来、数多くの若手指導職公務員を中央の各機関から地方各級の政府機関に転任させ、地方機関の職員を中央機関に任職させるように力が注がれてきた。２０１０年だけで54の中央官庁から66名の庁（局）級の指導職公務員を地方行政機関に任職させ、同数の地方機関に勤務している指導職公務員を各中央官庁に任職させることになった。

▼掛職鍛錬（職務留保付きの出向）

これは主に末端機関の勤務無経験者の指導職公務員に適用されるもので、普通、従来の勤務機関の職務を保留するまま、下級機関に出向させ、従来のランクと同レベルの職務を担当し、期間は2年とされている。期間満了後は従来の機関に戻る。

また、省（部）級正職の公務員の地方間の相互転任も計画的に行われている。とりわけ沿海地方と中西部地域の省（部）級正職の公務員の転任は注目を浴びている。

(5) 公務員に対する賞罰と禁止事項

表10－２に掲載したとおり、公務員法には公務員に対する賞罰についての規定が設けられている。

表10－2　公務員が表彰を受ける条件と懲戒を受けるべき行為

(一) 表彰を受ける条件
①職務に忠実で、積極的に業務を取り扱い、業績が顕著である場合。 ②紀律を遵守し、清廉に公共のために奉仕し、勤務、活動の姿勢が正しく、事務扱いが公平で、模範的役割が著しい場合。 ③業務において発明創造があり、または合理化提案を提出し、顕著な経済的効果・利益または社会的効果・利益を取得した場合。 ④民族の団結を増進し、または社会の安定を維持・保護するため著しい貢献をした場合。 ⑤公共財産を保護し、国の財政の節約に著しい成績のある場合。 ⑥事故を防止し、または除去するのに功績があり、国および国民大衆の利益の被害を免れ、またはその損害を減少させた場合。 ⑦危険・災害緊急救助等の特定の環境において自身の安全さえ顧みず貢献をした場合。 ⑧法令・紀律違反の行為と闘い功績を収めた場合。 ⑨対外交流・往来において国のため栄誉および利益を勝ち取った場合。 ⑩その他の著しい功績がある場合。
(二) 懲戒を受けるべき行為
①国の名声・名誉を損なう言論を散布し、国に反対する趣旨の集会・行進およびデモ等の活動を組織し、またはそれに参加する行為。 ②不法な組織を設立し、またはこれに参加し、ストライキを組織しまたはこれに参加する行為。 ③職務をさぼり、業務に誤りを致す行為。 ④上級が法に基づき出した決定および命令の執行を拒否する行為。 ⑤批判を抑圧し、批判者に打撃を加え報復を行う行為。 ⑥虚偽を弄し、指導者および公衆を誤って誘導し、または騙す行為。 ⑦横領、贈収賄を行い、職務上の便宜を利用して自己または他人のために私利の取得を謀る行為。 ⑧政治・経済の規律に違反し、国家の資金・財産を無駄にする行為。 ⑨職権を濫用し、国民・法人その他組織の適法な権益を侵害する行為。 ⑩国の秘密または業務上の秘密を漏洩する行為。 ⑪対外交流・往来に於いて国の栄誉および利益を損なう行為。 ⑫ポルノ、薬物吸引、賭博および迷信等の活動に参与し、またはこれを支持する行為。 ⑬職業倫理または社会公徳に違反する行為。 ⑭営利的活動に携わり、またはこれに参与し、企業その他の営利的組織で職務を兼任する行為。 ⑮無断で欠勤し、または公務による出張、もしくは休暇期間が満了したのに正当な理由なしに期間を超過して帰任しない行為。 ⑯規律に違反するその他の行為。

(出典：『中国公務員法』第48条、第53条をもとに筆者作成)

報奨は特別報奨、3等功績の記録、2等功績の記録、1等功績の記録および栄誉称号の授与などのランクに分けられている。

懲戒処分は警告、過失の記録、重大過失の記録、降級、職務の取消および除名といった措置がある。公務員が処分を受ける期間に職務および等級を昇級させてはならず、過失の記録、重大過失の記録、降級、職務の取消の処分を受ける者は賃金の等級を昇級させてはならない。

また、公務員は上司の命令、指示に従う義務が定められたが、「上司の決定または命令に誤まりがあると思うときに、上司に対し当該決定または命令を是正し、もしくは取り消す旨の意見を提出することができる。上司が当該決定または命令を是正せず、または直ちに執行するよう要求した場合には、当該決定または命令を執行しなければならない。執行の結果については上司が責任を負い、当該公務員は責任を負わないこととなる。ただし、公務員は、明らかに違法な決定または命令を執行した場合には法に基づき相応する責任を負わなければならない」とも規定されており、公務員に上司の命令・決定について自主判断権と是正要求権を与えている。

なお、退職した公務員が在職期間に影響力を有していた関連企業または法人へ再就職することは禁止されている。つまり、公務員が公職から退職し、または定年退職した場合には、指導構成員であった公務員は退職から3年以内に、その他の公務員は退職から2年以内に、従来従事した業務と直接に関連する企業その他の営利的組織に再就職してはならず、かつ、従来携わった業務と直接に関連する営利活動もしてはならない。その行為をした場合には、元所属機関と同級の公務員主管機関は期限を設けて是正するよう命ずる。期限を過ぎても改正しないとき、県級以上の商工行政管理機関は当該違反者の業務従事期間に取得した違法所得を没収し、受け入れ機関に対し当該違反者を免職させるように命じ、かつ情状に応じて受け入れ機関に対し違反者の違法所得額以上5倍以下の罰金を科することができると規定されている。

3　委任制公務員の昇進制度

（1）「競争による昇進」「公開選抜による昇進」の仕組み

委任制公務員の昇進は1級ずつ昇進していくという階段式の昇進方法をとっているが、特別に優秀なもの、または業務が特段に必要とされる場合には破格の昇進が認められている。昇進の方法については伝統的な手法以外に、「競争による昇進」「公開選抜による昇進」など2つの手法がとられている。

実は、公務員法が公表される前に、中共中央は既に1995年に、『党政指導幹部の選抜・任用業務に関する暫定条例』を公表し、党政指導幹部の選抜任用の遂行を指示した。

1999年に入り、さらに中共中央組織部の『指導幹部の公開選抜の業務をよりよく行うことに関する通達』をもとに、全国の県レベル以上の政府機関は公開選抜の業務を展開するようになった。また、2000年3月に『党政の指導幹部の公開選抜に関する全国の試験大綱（試行）』が公布され、公開選抜の試験に関する規範が設けられた。このようにして2002年7月、中共中央組織部は正式に『党政指導幹部の選抜任職の業務条例』を公表し、公開選抜、競争による任用の手法を正式に盛り込んだ。

『党政指導幹部の選抜任職の業務条例』によれば、公開選抜、競争による任用についての手続は下記のとおりとなっている。

①職位、応募者の資格条件、基本的な手続および方法の公表
②応募と資格審査
③統一試験（競争による任用は民主的評価が必要）
④組織による考査、候補者の選定
⑤党委員会（党組）の討議決定
⑥試用
⑦正式な任用決定

なお、公開選抜、競争による任用に応募する基本条件としては政治的自覚、思想的傾向、業務の実績、勤務態度、政策力、組織力、企画力、文化知識、団結力、公正公平さ、不正や腐敗に対する自制心など幅広く含まれている。

公開選抜、競争による任用に応募するには下記の職歴条件および学歴条件を満たさなければならない。

①県（処）レベルの指導職の昇進に応募するものは、勤務歴5年以上と末端機関での勤務歴を2年以上有すること
②県（処）レベルの指導職の昇進に応募するものは、1級下の職位に2つ以上任職した経歴があるこ

と

③県〔処〕レベルの指導職の副職から正職の昇進に応募するとき、副職のポストに2年以上勤務した経歴があり、下級の正職から上級の副職への昇進に応募するとき、下級の正職ポストに3年以上勤務した経歴があること

④一般的には大学専科以上の文化知識を持たなければならないが、地〔庁〕司〔局〕レベル以上の指導職は普通、大学本科以上の文化知識を有すること

⑤党校、行政学院または組織〔人事〕機関が認めたその他の研修機関で5年以内に3か月以上の研修を受けたこと

公務員法第45条に定められた公開選抜と競争による任用の条文によると、競争による任用とは独立機関内設の庁〔局〕級の正職以下の指導職に空席が生じた場合に、当該機関または当該系統内に所属するものは定められた条件を満たしたとき、誰でも手を挙げてその職務の昇進を申し入れることができるという任用の手法である。伝統的な昇進手続では昇進予定者は終始受身的な立場に立たされるのと異なり、競争による任用では昇進志望者は積極的に昇進の意思を表明し、筆記試験、面接試験等を通して自分の能力を客観的に証明することによって昇進のチャンスを自ら摑むことができるところに特徴がみられる。

公開選抜と競争による任用とは基本的に同じであるが、相違は二つみられる。一つ目は昇進対象の職務が異なり、前者は独立機関としての庁〔局〕級正職以下の指導職と副調研員以上の非指導職で、後者は機関内設の庁〔局〕級正職以下の指導職であることである。二つ目は公募の範囲が異なること

である。前者は当該機関または当該系統を含む社会全体に対して行うが、後者は当該系統内部に限られる。すなわち、中央官庁の内設機関としての庁（局）級正職以下、省政府の構成機関たる庁（局）の内設機関としての処（県）級正職以下、県政府構成機関たる部局内設機関としての科（郷）級正職以下の指導職公務員は競争による任用を用いるが、省級政府構成機関の庁（局）級正職以下、県政府構成機関の部局の科（郷）級以下の正職の昇進は公開選抜を適用することになる。もちろん、中央機関の内設機関の庁（局）級正職以下の指導職公務員の昇進も公開選抜によることができる。実際に、公開選抜の昇進手法を用いて庁（局）の正副職を任用した中央官庁もある。

競争による任用と公開選抜は、公務員の閉鎖性や縄張り主義の打破、公務員人事制度における不正や腐敗の抑制ないし撲滅、公務員の向上心への刺激などの面でメリットがあると考えられる。したがって、中国共産党中央委員会弁公庁（官房）が2009年7月に公表した『2010年～2020年幹部人事制度改革の深化に関する企画要綱』では公開選抜、競争による任用の昇進手法を着実に推進しなければならないと強調し、2015年に至って、庁（局）級以下の指導職公務員の昇進はその手法によるものが3分の1を下回ってはならないと具体的な比率を定めてみせた。

(2) 末端機関在職の公務員を中央官庁に登用する試み

さらに、『2010年～2020年幹部人事制度改革の深化に関する企画要綱』は公務員の転任の一環として末端機関の優秀な公務員から指導職公務員の選抜を唱え、末端機関の勤務経験者を上部機関の公務員として登用するように工夫しなければならないと強調した。それによると、2012年に中央機関および省級機関は、一部の特殊な職位を除くすべての公務員は末端機関での2年以上の勤務経験者から採用し、2015年に中央機関および省級機関所属の業務機関の指導構成員のうち半分以上の者が末端機関で指導職を務めた経験者でなければならず、中央機関の司（局）級指導職公務員および省級機関の処級指導職の公務員の3分の2以上が末端機関での2年以上の勤務経験者でなければならないと具体的な目標を打ち出した。そして、末端機関での勤務無経験の若手指導職公務員については計画的に末端機関に転任させ経験を積ませるようにすると要求した。国家公務員局はこの精神に従い、末端機関に勤務する公務員の新しい養成システムを構築し、中央官庁の公務員の受験者構造およびキャリア構造を最適化するために、2010年から公務員の新しい転任業務を実験し始めた。その実験では外交部、教育部、農業部、文化部など11の中央機関は省級行政機関以下の機関で勤務している優秀な公務員から中央機関に転任させる公務員を30人選抜するという。

その選抜公告によると、選抜実験の応募資格者は省（自治区、直轄市）、市（地区）、県（市、区）、郷（鎮）級の行政機関で公務員の登録が済んでおり、かつ現職の郷（科）級の正副職指導職または主任科員、副主任科員を満3年以上担当した公務員であり、省級機関の公務員の場合には末端機関での2年以上の勤務経歴を持たなければならない。選抜は筆記試験と面接試験を通して行われる。

地方行政機関の低い階級の公務員から中央官庁で勤務する転任の公務員を募集する試みは始まったばかりで、募集する人数もわずかしかなかったため、地方機関の公務員にどれくらいの影響をもたらすかはまだ不明だが、公務員の入り口による職場の固定化に対する打破、末端機関の公務員に中央官庁への転任のチャンスを与えたことにより優秀な末端機関の公務員の向上心に対する大きな刺激となること、末端機関の優秀な公務員が中央機関に加わることにより中央機関の業務の健全化のさらなる促進などの効果が期待されよう。

(3) 公務員制度の課題

中国の公務員制度は本格的な運用が始まってまだ5年しか経っておらず、その実験期間を入れても20年弱に過ぎない(2014年現在)。したがって、公務員法には前記の仕組み以外に、公務員の義務および権利、養成・訓練、回避、賃金・福祉・保険、退職・免職、定年退職、不服申立、職位の招聘・任命、法的責任などの規定があり、制度としては一応整備されているとはいえる。しかし、多くの仕組みはまだ定着したとは限らず、実験を通してさらに改善していく課題も少なくないと思われる。紙数の都合でここではその主要なものだけを挙げるにとどめたい。

筆頭に挙げられるのは共産党による幹部管理の原則であろう。政党政治を実行している国ではどの国の政権党も官僚人事に影響を及ぼそうとしている。複数政党制で、政権党の交替が常態化されている工業先進諸国では、政党間の闘争が国の日常行政へ与える影響を最小限に抑えるために、不偏不党、中立公正を標榜する公務員制度または文官制度が整備されたのである。共産党の一党支配を国是としている中国では共産党が公務員をコントロールする思惑はわからないでもないが、その管理の方法には見直す余地が存在している。現状の管理手法では、各級の党委員会または党組が公務員の指導職への昇進権を握り、しかも、共産党組織内における公開性、透明性が低い地方では「党委員会のトップ=党委員会」の現象が起こり、ナンバーワンの独断で昇進者を決めてしまうという不正が氾濫している。その結果、公務員の意識が行政の上司よりも共産党の権力者に偏り、行政指揮系統の行き詰まりと行政権威の失墜に繋がりかねない。共産党は自分の権威を維持するためにも幹部管理の具体的な作業から手を離し、政策の策定、法律案の起案に専念すべきではなかろうか。

次に、公開選抜と競争による任用は人事任用における腐敗・不正を防ぎ、有能な人材の登用の面では一定の役割が期待されるが、公務員の内部秩序の維持に対するダメージも見逃してはならないと思われる。公務員は行政の専門家集団として経験の蓄積による業務能力の向上、予測可能な昇進による地位の安定をもって維持されている。事実上、公開選抜、競争による任用の昇進手法は新しい歪みを生じさせつつある。つまり、一部分の公務員はより上の階級に昇進するために、日常の業務処理をいい加減にして、精力を次の昇進のための試験準備に注ぐ現象が起きており、公務員全体の安定性および日常業務への情熱を損ないかねないと思われる。

最後に、公務員の交流制度、特に分野、機関、地域をまたぐ指導職公務員の交流は地方保護主義、セクト主義の打破、指導職公務員の視野拡大、指導能力の向上に有益だと思われるが、現実に多すぎる交流はマイナスの効果を出し始めている。たとえば、河北省邯鄲市は市民の選挙によってではなく、人事交流を通して10年間に7人もの市長を迎え入れたが、地元は旧態依然で、良い方向への変化が生じていなかったという。地方各級政府の行政トップは選任制公務員で、地元の人民代表大会で選挙を受けなければならないとなっているが、このような頻繁な交流はその選挙を無意味にさせたのみでなく、交流に期待されるはずの役割もなくなってしまう。また、非行政機関から行政機関への出向も超難関の公務員採用試験を受かって入った公務員にとっては不公平になりかねない。権力背景を有する一部の人はまさにその方法を利用し、まず、非行政機関に入り、そこで一定ランクに昇進した後、出向という形で公務員かつ指導職公務員に転身し、苦労してようやく公務員となった現場の公務員は目指す職位が乗っ取られたため、業務への情熱が急に衰えてしまうおそれがある。

第11章 幹部職公務員の腐敗はどのように防止、摘発されるか

1　幹部職公務員の腐敗の現状および特徴

（1）中日両国における「官僚」用語の相違

▼日本における官僚の意味

「官僚」という言葉は中日両国で使われている。ただし、官僚の意味は両国で異なる。その相違を見分けるために、まず両国における官僚の意味を検証する必要がある。

まず、日本において官僚についてどのように理解されているかをみてみよう。西尾勝はヘーゲルの官職原理に基づいて、近代官僚制は専門性・永続性・従属性・中立性の属性を持っており、その属性は現代公務員制の行政官集団に継承されたと解説している。また、ウェーバーの官僚制論を引用して近代官僚制は12の原則から構成されているとしている。この解説によれば、日本では官僚といえば、

基本的に公務員集団を指すものと考えられる（西尾勝『行政学（新版）』有斐閣、2001年4月、15～16頁、166～167頁）。

学者による曖昧な解説に対し、ウィキペディアフリー百科事典における「官僚」という項目では、「広義」「狭義」「高級官僚」「日常の会話で」に分けて官僚をわかりやすく説明している。すなわち、「最も広い意味では試験に合格して採用された公務員全般を指すが、狭義的には国家公務員一種試験に合格して採用された国家公務員を指す。また『高級官僚』は、国の行政機関に所属する国家公務員の中でも、特に中央省庁の課長以上の地位にある者を指すことが一般的である。……日常会話において『官僚』という場合、霞ヶ関の中央省庁で政策に携わる公務員を漠然と指すことが多い」という。そして、「大臣や副大臣、大臣政務官は上級の公務員であるものの、選挙で選出された政治家（国会議員）であるため官僚にあたらない」。また、「地方公務員は通常、官僚とは呼ばれないが、大規模自治体の幹部職員に対して『都庁官僚』のように比喩的に使われることがある」と。[31]

前記の解釈をみれば、日本では官僚といえば、公務員の事務次官以下の中高級幹部職員を意味するものと理解されている。

▼中国における官僚の意味

それに対し、中国では官僚の歴史が長く、意味している範囲も広い。数千年の歴史の中で、官僚制は幾度も見直され、具体的な仕組みは王朝によって異なっていた。現代中国では、皇帝専制のための官僚制が変わり、政権党たる共産党の一党支配に奉仕する官僚制へと脱皮したのである。

現在、官僚はもはや昔の科挙試験を経て出世する文官のような存在ではなく、党務機関、立法機関、行政機関、司法機関、軍事機関ないし国有企業に勤める役員に対する汎称となった。しかし、国民に奉仕することを建前としている共産党はさすがに官僚という名称を使わずに、十数年前までは「幹部」と呼び、『公務員法』が定められた後はほとんど公務員と呼んでいる。それだけでなく、事業体や国有企業で勤務する職員にも人事交流という形で、公務員になる道が用意されている。

かつ、中国の公務員は長が付けられる指導職務とそうではない非指導職務に分けられている。共産党指導部や中央政府機関から出される通達や決定の中にはよく使われる「領導幹部」という用語は普通「県長、課長」以上のクラスの指導職務を指すものである。ただし、県単位では県庁の部局長は日本の係長クラスに相当するもので、県の1級下の郷・鎮という地方政府の首長も係長クラスである。国単位では「領導幹部」とされないが、県単位の範囲内では見事な「領導幹部」に属する。現実上、係長クラスの県庁所属の機関の局長や科長または郷長、鎮長の手にある権限は地方により差があるものの厖大なものである。遼寧省撫順市国土資源局順城分局の局長羅亜平（係長クラス）が汚職や収賄で受領した不正金が公判で延べ6000万元（約7億5000万円）以上に達すると確認された。これはその権力の大きさが窺われる。[32]また、非指導職務の副調研員は副課長、調研員は課長、副巡視員は副局長、巡視員は局長に相当し、指導職から非指導職に配置換えされても、管轄範囲内で政策決定権や裁量権を与えているのが普通である。

中国では前記の人々が官僚としてみなされる。彼らは多大な権力を手中に掌握し、国民からの監督もほとんど機能しないため、腐敗が生じやすいのである、事実上、中国の官僚腐敗はほとんど前記係長以上の指導職務と副調研員以上の非指導職務の公務員によるものである。

前記内容からわかるように、日本での官僚は範囲が狭く、特定の人々を指しているのに対し、中国での官僚という用語は適用範囲が曖昧で、一定階級以上の公職についている役員はみな官僚と呼ばれうる。本章のタイトルにあえて官僚という用語を避け、「幹部職公務員」を用いたのは、日本人読者に中国の官僚を日本の官僚と混同させないためである。

▼腐敗とはなにか

なお、腐敗という言葉がよく使われているが、その意味する内容は特定できず、贈賄、収賄、賄賂の強要、業務の斡旋による利益の供与、任用・昇格・昇進・配置換えなどに伴う金銭の授受（いわゆる官職の売買行為）、汚職、公金の横領または流用、瀆職などの犯罪行為が含まれている一方、党紀・政紀違反の行為も入っている。前者の行為は刑事罰を受けることになるが、後者の党紀・政紀違反の行為はそれぞれ党内紀律による処分、行政による処分で取り扱われている。本章で扱っている腐敗対策は前記3種類の処分が含まれていることを断っておきたい。

さらに、中国の幹部職公務員はほとんど共産党員の出身者で、「官僚腐敗」は共産党の幹部腐敗と読み換えることができる。したがって幹部職公務員の腐敗を撲滅するにはまず共産党員を取り締まらなければならない。共産党指導部が常に共産党内の腐敗に対する締め付けを先駆けて行うのはそのためである。それゆえ、中国の官僚腐敗の退治、撲滅の在り方を検証するには、共産党内の措置や仕組みについて究明しなければならない。

(2) 幹部職公務員の腐敗がなぜ多発するか

なぜ改革開放後、市場経済にシフトされた現在、幹部職公務員の腐敗問題はますます深刻化したのだろうか。その背景にはなにがあったのか。

▼江沢民から見た腐敗の原因

それについて、元中共中央総書記、元国家主席の江沢民はその原因を以下の4つにまとめた。第一は数千年にわたる封建主義的な伝統による共産党員への影響と、改革開放に伴い中国に伝わってきた資本主義の生活様式による共産党員に対する浸蝕など歴史的および外部からの原因である。第二は計画経済から市場経済へシフトする過程での制度や仕組みに腐敗分子に利用される隙があるという制度の未整備に原因がある。第三は、指導機関の共産党員や幹部職員に対する監督、取締の甘さによる管理上の原因である。第四は腐敗現象に対する処罰にいい加減なところがあるという腐敗放任の原因である（王徳瑛主編『決不允許腐敗分子有蔵身之地』473頁）。

ただ前記4つの原因の中で最も重要だと思われるのは次の2つではないかと思われる。

▼市場経済の未熟さによる利益の私腹化空間の拡張

周知のように、経済体制改革中に方向の選択は農業から工業、商業、金融業へ、手段の選択は価格の規制緩和から管理権限の企業移譲や利潤の企業留保の歩合の増加、企業の利益納付から税金納付への変更、国有企業の株式化へといった扱いやすい事項から漸次難しい事項へと推し進む、いわゆる「転がる石に触りながら川を渡る」戦略が講じられた。こうした一連の改革措置は計画経済を少しずつ切り崩し、市場経済へ徐々にシフトすることは改革による社会全体へのショックを一定範囲内に抑制できることにメリットがあった。一方、このような改革手法は、それまでに経済管理の権限を持っていた各階層の役員に思い切った権力の制限を加えることができず、制限しようと努めなかった向きさえある。役員たちは過去とほぼ同じような権限をふるうことができるため、改革により幅が大きくなりつつある経済の自由化を逆に利用して私利私欲を図るチャンスに切り替え、不正と汚職に手を出しやすくなった。「価格双軌制」に伴う官僚ブローカーの登場、利潤の企業留保歩合の増加に伴う役員の横領、公金流用の多発、国有企業の株式化に伴う国有資産の私腹化といった腐敗現象の多発がいずれも各段階の改革と対応していることはそれを裏付ける。

『財経』という電子雑誌に掲載された研究報告は同じことを指摘している。その報告によると、1987年から2010年にかけて、中国の経済改革は「放権譲利・1987～1992年」（管理権限の企業への移譲と企業の利益留保歩合の増加）、「国有企業の株式化・1993～2002年」、「資本市場の開放、国有地譲渡を踏まえる不動産市場の活性化・2003年～現在」と3つの段階に区分された。それに対応するかのように、腐敗もそれぞれ「流通分野での汚職」、「国有資産への侵食」および「複合的な不正、汚職」の特徴を呈したという。[33]

▼政治体制、行政体制、司法体制の整備の遅れ

改革開放政策が導入されてから、中国は行政体制の改革が繰り返され、法律の整備にも取り組んできたとはいえ、社会や経済に対する政府の権限が縮小されなかったばかりか、利益の分配にかかわる権力は依然として政府に握られている。法律の整備が行われたものの、それを執行する司法機関は旧態依然で、市場経済とセットとされるべき三権分立が排除され、法の執行の統一が要望される裁判権

を各級の党委、政府のコントロール下に置いた。そのため、汚職役員を裁くはずの裁判官の一部は役員たちの汚職を守るガードマンに成り下がり、第6章でみたように汚職を行う裁判官さえ多く検挙された。

このような背景の中で、特に政権党の権力が膨らみ、役員は監督を受けなくなってしまった。したがって、中国の幹部職公務員の腐敗の形態の中で権力と金銭との取引による腐敗が目を見張るものである。統計によれば、1987年から2010年にかけて検挙を受け刑事処罰を受けた120人の大臣クラスの高官による腐敗の中で、「行政許認可権の行使に伴う腐敗」は7割に達し、その他の腐敗のうち、「その他の行政権の行使による腐敗」が10％、「人事任免権をめぐる贈収賄」が32％、「司法権の行使による汚職」が16％を占めているという[33]。

(3) 幹部職公務員の腐敗の特徴

『京華時報』に掲載された「学者披露腐敗七大新特徴――腐敗分子結成利益同盟」(2011年6月25日）によれば、幹部職公務員の腐敗には7つの特徴が挙げられる。

▼「群体化」、すなわち組織犯罪に近い傾向

汚職罪や贈収賄罪を犯した腐敗役員は相互に癒着し、利益の同盟体を結ぶことがよくみられる。それゆえ、どこかで腐敗役員が検挙されると、関係者は串焼きのように引き出され、事件は雪だるまのように膨らんでいくことがよくある。一つの事件に手を染める人数が多く、互いに人身隷属関係を持ち合うことに特徴がみられる。たとえば、黒竜江省で摘発された幹部人事をめぐる贈収賄事件は数十

人の省級、局長級の高官が関与していた。

▼腐敗役員の行政ランクがますます高くなる趨勢

改革開放が始まった初期に、検挙された腐敗役員の中には省部級（大臣クラス）幹部は1人もいなかった。最初に告発を受けた省部級幹部は1987年に収賄罪で有期懲役10年の実刑判決を言い渡された中共安徽省党委常委・省委秘書長の洪清源、有期懲役2年を言い渡された江西省の省長（知事）の倪献策の2人である。

1988年、最高人民検察院検察長の全人代に対する年度活動報告の中で初めて取調を受けた汚職役員の階級別の数字を示した。筆者がそれ以来2011年までの活動報告を検証したところ、1988年から2011年にかけて、検察院が捜査を手掛けた事件数は75万7905件、汚職官僚の内訳は、県（課）長級が7万304人、局長級が3492人、省部長級（大臣級）が121人となっている。一番多かった2007年では局長級は930人、省部長級は35人も捜査の対象となったという。この中には局長級、省部長級の統計がない年も数年あったため、実際の数はより多いはずであろう。

また、国家腐敗防止局の副局長崔海容の紹介によれば、1982年から2011年にかけての30年間に、党の紀律と法規に違反した党務、政府役員は420万人に達し、そのうち、大臣クラスの省部級高官は465人であったという。

▼贈収賄や汚職の金額が年ごとに巨額化する傾向

これは最高人民検察院の全人代での活動報告からも読み取れる。1988年時点では重大な贈収賄、汚職罪などの立件金額が人民元1万元とされたが、1997年は5万元、2007年は10万元と増加した。また、張濤の調査によれば、2000年以前に処罰を受けた省部長級高官の19人の中に、収賄金額の50万元以下が13人、1000万元以上が1人しかいなかったのに対し、2000〜2004年に処罰を受けた19人の中で、100〜500万元が6人、500〜1000万元が3人、1000万元以上が3人となった。この数字はさらに上がり、2005〜2009年に告発された38人の汚職高官のうち、1000万元以上が8人となったのである（深圳大学当代中国政治研究所編『当代中国政治研究報告（第9集）』社会科学文献出版社、2012年3月、213頁）。国有企業の経営陣に起きた高官の汚職の金額はさらに人を驚かすものがあり、2009年に取調で判明した31人の汚職役員は1人あたり1億元以上の金額に上ったという。

▼先物取引化する汚職の形式

この種の汚職は指導職に止まるときには、便宜を供与したほうは直接に金銭の受取をせずに、退職後の高給による再雇用、株式の無償譲渡などの形をとり、汚職役員が不正の金銭を手にする時期が繰り下がり、その汚職の過程が隠蔽されてしまう。このような汚職役員に対する摘発、検挙が難しくなり、運の悪かった少数の者が他の事件の捜査によって検挙されるものの、ほとんどの者はその不正財産を正当化し、贅沢三昧な老後生活を楽しんでいると思われる。

▼昇進昇格人事における「潜規則」（暗黙のルール）による悪質幹部への助長

中国伝統文化の中に存在している多くの消極的な要素は官僚腐敗を助長する温床となっている。たとえば、幹部職員の世界には「圏子」（交際グループ）文化というものがある。役員の中には次のような言い伝えがあるという。「指導部に入ったら、交際グループの仲間として受け入れられない場合は指導部に入っていないのと同然である。指導部に入るよりも仲間として受け入れられたほうがましだ。仲間として受け入れられたら指導部に入らなくても指導部構成員となったのと同然だ」。つまり、権勢者と歩調を合わすことができるかどうかによってその役員の地位が違ってくるのである。そのような官僚文化に身を置いたものは仲間が不正をしていてもあえて止めることができないのであろう。

▼汚職役員の「裸官」化傾向

中国経済のグローバル化に伴い、汚職役員の贈収賄や不正活動は国内に止まることなく、外国を巻き込むことがよくある。一般的な手法は、汚職役員は外国人のビジネスマンと手を組んで外国で合弁会社を起こし、中国国内で不正に獲得した金銭を外国に送り、マネーロンダリングして正当化させる。また、その不正金を確実に手に入れかつ摘発されそうなときに身の安全を図るために汚職役員は自分を「裸官」化する。つまり、自分の配偶者や子女をあらかじめ外国に送り出し、外国籍または永住権を取得させ、自分だけが旅券を保有しておきながら国内に残って勤務する。一旦汚職の形跡が露わになりそうな場合に、いつでも外国に永住している配偶者や子女のところに逃げることができるという。中国ではこれを「裸官」という。

　２００４年中国商務部が公表した調査によると、改革開放以来、外国へ逃げた汚職官僚の人数は約４０００人、持ち出した不正金は約５００億ドルに及んだという。これらの外国亡命役員のほとんどが「裸官」といわれている。[34]

▼汚職の手段の新型化

銀行、証券、保険、信託、競売などの分野で講じられた腐敗防止の措置が少なかったため、これらの分野で腐敗職員が頻出し、腐敗の手段も金融化、バーチャル化されている。この種の不正は発見されにくく、犯行の時間が長く、金額は往々にして膨大なものとなる。

(4)中国は「汚職をしない官僚がほとんどいなくなる時代」になったか

幹部職公務員の汚職が中国の改革開放の成果を蝕み、共産党の政権基盤を瓦解させかねない深刻な問題となっている。汚職役員が相次いで摘発され、中国には汚職をしない役員がいるのかと疑われるほどである。

若手の人気ブロガー韓寒が2010年3月に執筆した「我去哪里找、像你那麼好」(貴方のようなすばらしい人がどこで見つかるか)では、「韓峰に対するアンケート調査の結果から汚職をしない官僚がほとんどいなくなり、ただ、善良なる汚職官僚と悪質なる汚職官僚の区別が残るという時代に本格的にわれわれは入った」と皮肉を記載した。文中の韓峰は広西チワン族自治区来賓地区の煙草管理局の役員で、官官接待や贈収賄の様子を子細にメモした日記がウェブサイトにおいてスクープされたため、不正が発覚し失脚した。韓寒は自分のブログでアンケート用のボックスを設けて、汚職の韓峰に対し処罰すべきかについて投票を呼びかけた。巨額の汚職者と比べれば、韓峰が毎度受け取った収賄額がそれほど多くなかったこともあってか、アンケートの結果、投票者の96%を占める約20万人は韓峰が立派な幹部で留任すべきだとし、処罰を受けるべきだとしたのはわずか4%足らずの1万人に過ぎないという。そのために、韓寒は前記のセリフを吐き出したのである。

この現状の深刻さは汚職役員として取調を受けた広東省茂名市委書記劉徳忠のセリフによって裏付けられた。話によると、劉は取調を行う紀律検査委員会の担当者に対し次のように叱かりつけたという。「君たちは俺を汚職の官僚とみるだろう。肝要なのは汚職をしない役員が本当にいるのかということだ。俺と同じ階級の役員で汚職していない人の名前を教えてくれる？　全中国において、俺のようなクラスの役員の中で汚職をしていないものは一人でもいるか？　中国では汚職の官僚を抜擢し、汚職の官僚が汚職の官僚を取り調べ、腐敗分子が腐敗に反対するのではないだろうか[35]」。

これほど深刻な腐敗に直面して、中国共産党指導部と政府はいったいどのような措置を講じてそれを防止し、根治するのだろうか。

2　幹部職公務員の腐敗対策に関する制度の整備

(1) 腐敗防止対策に関する制度整備の歩み

前述したように、権力を背景に不正蓄財をした幹部職公務員が毎日のように増えるために、共産党に対する国民からの信用がますます低下していく。幹部職員の汚職を減らし、共産党支配の正当化を維持していくために、検察機関、監察機関を含み、共産党の指導部および中央政府は幹部職公務員の腐敗の摘発、防止、処罰についてさまざまな施策や制度の整備に取り組み、相次いで一連の取締策を講じた。その整備の歩みについて3つの12年に分けてみることができる。

最初の12年は共産党の党員を取り締まる機関たる中共中央紀律検査委員会（以下、中央紀委と略す）が発足した1978年から天安門事件が発生した1989年までであろう。この間、農業分野における下請生産制、商品経済の導入に伴う価格のダブルスタンダード制、国有企業の自主経営権の拡大などの経済自由化が行われた。経済自由化による利益の流動方向に敏感な各級の役員は競って「下海」（ビジネスへの参入）をし、手段を選ばずに経済自由化の利益をわがものにしようと他を顧みる暇がなかった。政商癒着の「官倒」（ブローカー）は国民から厳しい批判を浴びるようになった。そのため、この段階に講じられた役員腐敗の防止策はほとんど幹部職員によるビジネス参入の禁止といった類のものであった。

次の12年は1990年から2001年までであろう。この間、鄧小平の南方視察での改革開放を加速せよという大号令もあって、中国は1993年に、計画経済を正式に放棄し、全面的に市場経済へシフトすることにした。しかし、前述したように、市場経済へのシフトが加速したものの、市場経済に伴われるべき政治制度および法律の整備が遅れたため、市場経済の恩恵を食いつぶすチャンスのある役員たちは決してこれを利用しない理由がなかったろう。そこで、国有企業の再編を機に国有資産の私腹化が横行し、腐敗役員の行政ランクも上がり、大臣クラスの高官や副総理級の政治局委員さえ汚職者の行列に加わったのである。このような状況に直面し、共産党指導部や政府は幹部職員や高官たちを監督する法規の整備に取り組み、『中華人民共和国行政監察条例』（1990年12月）を公布し、汚職役員の最も怖い「双規」条項（詳しくは第12章を参照されたい）を書き込んだのはまさにこの条例である。また、役員たちの財産の不正増殖に対する取締策としては『党政機関の県（処）級以上の指導職員の収入の申告に関する規定』（1995年）、『省部級現職の指導職員の家庭財産の申告に関する規定［試行］』（2001）などの規定が公布された。

最後は2002年から現在までの12年である。この間、WTO加盟に伴い、中国の経済体制は世界諸国、特に先進国とルールを合わせる要求もあり、中国は金融制度、不動産制度、物流制度など、すべての分野で市場経済へシフトするように改革をしなければならなくなった。また、国連の反腐敗条約にも加盟し、役員たちの腐敗に対する監督や処罰を強化する義務が課されたのである。したがって、『中国共産党党内監督条例（試行）』や『中国共産党紀律処分条例（修訂稿）』（いずれも2003年公布）をはじめ一連の腐敗撲滅に関する施策が講じられ、腐敗防止の制度整備にさらに取り組むようになったといえよう。

(2) 財産申告制度の整備

各級の党員役員が贈収賄、人事をめぐる金銭の取引、工事の下請斡旋による口利き料の強要、国有企業の再編による国有資産の私腹化などの不正蓄財を防ぐために、共産党の最高指導部および中央政府は種々さまざまな施策を講じようとした。幹部職員の財産申告制度の整備がその中の一つといえる。しかし、1994年、第8期全人代常務委員会は既に『財産申告法』の制定を立法5か年計画に収めたが、その後、3つの5か年計画が終わった現在でもその法律がいまだに公布されていない。これはこの法律の制定を妨げる勢力の強さが窺われる。法律手段の導入が難しいために、政府当局は政策の

表11－1　中国共産党指導部および政府が公布した財産公開の規定

番号	規定の名称	公布時期	公布機関
1	「党政機関の県（処）級以上の指導職員の収入の申告に関する規定」	1995年4月	中共中央弁公庁、国務院弁公庁
2	「指導職員の個人重大事項の申告に関する規定」	1997年1月	中共中央弁公庁、国務院弁公庁
3	「省部級現職の指導職員の家庭財産の申告に関する規定［試行］」	2001年6月	中共中央紀律検査委員会 中共中央組織部
4	「党員出身の指導職員の個人関係事項の申告に関する規定」	2006年9月	中共中央弁公庁
5	「配偶者・子女が既に国（国境）外に移住した政府職員に対する管理の強化に関する規定」	2010年5月	中共中央弁公庁、国務院弁公庁
6	「指導職員の個人関係の事項の申告に関する規定」	2010年7月	中共中央弁公庁、国務院弁公庁

（出典：関係資料をもとに筆者作成）

整備という次善策を講じざるを得なかった。1995年から2010年にかけて、中共中央と国務院は相次いで6つの関連規定を公布し、幹部職員の財産公開の推進を模索した。表11－1はその規定のリストである。

表中5番目の規定は国外移住の子女を抱える幹部職員に対し、その子女の婚姻状況の申告に関するものであるが、他は全部、財産の申告を内容としている。たとえば、6番目の規定の申告内容は2つの部分に分類している。第1部分は「本人の婚姻状況と子女の就業状況」で、その下には8項目が列挙されている。

表11－2の申告内容をみれば、西洋諸国ではプライバシーとして他人に知らせてはならない内容も含まれており、中国政府の幹部職員に対する取締が甘いとは言いがたい。

（3）財産申告制度の特徴と問題点

表11－2にまとめてみた財産申告制度の具体的な内容を検証すればそれらの規定には下記の特徴が挙げられる。

まず、規定の条文がますます長くなり、申告の内容がます

表11－2a　中国の指導職員（領導幹部）個人財産の申告制度

表 題	党政機関の県（処）級以上の指導職員の収入の申告に関する規定（注1）
条文数	9か条
適用範囲と対象者	党の機関、人代機関、行政機関、裁判機関、検察機関、社会団体、事業体県（処）級以上の指導職員、国有大中型企業の責任者
申告の内容	1．給与 2．各種の奨励金・手当・補助金および福祉の費用 3．コンサルタント・講義・著述・原稿審査料・書道絵画等の労務所得 4．事業体の指導職員、企業の責任者の下請経営、リース経営による所得
申告の時間	上半期の収入：7月1日～20日 下半期の収入：翌年1月1日～20日
申告の提出先	勤務先の組織人事機関が受付、幹部の管理権限に従い相応する上級の組織人事機関に届出する。
申告の取扱	規定なし
表 題	指導職員の個人重大事項の申告に関する規定（注2）
条文数	12か条
適用範囲と対象者	党の機関、人代機関、行政機関、裁判機関、検察機関の副県（処）級以上の指導職員、社会団体、事業体の副県（処）に相当する級別以上の職員、国有大型・特大型企業中の中堅以上の指導職員、国有中型企業の指導職員、会社制の大中型企業の中で国有株式の代表として任職し、または国有投資主体により派遣（招聘）した指導職員、選挙を経て主管機関の承認を受けて就任する指導職員、企業の中の党組織の指導職員
申告の内容	1．本人、配偶者、暮らしを一緒にしている子女が家宅を建築、売買、賃貸し、または資金提供による家宅建造に参加した事項 2．本人および近親族の婚姻、葬儀に自ら参加した事項 3．本人および子女の外国人との婚姻事項、および配偶者・子女の出国・永住権取得事項 4．本人の私費出国および国外での活動状況 5．配偶者・子女が司法機関または紀律機関の捜査を受け、または犯罪容疑に引っ掛かる事情 6．配偶者・子女が個人経営をし、私有工商業を経営し、国有、集団所有の工商業を下請け、賃借する事項、三資企業の主管職員、外国企業または香港マカオ台湾企業の国内駐在事務所で主管職員を務める事項
申告の時間	申告の内容が起こった時点から1か月以内
申告の提出先	申告人の所属する党組・党委または内設の組織人事機関に提出。
申告の取扱	原則は秘密扱い、ただし、組織が公開すべきだと認め、または本人が公開を請求する場合に、適切な方法により一定範囲内で公開することができる。

以下に掲げた資料の内容をもとに筆者作成。
注1：『関於党政機関県（処）級以上領導幹部収入申報的規定』（中共中央弁公庁、国務院弁公庁、1995年4月30日配布）、「中国共産党新聞網」http://fanfu.people.com.cn/GB/143349/165093/165096/165118/9898975.html［アクセス：2012/10/28］　注2：『関於領導幹部報告個人重大事項的規定』「新華網」http://news.xinhuanet.com/newscenter/2005-01/16/content_2467790.htm［アクセス：2012/10/28］　注3：「関於印発『関於省部級現職領導幹報告家庭財産的規定（試行）』的通知」360doc「個人図書館」http://www.360doc.com/content/09/1216/20/155881_11288614.shtml［アクセス：2012/10/29］　注4：「中共中央弁公庁印発『関於党員領導幹部報告個人有関事項的規定』的通知」中弁発［2006］30号、「百度百科網」http://baike.baidu.com/view/2730670.htm［アクセス：2012/10/28］　注5：『関於領導幹部報告個人有関事項的規定』人民網《人民日報》http://politics.people.com.cn/GB/1026/12111916.html［アクセス：2012/10/28］

表 11 − 2b　中国の指導職員（領導幹部）個人財産の申告制度

表 題	省部級現職の指導職員の家庭財産の申告に関する規定［試行］（注3）
条文数	15 か条
適用範囲と対象者	党の機関、人代機関、行政機関、裁判機関、検察機関、人民団体、国有企業、事業体中の省部級現職指導職員
申告の内容	1．人民元の現金・貯金 2．外貨の現金・貯金 3．人民元と外貨を含む有価証券 4．価値が合計1万元以上の債権および価値が合計1万元以上の債務 5．私有家屋 6．一件（セット）あたり1万元以上の貴重品 7．名人の書道・絵画および骨董品 8．配偶者および本人が扶養した子女がビジネスまたは企業経営或はその他の営利的活動に関する投資、株式（3の有価証券除外） 9．土地使用権 10．本人が申告すべきだと思うその他の財産
申告の時間	2年に一回、奇数年度の1月1日～ 31 日以内
申告の提出先	一式は中央組織部に提出、一式は中央紀律検査委員会に届出
申告の取扱	秘密扱い、中央紀律検査委員会および中央組織部はチェックすることができる。
表 題	党員出身の指導職員の個人関係事項の申告に関する規定（注4）
条文数	17 か条
適用範囲と対象者	一、各級党の機関、人代機関、行政機関、裁判機関、検察機関の副県（処）級以上の党員出身の指導職員、 二、人民団体、事業体の副県（処）に相当する級別以上の党員出身の職員 三、国有大型・特大型企業の中堅以上の指導職員中の党員、国有中型企業の指導職員中の党員、会社制の大中型企業の中で上級の党組織、行政機関または国有資産の授権機関により委任、任命、招聘した指導職員中の党員、上記機関の承認を受けて職務を履行する指導職員中の党員、企業の中の党組織の指導職員、なお、副調研員以上の非指導職務の党員幹部も適用される。
申告の内容	1．本人の婚姻変化状況 2．本人の私用旅券の保有状況 3．本人の私費出国の状況 4．子女の外国人・香港・マカオ・台湾の住民との婚姻状況 5．配偶者、子女の国（国境）外定住および関連状況 6．配偶者、暮らしをともにしている（財産の所有、暮らしを一緒にしている）子女の個人名義で国外にビジネスや企業の経営をしている状況 7．配偶者、暮らしをともにしている子女が外国および香港・マカオ・台湾の企業の国内の駐在事務所で主管職員を務める状況 8．配偶者、子女が司法機関から刑事責任の追及を受けている状況 9．組織に報告すべきだと思う他の事項
申告の時間	申告の内容が発生した時点から 30 日以内に「党員出身の指導職員の個人関連事項申告表」に記入すること、1月 31 日にまで前年度の申告内容を申告する。内容に変動がない場合は明示すること。
申告の提出先	所属機関の管理を受ける職員の場合は勤務先の組織人事管理機関、勤務先機関の管理外の場合は勤務先の組織人事管理機関を経由して上級機関の党組・党委の組織人事管理機関に提出する。
申告の取扱	原則は秘密扱い、ただし、組織が公開すべきだと認め、または本人が公開を請求する場合に、適切な方法により一定範囲内で公開することができる。

表11－2c　中国の指導職員（領導幹部）個人財産の申告制度

表 題	指導職員の個人関係の事項の申告に関する規定（注5）
条文数	23か条
適用範囲と対象者	一、各級党の機関、人代機関、行政機関、裁判機関、検察機関、民主党派機関の副県（処）級以上の職員、 二、人民団体、事業体の副県（処）に相当する級別以上の職員、 三、大型、特大型国有独資企業、国有持株企業（国有独資金融企業および国有持株金融企業を含む）の中堅以上の指導職員、中型国有企業、国有持株企業（国有独資金融企業および国有持株金融企業を含む）の経営陣の構成員、なお、副調研員以上の非指導職務の幹部および現職を辞めたが、退職の手続をしていない幹部も適用される。
申告の内容	一、本人の婚姻状況と子女の就業状況 1．本人の婚姻変化状況 2．本人の私用旅券の保有状況 3．本人の私費出国の状況 4．子女の外国人・無国籍人との婚姻状況 5．子女の香港・マカオおよび台湾の住民との婚姻状況 6．配偶者、子女の国（国境）外定住の状況 7．配偶者、子女の就業状況（配偶者、子女の国（国境）外での就業状況および職務状況を含む） 8．配偶者、子女が司法機関から刑事責任の追及を受けている状況 二、収入、不動産、投資などの事項 1．本人の給与および各種の奨励金、手当、補助費等 2．本人が講義・著述・コンサルタント・原稿審査料・書道絵画等による労務所得 3．本人、配偶者、暮らしをともにしている子女の不動産保有状況 4．本人、配偶者、暮らしをともにしている子女の投資または他の方式によって保有している有価証券・株券（株権による表彰を含む）・先物・基金・投資型保険その他の金融投資の状況 5．配偶者、暮らしをともにしている子女の非上場会社・企業への投資状況 6．配偶者、暮らしをともにしている子女の登記した個人経営、個人独資企業または組合企業の状況
申告の時間	1月31日にまで前年度の申告内容を申告する。申告の内容が発生した時点から30日以内に「党員出身の指導職員の個人関連事項申告表」に記入すること、新任用の指導職員は申告の条件を満たした時点から30日以内に申告すること。、公職を辞める場合に辞職を申し込むときに申告内容を申告すること。
申告の提出先	中央の管理を受ける申告人の申告は勤務先機関の主要責任者の審査を受けたあと、所属する党委または党組の組織人事機関を経由して中共中央組織部に提出する、所属機関の管理を受ける場合は勤務先の組織人事管理機関に提出する。勤務先機関の管理外の場合は勤務先の組織人事管理機関を経由して上級機関の党組・党委の組織人事管理機関に提出する。
申告の取扱	組織人事機関が幹部監督と幹部選抜の業務中に、幹部の管理権限に従い、勤務先機関、所属単位の主要責任者の承認を経て閲覧できる。紀律検査や監察機関が職責を履行する場合に幹部管理の権限に従い、勤務先機関の主要責任者の承認を経て閲覧できる。検察機関が職務犯罪事件を捜査する場合に勤務先機関の主要責任者の承認を経て閲覧できる。紀律検査・監察機関、組織人事機関が告発を受け付け、または幹部の考課考察、巡視を行う業務中に申告事項について人民大衆から強く疑われたとき、幹部の管理権限に従い、紀律検査・監察機関、組織人事機関の主要責任者の承認を経て申告の内容に対し調査確認をすることができる。

ます細分化されている。1995年4月に公布された『党政機関の県（処）級以上の指導職員の収入の申告に関する規定』では申告の内容が4項目、97年の『指導職員の個人重大事項の申告に関する規定』では6項目、2001年の『省部級現職の指導職員の家庭財産の申告に関する規定〔試行〕』では10項目であったのに対し、2010年7月の『指導職員の個人関係の事項の申告に関する規定』では14項目と大幅に増えた。

次に、申告の内容の不公開である。これほど厳しい取締にもかかわらず、高官たちの不正蓄財の蔓延にブレーキがかからないのはなぜか。これは申告内容の非公開という特徴に原因があると思われる。最初に出された規定から2006年に出された規定までをみれば、最初の規定以外は申告の取扱について ほとんど秘密扱いの条文が盛り込まれている。2010年7月に公布された規定では「秘密扱い」という文字が消えたものの、申告の内容については人事、紀律検査、監察機関の少数の担当者にのみ閲覧する権限しか与えていない。しかもその閲覧権は閲覧対象者の勤務先の主要責任者から承認を受けなければその権利の行使ができないとされている。

本来ならば、幹部職員に対して申告内容をこれほど厳しく要求する以上、その申告内容の正確性や真実性を担保する仕組みを設計すべきであろう。世界諸国の通常の方法はその申告の内容を公開し、住民からの監督監視を受けさせている。しかし、中国では、申告の内容を公開せずに秘密扱いとするので、申告者はいい加減に申告し、その内容の真実性が保証されない結果となる。2012年10月、匿名のネット利用者が広東省広州市都市管理総合執法局番禺分局の政治委員蔡彬が21棟のマンションを保有している情報をウェブサイトでスクープしたところ、当人の申告書には2棟しか記載がなく、本人も申告の内容が真実であるとウェブサイトで自己弁護した。しかし、紀律検査機関が調査した結果、22棟もあり、時価4000万人民元余りに相当することが明るみに出た。[36]

3 巡視制度の導入による腐敗摘発の常態化

(1) 巡視制度とはなにか

幹部職員の不正、腐敗の蔓延にブレーキをかけようとするために、共産党指導部は歴史上の巡按制度にならい、「巡視」制度を導入し、腐敗職員の早期摘発に努めようとした。

巡視制度は1990年から実験的に行われ、2005年8月に中央紀律検査委員会に「巡視業務事務局」が成立することにより定着したのである。十数年の実験を踏まえ、2009年7月に『中国共産党巡視業務条例（試行）』が公表され、中央紀律検査委員会に「中央巡視業務指導小組事務局」と「中央巡視組」を設置し、中共中央に設置される「中央巡視業務指導小組」の統一的指導を受けて業務を展開するようになった。[37]

巡視制度の仕組みと活動の内容は図11－1に示したとおりである。

巡視業務を順調に行うために、業務条例が制定された後、中央巡視業務指導小組、中央紀律検査委員会、中央組織部などの党務機関は巡視業務の進展状況を踏まえて、相次いで数多くの細則と実施方法を定めた。『中央巡視業務指導小組の業務規則』『中央巡視業務指導小組事務局の業務規則』『中央

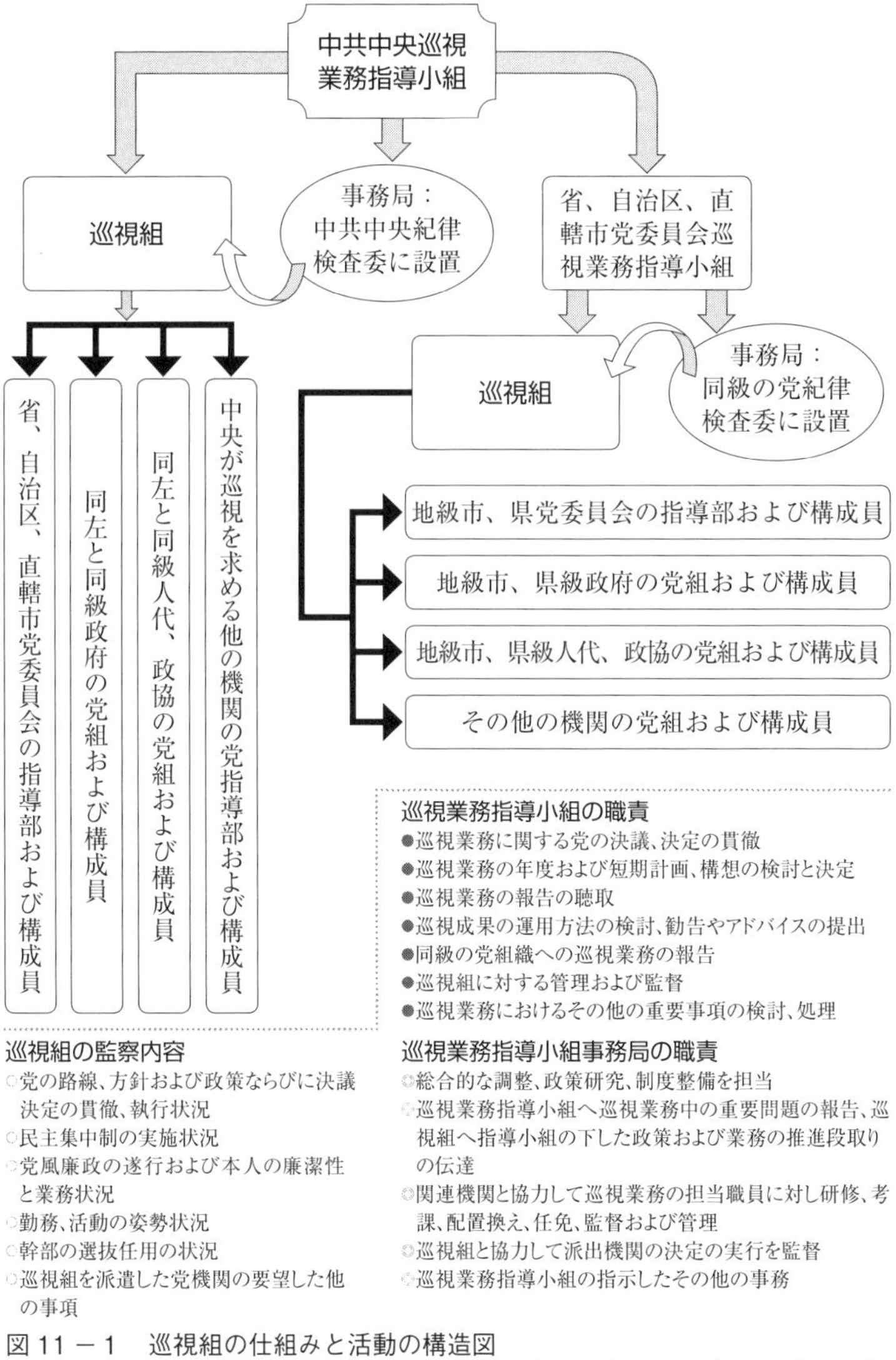
中共中央巡視業務指導小組
巡視組
事務局：中共中央紀律検査委に設置
省、自治区、直轄市党委員会巡視業務指導小組
省、自治区、直轄市党委員会の指導部および構成員
同左と同級政府の党組および構成員
同左と同級人代、政協の党組および構成員
中央が巡視を求める他の機関の党指導部および構成員
巡視組
事務局：同級の党紀律検査委に設置
地級市、県党委員会の指導部および構成員
地級市、県級政府の党組および構成員
地級市、県級人代、政協の党組および構成員
その他の機関の党組および構成員
巡視業務指導小組の職責
●巡視業務に関する党の決議、決定の貫徹
●巡視業務の年度および短期計画、構想の検討と決定
●巡視業務の報告の聴取
●巡視成果の運用方法の検討、勧告やアドバイスの提出
●同級の党組織への巡視業務の報告
●巡視組に対する管理および監督
●巡視業務におけるその他の重要事項の検討、処理
巡視組の監察内容
◎党の路線、方針および政策ならびに決議決定の貫徹、執行状況
◎民主集中制の実施状況
◎党風廉政の遂行および本人の廉潔性と業務状況
◎勤務、活動の姿勢状況
◎幹部の選抜任用の状況
◎巡視組を派遣した党機関の要望した他の事項
巡視業務指導小組事務局の職責
◎総合的な調整、政策研究、制度整備を担当
◎巡視業務指導小組へ巡視業務中の重要問題の報告、巡視組へ指導小組の下した政策および業務の推進段取りの伝達
◎関連機関と協力して巡視業務の担当職員に対し研修、考課、配置換え、任免、監督および管理
◎巡視組と協力して派出機関の決定の実行を監督
◎巡視業務指導小組の指示したその他の事務

図 11 － 1　巡視組の仕組みと活動の構造図

（出典：『中国共産党巡視業務条例（試行）』の内容をもとに筆者作成）

巡視組業務規則（試行）』『巡視を受ける地域、機関が中央巡視組と協力して巡視業務を執り行う暫定規定』『中央巡視組陳情業務方法（試行）』『中央巡視組再巡視業務の暫定規定』『中央巡視組の業務手続（試行）』などがそれである。また、各省、自治区、直轄市の巡視業務指導小組も本地域の現状を踏まえた具体的な規程を500件以上も作成したという。

下級の党委およびその構成員、政府機関・人代機関・政協機関の党組およびその構成員に対する監察監督の業務を担当するのは巡視組である。巡視組は組長、副組長、巡視専員などから構成され、巡視業務指導小組が作成した計画およびあらかじめ指定された担当地域で定期的な監察業務を行っている。

(2) 巡視は腐敗を抑制することができるか

「第17期共産党全国大会以来巡視業務の綜述[38]」によれば、2002年以来、全国の省、自治区、直轄市レベルの党委員会ではすべて「巡視業務指導小組」と「事務局」を設置し、合計179個の巡視組を設置したという。また、2007～2012年の5年間に、中央巡視機関は31の省、自治区、直轄市および新疆生産建設兵団、33社の国有重点企業、中央管轄の金融企業、2校の中央管理の大学に対し巡視・監察業務を遂行し、14の省級地域と1社の金融企業に対し再巡視を行った。また、各省級の巡視機関は333の市（地区専署、州、盟）、2049の県、614の省直轄機関および310社の省轄国有企業・大学に対し巡視・監察業務を遂行した。

この間、中央巡視機関は中央指導部に対し巡視の活動報告を80部、専門報告を6部提出し、中央指導部および関連政府機関に対し225件、巡視を受けた地域または機関に対し470件の勧告を出し、紀律検査や監察機関に対し指導職員の紀律や法律違反の容疑のある手がかりを318件届け出た。省級巡視機関も省級党委員会に対し、巡視活動報告3460部、再巡視活動報告490部、勧告建議2350件を提出し、巡視を受けた地域、機関に対し業務見直しの意見1万7600件余り、紀律検査・監察機関に対し指導職員による法規違反の容疑がある手がかりを1250件送付した。また、派遣機関の党委員会の嘱託を受け567名の課長以上の幹部に対し注意または戒告の談話を行ったという[38]。

また、巡視によって多くの汚職腐敗幹部が検挙された。中央政治局元委員兼上海市党委元書記陳良宇をはじめ、数多くの副大臣、大臣クラス以上の大物政治家および100名以上の局長クラスの幹部職員が巡視業務中に大衆から告発を受けて検挙に繋がったのである。

巡視組の監察内容は党の路線、方針および政策ならびに決議決定の貫徹、執行状況、民主集中制の実施状況、党風廉政の遂行および本人の清廉性と業務状況、幹部の選抜任用の状況、巡視組を派遣した党機関の要望した他の事項などとなっているが、重点は役員の党の中央部に対する忠誠度と自身の清廉度の2つにあるのではなかろうかと思われる。巡視業務の取扱方法は表11－3のとおりである。

しかし、今まで行われた巡視活動は前記の成績を収めたものの、幹部職員の腐敗が抑制されたとは到底いえない。

表11－3　巡視組が巡視業務を取り扱う方法

（1）巡視先の地方政府または機関の党委員会（党組）の活動報告および関係部局による専門報告を聴取する。
（2）業務の必要に応じて巡視先の地方政府または機関の関連会議を傍聴し、巡視先の党組織の指導部の民主生活の会議および自分の職権にかかわる活動報告および廉潔状況の反省会議を傍聴する。
（3）巡視先の党組織の指導部および指導部構成員の問題に関する国民からの手紙、電話および陳情を受理する。
（4）意見の聴取に関する懇談会を開催する。
（5）巡視先の党組織の指導部構成員その他の幹部、大衆と個別に懇話を行う。
（6）公文書、会議記録等に関する資料を閲覧または複写する。
（7）巡視先の党組織の指導部および指導部構成員に対して大衆の評定、アンケート調査を行う。
（8）適切な方法で巡視先の管轄団体または機関に対し、調査訪問を行う。
（9）専門性の強い、または特別に重要な問題については関係する職権機関または専門機関から協力を依頼することができる。

（出典：http://news.xinhuanet.com/politics/2013-0/28/c_125607280_2.htm?prolongation=1［アクセス：2014/02/11］より）

（3）巡視業務のさらなる強化

そのために、2012年末に船出した第18期共産党中央委員会は総書記習近平の強いリーダーシップの下に、幹部職員の腐敗を撲滅しようとする姿勢がますます強くなった。この中で、各級の役員の腐敗ぶりを把握し、責任を追及していく手段として巡視組の役割がより重視されるようになった。2013年の1年間に、中央政府から地方省級政府、中央官庁、国立大学に対し、2回にわたってそれぞれ10組の巡視組が派遣され、20の地方政府または中央官庁、大学、国有企業を巡視した。表11－4に示したのは巡視組の組長とその巡視先である。

表11－4からわかるように、今回の巡視組の組長には現職または退職した大臣級の役員が起用された。そして、中央指導部は今回の巡視組の巡視課題を、幹部職員の中に存在している汚職腐敗者を発見し、腐敗に高圧の姿勢を示すこととした。具体的には、4つの重点問題の発見に取り組むように強調した。すなわち、第一に、幹部職員に権力と金銭との取引、権力をもって私利を図る行為、横領・収賄、

表11－4　中央巡視組の組長と巡視先

巡視組	第1回の組長	巡視先	第2回の組長	巡視先
中央第一巡視組	劉偉（山東省政協主席）	中国食糧備蓄総公司	陳光林（内モンゴル自治区政協元主席）	商務部
中央第二巡視組	杜徳印（北京市人代常務委員会主任）	湖北省	李景田（中央党校元常務副学長）	新華社
中央第三巡視組	孫暁群（中央直属機関工作委員会元常務副書記）	水利部	楊暁渡（上海市党規律委員会書記）	国土資源部
中央第四巡視組	薛延忠（山西省政協主席）	内モンゴル自治区	項宗西（寧夏自治区政協元主席）	吉林省
中央第五巡視組	徐光春（河南省党委員会元書記）	重慶市	徐光春（河南省党委員会元書記）	雲南省
中央第六巡視組	張文岳（遼寧省党委員会元書記）	貴州省	叶冬松（河南省政協主席）	山西省
中央第七巡視組	馬鉄山（広西自治区政協元主席）	中国出版グループ	馬鉄山（広西自治区政協元主席）	安徽省
中央第八巡視組	王鴻挙（重慶市元市長）	江西省	張文岳（遼寧省党委員会元書記）	広東省
中央第九巡視組	陳光林（内モンゴル自治区政協元主席）	中国人民銀行	侯凱（会計審査署副審計長）	三峡グループ
中央第十巡視組	陳際瓦（女性、広西自治区政協主席）	中国人民大学	陳際瓦（女性、広西自治区政協主席）	湖南省

（出典：「人民網―中国共産党新聞網」http://fanfu.people.com.cn/n/2013/1105/c64371-23433293.html［アクセス：2014/02/11］を参考に、関連資料をもとに筆者作成）

腐敗堕落といった法規・紀律違反の問題があるかどうか。第二に、形式主義、官僚主義、享楽主義、贅沢・退廃の風紀があるかどうか。第三に、指導職役員に、「上に政策あり、下に対策あり」といった政治的規律の違反問題があるかどうか。第四に、官職の売買、金銭による選挙、不法な幹部抜擢といった人事上の不正および腐敗があるかどうか、である。

巡視組の精力的な活動を経て、２０１３年に31人の中央管理の幹部職員、つまり副大臣以上の高官が検挙を受け、18万２０００人の幹部が党紀または行政の処分を受け、３万６９０７人の腐敗嫌疑のある役員が取調を受け、３万４２００人の党員出身の幹部が党の禁止規定に違反したために処分を受けることになった[39]。２０１４年に入ると、この姿勢は緩和するどころか、強まる向きがみられ、多くの局長、副大臣以上の高官が相次いで摘発された。

中国は共産党が絶対的な権力を持つ政権党であり、その構成員が各級の指導職をほぼ独占している。したがって、共産党員の腐敗は社会全体に対し計り知れない破壊力を持っている。共産党の最高指導部が腐敗反対の矛先を各級の党指導部に向けたことは正しい選択であるが、自浄作用が下がった共産党自身による腐敗撲滅が中途半端で終わるかどうかは見守る必要があろう。

第12章　腐敗撲滅の切り札——両刃の剣としての「双規」（両指）

1　「双規」（両指）の登場とその意義

（1）「双規」（両指）はなぜ導入されたか

巡視組の巡視業務が汚職腐敗の幹部職公務員を摘発する手段として使用されているとすれば、その腐敗の裏を究明する手段は「双規」または「両指」であろう。双規が登場した背景には幹部職公務員の腐敗の撲滅を担当する職員の無力感があった。

汚職の容疑のある幹部職公務員は取調を妨害するために、自分の権力や人脈網を利用して汚職の事実を隠蔽したり、関係者と口裏合わせをしたり、裏を知っている人の告発を断念させるために脅かしたりする。それに対し、紀律検査機関や監察機関は汚職役員を取り調べるにあたり、「手段は口一つ、万年筆一本しかなかった。……そのため、本来汚職の証拠が見つかった一部の重大な事件に対する追及は断念させられ、法規に基づいて処罰を受けなければならない汚職役員を処罰の対象から逃してしまった」[40]とのことであった。

取調や処罰を巧みに避けようと企てる汚職役員を抑えるには、有効な調査手段を導入しなければならなくなった。そこで登場してきたのが「双規」（「両指」）という措置である。

最初に「双規」を盛り込んだのは1990年12月9日に国務院により公布された『行政監察条例』（1997年5月9日廃止）である。同法第21条第5項で「監察機関は検査、取調において……関係者に対し規定された時間、規定された場所で監察を受けた事件にかかわる問題について釈明を行うように指令する」と定められている。文中の2つの規定はその後「双規」と呼ばれるようになった。

1993年、国務院監察部と中央紀委と合同で業務を取り扱うという「看板が2つ、構成職員が同じ」の業務体制を取り入れた。これを受けて、中央紀委は『中国共産党紀律検査機関による事案検査業務条例（試行）』（1988年制定。以下、紀検条例と略す）の改正をきっかけに、基本的には前出の監察条例の内容を踏襲し、第28条第3項で双規の条項を設けた。「事件の状況を知るすべての組織と個人は証拠を提出する義務を有する。調査組は規定された手続に基づき下記の措置を採用して取り調べることができる。関係する組織と個人は誠実に証拠を提出しなければならず、それを拒絶、妨害してはならない。……（3）関係者が規定された時間、規定された場所で事件にかかわる問題の釈明を請求する」と。これにより、「双規」は汚職・腐敗の幹部職公務員を取り調べる重要な手段として定着した。

しかし、『中国共産党紀律検査機関による事案検査業務条例』はあくまでも共産党員出身の役員を取り締まる共産党内部の条例であり、非共産党員の役員に対しては適用できない。また、法制度を整備するために、1997年5月に行政法規として制定された監察条例がバージョンアップされ、立法機関の全人代で『行政監察法』（1997年5月9日）が採択された。共産党の内規と区別して、同法第20条第3項は次のように定められた。「監察機関は行政紀律の違反行為を取り調べるとき、実際の状況および必要に応じて下記の措置を講じることができる。……（3）行政紀律に違反する容疑のある者に指令して指定した時間、指定した場所で取調を受けている事項にかかわる問題について釈明を行わせる。ただし、その容疑者に対し身柄の拘束または形を変えた身柄の拘束をしてはならない」と。この規定は「両指」と呼ばれている。

それ以来、「双規」「両指」の措置をより規範化し、改善するために、中央紀律検査委員会および監察部は相次いで4つの規範的文書を作成した。『紀律検査機関・監察機関が法に基づき「双規」「両指」の措置を行使する若干問題の通達』（1998年6月5日）、『紀律検査機関・監察機関が「双規」「両指」を行使する方法（試行）』（2000年1月20日）、『「双規」「両指」の適正な行使に関する中央紀律検査委員会・監察部の通達』（2001年2月19日）、『「双規」の措置のより規範的な行使に関する中央紀律検査委員会の通達』（2001年9月28日）などがそれである。これらの文書は双規に使われる手段、場所についての禁止規定を設けるとともに、双規が適用される原則、条件、場所、手続、時間、責任の追及などについて詳しい規定を設けた。

（2）「双規」（両指）とはなにか

双規（両指）は幹部職公務員が党の紀律または行政紀律に違反したと疑われる場合に、党の紀律検査機関は前記『中国共産党紀律検査機関による事案検査業務条例』、行政監察機関は『監察法』に基づき該当職員に職務を停止させ、ある程度の人身、活動の自由に制限を加えた条件下で事実関係を取り調べる調査手段である。調査の結果、当事者は党の紀律または行政紀律に違反した具合に応じてそれぞれ党内処分または行政処分を受けることになる。そして、双規による取調を受けた当事者が刑事犯罪にも触れたと認定された場合に、検察機関に送検される。この場合、検察機関は司法手続に基づき捜査を展開し、捜査の内容によって公訴を提起する。いうまでもなく、送検された後、当事者は訴訟手続に基づき弁護士を依頼して裁判所で争うことになり、いままでの双規による取調とは違う展開となるのである。図12－1はその流れを示したものである。この流れをみると、幹部職員は告発を受けた場合に、まず、党の紀律検査機関および行政監察機関の調査を受けるが、ただの行政処分または党紀処分により事案を終結させる可能性が存在する。党紀および行政紀律の違反のほかに刑法違反も認定された場合は、送検を受け、訴訟手続に入ることになる。したがって、普通の庶民の目には幹部職員が厚い保護を受けているように映る。

一般的にいえば、双規が適用される対象は共産党員出身の幹部職員で、非共産党員または無党派出身の幹部職員が適用されるのは監察法に定められた両指である。両者は用語だけ異なるものの、中身は基本的に同じである。

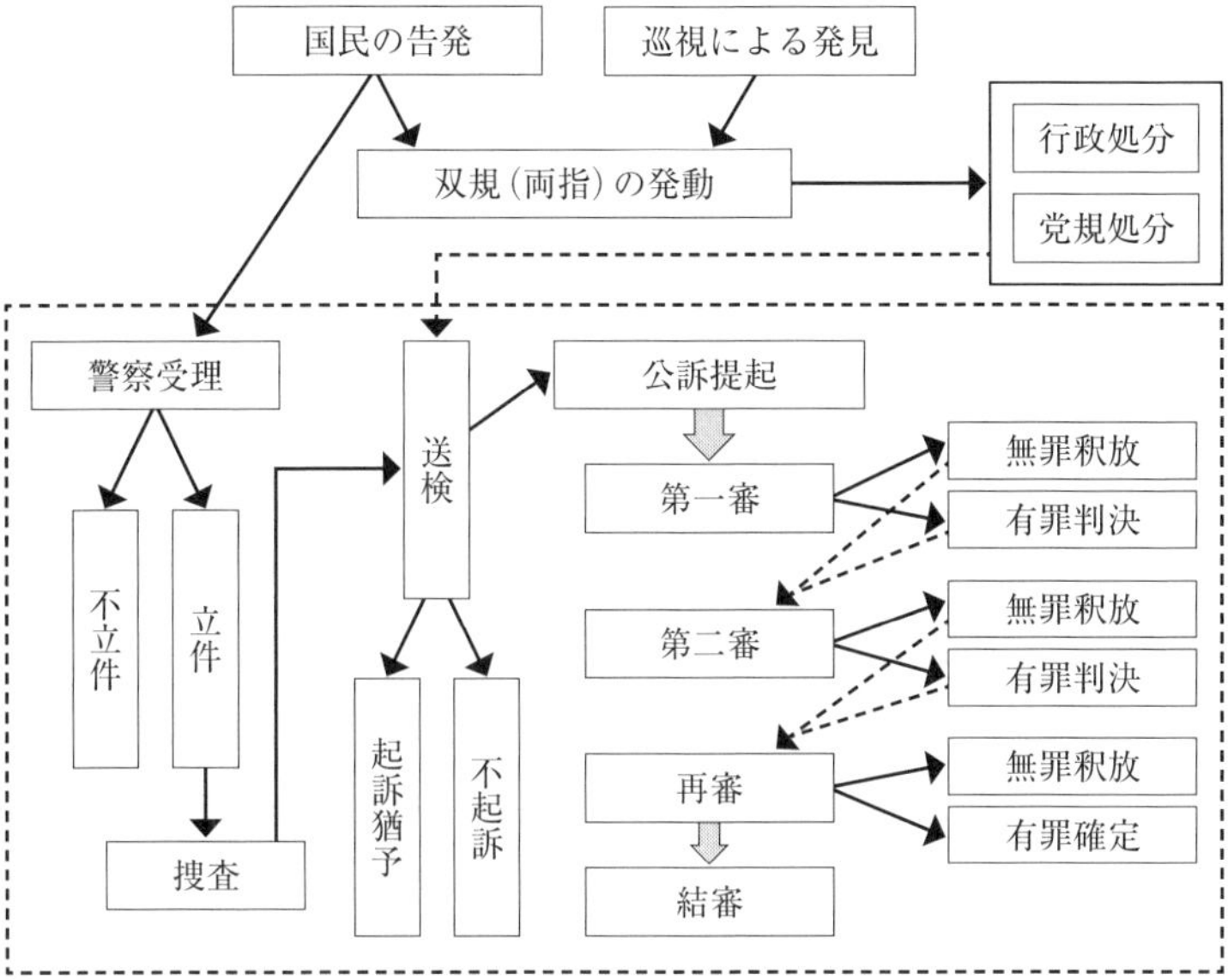

図12－1　汚職の幹部職員を摘発、処罰する流れ
点線の内側は一般事件の流れ。点線矢印は可能性を示すものである。
（出典：関連資料をもとに筆者作成）

（3）「双規」（両指）の特徴

双規（両指）の特徴を以下に記す。

第一に、双規（両指）は刑事事件の捜査措置ではなく、党の紀律と行政紀律に基づく調査措置とされている。それを適用される対象は不正や汚職腐敗など党内または行政紀律に違反した容疑を持つ幹部職員である。ただし、双規（両指）は刑事捜査に発展する可能性のある前触れでもある。

第二に、双規（両指）の取調の方式は刑事事件の捜査の措置と大した区別がなく、とりわけ当事者に対しある程度の人身の自由を制限し、訊問を行うといった面では捜査官による捜査とほぼ同じである。ただし、双規（両指）による取調を担当するのは党内の紀律検査に従事する党務幹部または監察業務に従事する行政職員であり、司法官の検察官ではない面と、人身の自由に制限を加え、訊問を行う場所は刑事捜査に使われるところの使用が禁止されている面では違いがみられる。

第三に、双規（両指）の手続は刑事捜査の手続を念頭に設定された模様だが、刑事捜査が受けるべき制限と比べれば、取調への時間的制限が緩やかである。

第四に、事実の調査、究明を優先させたため、双規（両指）による当事者への人権配慮が足りないと指摘されている。したがって、刑事捜査を受ける場合に、身柄が拘束されると、当事者は直ちに弁護士の援助を受けることができるのに対し、双規（両指）の場合は弁護士に依頼するどころか、身柄が拘束された場所等さえ秘密事項として外部に知らされず、当事者と家族との通信さえ認められないのである。

第五に、党の紀律検査、政府の監察機関の体制改革が完成し、司法機関に幹部職員、とりわけ行政ランクの高い幹部職員の汚職、腐敗ないし犯罪を捜査する独立の権限が付与される前に、双規（両指）は政権党の腐敗撲滅の過渡的措置として引き続き用いられると思われる。

2 「双規」（両指）の仕組み

（1）「双規」（両指）の行使機関

『紀検条例』および『行政監察法』によると、「双規」の手段を行使する機関は共産党所属の紀律検査機関であり、「両指」は行政府所属の監察機関であるとなっている。ただし、双規または両指という措置の発動権がどのレベルの機関に属するかは不明確である。『行政監察法実施条例』第13条では「監察機関は行政監察法第20条第3項に定められた措置をとる場合には県レベル以上の人民政府所属の監察機関の責任者から承認を受けなければならない」と定められているが、県レベル以下の監察機関がその措置をとってはならないとの規定が設けられていない。『紀検条例』第17条では共産党員の紀律違反の調査立件について行政ランクに応じた管理の方法が定められている。同条第4項では「幹部ではない共産党員が党の紀律に違反する問題については基層党委員会によって立件を決定する」と規定された。取調を担当する調査組に双規の適用を決定する権限が与えられているため、党内規程、行政法規を問わず、双規は特定のランク以上の紀検機関または行政監察機関のみ行使できるとの規定がないことがわかる。紀検機関と行政監察機関が統合された後、双規の手段は各級の党委員会所属の紀検・監察機関により統一的に行使されるようになった。したがって、県以下の基層党委員会で成立した調査組も取調の対象ないし証人に対し双規の手段を行使することができた。事実上、1998年までに各級の党委員会の紀検・監察機関およびその出先機関（国有企業や事業単位、大学の党委員会または紀検組）が幹部の管轄権限および事件の立件権限に応じて設立した事件調査組は双規の手段を行使していた。

しかし、双規手段の濫用および一部の取調の担当者の権力濫用により、双規による取調を受けた当事者が自殺する事件がしばしば発生し、双規そのものに対する非難が生じたのである。そのため、中央指導部は1998年以後、相次いで決定や通達を出し、双規手段の行使を規制しようとした。最初は紀検機関のみ双規の適用を認めると定められ、現在は県レベル以上の紀検機関にしか双規の行使権を認めないと規定されている。そして、2005年には双規の行使に承認、指示伺い、通報などの制限措置を講じた。しかも、郷（鎮）レベル紀律検査組、県（市）、市（地区）、省（自治区、直轄市）の直轄機関の紀律検査組（紀律検査委員会）は双規の措置を講じてはならないとの禁止条項が設けられた。

(2)「双規」（両指）の適用対象

双規の適用対象については明確な規定が設けられていないようだが、『紀検条例』第10条では紀律検査機関が告発する取扱範囲として次のように定められている。（一）同級の党委員会の委員、紀律検査委員会の委員の紀律違反の問題、（二）1級上の党委員会の管理を受ける、本地域、本機関で勤務する党員幹部職員の紀律違反問題、（三）同級の党委員会の管理下に置かれる党員幹部職員の紀律違反問題、（四）1級下の党の組織の紀律違反問題、（五）上級機関の責任者から指示を受けた、その他の党員または党組織の紀律違反問題、などとされている。告発を受け付けた場合、紀律検査機関は初歩的な確認作業から立件、取調に至る措置を講じなければならず、初歩的な確認作業と取調の段階では双規の行使が含まれている。したがって、前記の当事者はみな双規の対象とされる可能性がある。[41]

一方、『行政監察法実施条例』第2条は監察法および実施条例の適用対象は、「国家行政機関、法律・法規の授権により公共事務を管理する職能を有する組織ならびに国家行政機関が法に基づき委嘱した組織および労務者以外の職員」「企業、事業単位、社会団体の中で国家行政機関が委任、派遣等の方法で任命する職員」であるとされている。行政監察の対象となった場合に、取調の担当者は「両指」の措置を講じることができるとなっているので、監察法と実施条例の適用対象はそのまま両指の適用対象となるのである。

ただ、党紀や行政紀律への違反で取調の対象となった場合でも、自動的にすべての当事者に双規・両指の措置を適用するのではない。『紀律検査機関による双規の措置の行使に関する方法（試行）』によれば、下記2つの条件を満たしたもののみ適用されることとなっている。すなわち、第一に、紀律違反事件中に紀律違反の容疑がある党員の厳重な紀律違反の事実および証拠を把握し、紀律処分を下すに足る条件を整えたが、なお糾明しなければならない重要な問題が残っている場合、第二に、紀律違反の容疑のある党員は口裏合わせ、自白否認または逃亡のおそれ、あるいは証拠を隠滅、毀損するおそれ、および事案の調査を妨害するその他の行為がある場合に、双規の措置が発動される。

その後、2005年に出された『事件の調査処分の協調メカニズムの整備、「双規」措置のさらなる改善および規範に関する中央紀律検査委員会の意見』ではさらに双規の行使の目的を「事実に基づいて事件の真実を究明する」ものとし、双規の適用は下記条件の一つが満たされた場合とされている。すなわち、一つは厳重な紀律違反の容疑のある党員の一部の事実および証拠を把握したが、取調をさらに行わなければならない重要な問題があり、その他の措置を講じては当人の逃亡、または証拠を隠匿し、偽造し、毀損すること、あるいは取調を妨害するその他の行為を防ぐに足りない場合、他の一つは事情を誠実に説明せず、厳重な紀律違反の容疑のある場合であるという。なお、非共産党員、重病にかかり正常な業務を取り扱うことのできない職員および妊娠・授乳中の女性職員、検察機関または警察機関によって立件され捜査を受けている者は双規の適用から除外されると明確に決まった。

他方、紀律違反の容疑者の一部分の証拠が把握され、その違反した内容では行政処分で済むといった当事者には双規の措置が適用されないとともに、双規の行使期間は調査の段階に限られることとなっている。

(3)「双規」(両指)行使の決定手続

『紀検条例』や『行政監察法』および『行政監察法実施条例』によると、党内紀律および行政紀律への違反事件に対する検査・監察は事件の発見、初歩的調査、立件、取調の展開、処分の決定および告知などの段階からなっている。紀律検査・監察の結果、触法していた場合にはさらに送検して刑事処罰を求めることもあるが、これは司法手続が適用され、双規から切り離される。ただ、現実上、双規で得た証拠はほとんどそのまま検察機関によって採用されるので、双規が裁判に与える影響は大きいといわざるを得ない。

事件の発見では日常の紀律検査・監察業務を経て見つかったものと、国民や同僚職員または部下からの告発を受けて見つかったものの2通りある。不正、瀆職、汚職などの行為がある腐敗した幹部職公務員を監督、処分、処罰するために、最高人民検察院および監察部は国民の告発に関する条例を公表し、国民の告発を推奨している。国民の告発・密告に結果次第で巨額の報奨金を支給すると規定した地方政府もある。

初歩的調査では告発を受けた当事者に対し、紀検・監察機関は告発の事実が確実かどうかを確認する。

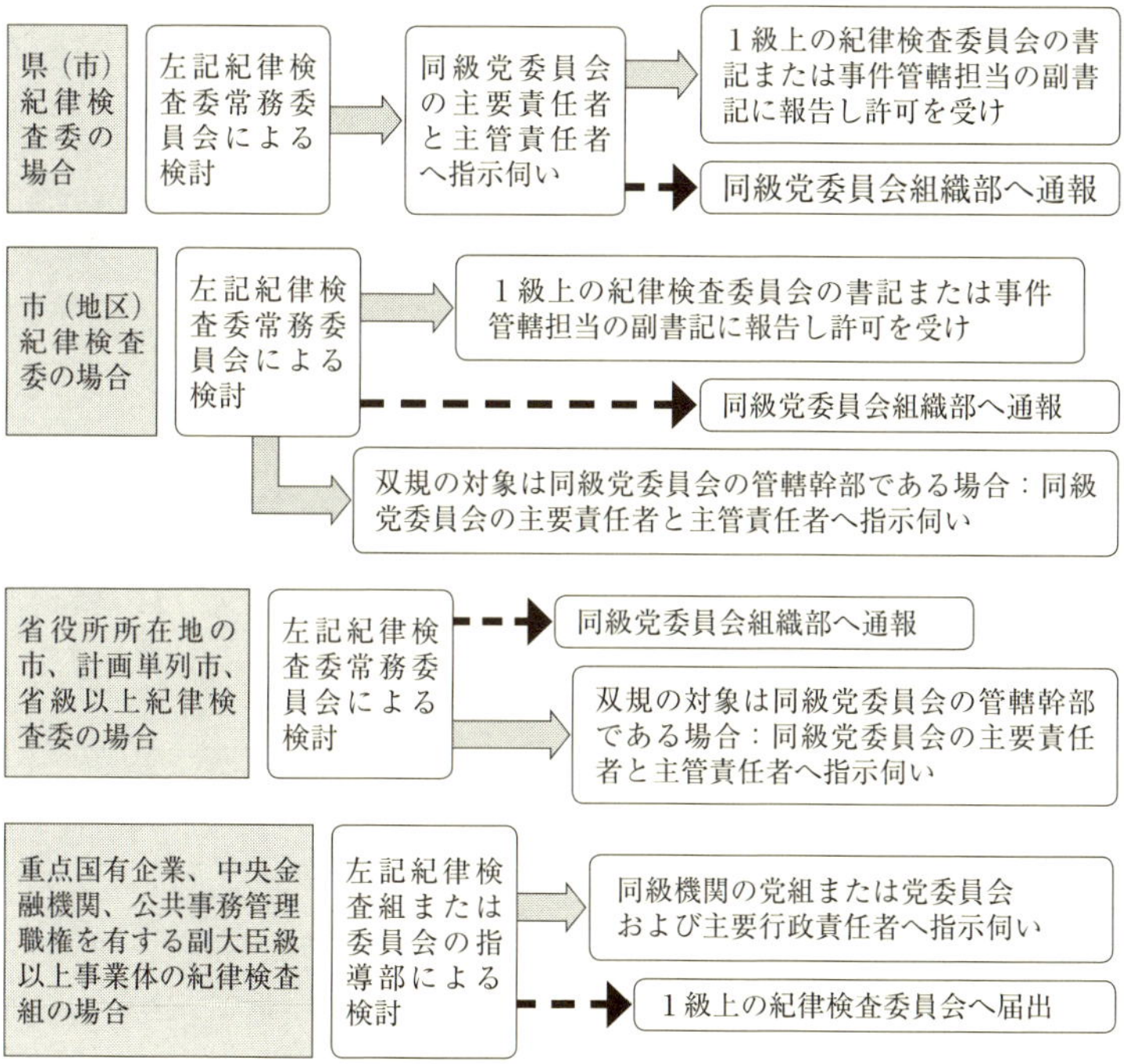

県（市）紀律検査委の場合
左記紀律検査委常務委員会による検討
同級党委員会の主要責任者と主管責任者へ指示伺い
1級上の紀律検査委員会の書記または事件管轄担当の副書記に報告し許可を受け
同級党委員会組織部へ通報
市（地区）紀律検査委の場合
左記紀律検査委常務委員会による検討
1級上の紀律検査委員会の書記または事件管轄担当の副書記に報告し許可を受け
同級党委員会組織部へ通報
双規の対象は同級党委員会の管轄幹部である場合：同級党委員会の主要責任者と主管責任者へ指示伺い
省役所所在地の市、計画単列市、省級以上紀律検査委の場合
左記紀律検査委常務委員会による検討
同級党委員会組織部へ通報
双規の対象は同級党委員会の管轄幹部である場合：同級党委員会の主要責任者と主管責任者へ指示伺い
重点国有企業、中央金融機関、公共事務管理職権を有する副大臣級以上事業体の紀律検査組の場合
左記紀律検査組または委員会の指導部による検討
同級機関の党組または党委員会および主要行政責任者へ指示伺い
1級上の紀律検査委員会へ届出

図12－2　「双規」（両指）措置の行使に関する決定の流れ
（出典：関連資料をもとに筆者作成）

立件は初歩的調査の結果を踏まえ、汚職事件または汚職役員として立件して本格的な双規による調査を行うかどうかについて決定をしなければならない。一般的には被調査者の行政ランクに応じて相応の紀律検査委員会で検討し、党の責任者または行政責任者に指示を伺ったり、上級の紀律検査機関に報告して立件の承認を求めたりして慎重を重ねて決定する。図12－2は中共中央委員会弁公室により［2005］28号文書として公布された『事件の調査処分の協調メカニズムの整備、「双規」措置のさらなる改善・規範に関する中央紀律検査委員会の意

見』に定められた規定に基づいて作成した双規措置の行使に関する決定の流れである。

上級紀律検査委員会または監察機関は立件に関する承認の請求を受けた場合に、普通1か月以内で承認または否決の決定を下さなければならない。

立件が決定された場合に、正式な調査が始まり、調査組は被調査者の所属機関の協力の下で、被調査者に対し活動の自由に制限を加え、立件機関の同意なしには被調査者の配置換え、昇格昇進が禁止されることになる。これはいわゆる双規の適用となる。

(4)「双規」(両指)を実施する場所と期間

双規の適用が決まった被調査人は決定の告知の時点から帰宅できず、従来の勤務職場から引き離され、調査組があらかじめ選定したところへ連行され、身柄が拘束されることになる。

『紀律検査機関による双規の措置の行使に関する方法〔試行〕』によれば、双規を実施する場所は普通、双規を担当する紀検・監察機関の管轄下の行政エリアに位置しなければならないが、それ以外の地方で双規を実施する必要が確実にあるとき、紀検・監察機関の主要責任者によって決めなければならないとされ、双規を実施する施設は紀検・監察機関のオフィスを使ってもよく、紀検・監察機関が選定し、取調の条件を整え、被調査人、取調の担当者の人身安全が保障できる施設を使ってもよいとされている。しかし、警察、検察、裁判機関のオフィス、拘置所および行政機関所属の強制収容所のようなところを使用してはならず、双規措置のための専用施設を建ててはならないとも規定されている。

現実では、双規はどのようなところで展開されるのだろうか。『斉魯晩報』に掲載された「『双規』の登場および運用――双規の裏を解明する」（２００９年８月７日）という記事は次のように書いている。[42]

「『双規』の場所の選定については都市近郊に位置し、周囲の環境が静かで、外来者の出入りが少なく、食事や宿泊が便利である条件が要求される。したがって、ゲストハウス、ホテル、研修センター、軍事基地といったところが選ばれる。場所が選定されたら、安全への配慮は最も優先される。『双規』の安全保障組はまず部屋は１階を使い、２階以上の部屋で事件の当事者と接触してはならないことが要求される。また、付添い室、事務室、談話室、廊下およびトイレなどのところに安全でない箇所があれば、防御用の欄干が付けられ、電源のコードは必ず隠され、露出させてはならない。トイレは内からのロックができず、物掛けを外さなければならないようにしておく」

このように厳密な安全措置が講じられるのは、被調査人が双規期間中にさまざまな原因で自殺したことにより、取調を中止せざるを得なくなっただけでなく、紀検・監察機関が被調査人の親族により訴えられ、巨額の賠償金を支払わなければならないといったような事件がしばしば発生したからである。被調査人の自殺または逃亡を防ぎ、または健康上の配慮をするために、双規を適用された被調査人1人には6～9人が朝、昼、夜の3当直に分けて24時間の付添いをしなければならず、夜の付添いの当直者は睡眠をせずに被調査人を見守るという。そのため、重大で複雑な事件に関与した被調査人の人数が多い場合に、付添いの人数だけで百人以上にも及ぶときがあるといわれている。

なお、双規の取調の時間が3か月で終わらない場合は1か月の延長ができ、最長4か月とされている。しかし、重大または複雑な事件の場合、延長の期間内に取調が終わらないとき、立件機関の承認を経て再延長することができると規定されている。実際の運用において、双規の期間は担当の調査組およびその主管機関が臨機応変に決めることで、硬性的な制限が設けられていない。かつ、双規はほとんど秘密裏に行われているので、被調査人にとっては最も厳しい強制手段となっている。

(5)「双規」(両指)における被調査人と取調担当者への規制

被調査人は双規施設に連行された日から、取調を受けることになり、取調の担当者の訊問に偽りなく回答する義務が課される。取調の内容は調書に記載され、紀律処分の証拠として使われる。そのため、被調査人は必ずと言ってよいほど素直に自分の非を認めない。そこで、取調の担当者は被調査人に考える時間を与え、自分の紀律違反行為について反省させ、思い出したら自白の書類を書いて提出するように要求する。したがって、被調査人が双規施設内で行う作業は主に反省書類の作成である。

取調が外部からの干渉を受けずに行われ、被調査人に一定の圧力を与えるために、双規は基本的に秘密裏に展開されるのである。また、被調査人の権利を守るために、取調の担当者にも遵守すべき紀律を課さなければならない。したがって、双規が行われる期間に、被調査人も取調の担当者も規制を受けることになっている。

まず、被調査人に対する規制を見てみよう。

第一に、双規を受ける期間に、被調査人は取調の担当職員の許可なしでは外部と書簡または電信等による連絡を取ってはならず、従来の勤務機関の車両等の交通手段を使ってはならない。

第二に、被調査人は業務の取扱と職務の履行をしばらく停止され、許可なしでは業務と職務と関係のある活動をしてはならない。

第三に、被調査人は制服を着用し、武器または認められない物品を双規の施設内に持ち込んで双規を受けることはできない。

第四に、被調査人は許可を経なければ父母、配偶者、子女などの親族を双規の場所周辺で待機、滞在させることはできない。

さらに、被調査人が双規を受けた後、双規行使機関は被調査人が双規を受けた情報を当人の勤務機関に通知し、さらにその勤務機関を経由して親族に通知するが、双規の執行場所および双規を受けた理由等は秘密事項として、勤務機関にも親族にも開示しないこととなっている。

次に双規行使機関の遵守すべき紀律は次のとおりである。

第一に、特殊な事情がなければ双規を受ける者に対し、警察用車両を使って連行することを禁止し、本人を自由意思で指定された場所に出頭させなければならない。

第二に、双規期間中、被調査人に対して双規行使機関の取調の担当職員とまったく同じ生活を保障しなければならない。

第三に、取調の担当者は、双規の期間を定める目的は被調査人の人身の自由を制限するのではなく、規定された時間内に被調査人をして事実を釈明させることを心がけなければならない。

第四に、双規期間中に、警察官、検察官などの職員が取調を行い、または筆記を担当してはならない。また、双規行使機関の職員は警察機関、検察機関、裁判機関の職員の制服を着用し、警察用の器具等を双規の場所に持ち込んではならない。ただし、事案が重大で、内容が複雑、難解である場合には警察機関と検察機関が取調に加わることができる。

第五に、被調査人に対し、自白の強要と誘導、体罰または形を変えた体罰、拷問、罵詈、人格の侮辱をしてはならない。

双規は強制的に双規の適用者をして取調に協力させる形をとっているため、被調査人の身柄が拘束され、活動の自由も制限を受けなければならない。しかし、双規の適用が決まる前に、被調査人の紀律違反の事実はある程度把握されるものの、紀律違反の事実がどのような性格であるかが完全に明らかになったわけではない。したがって、被調査人は双規期間中に付添い人と同じ生活が保障される。ただ、被調査人の行政ランクによって生活費用が異なり、市、県レベルの職員は一日あたり100～200元の生活費を支給される。また、双規期間に双規施設内でテレビの観賞や新聞等の閲覧が認められている。

3 「双規」（両指）の役割と問題点――両刃の剣

(1) 「双規」（両指）の威力の所在

「役員は検察官を怖がらず、双規を怖がる」といわれているように双規は幹部職公務員の腐敗の取締まりには猛威をふるっている。では、双規の威力はどこから来ているのだろうか。

これについて李永忠は双規には下記3つの威力があると指摘している。

第一に、被調査人の党紀・政紀に違反する事実の把握による心理的な圧力である。つまり、双規は証拠の把握を踏まえて発動するもので、一般的にいえば、証拠がなければ紀検・監察機関は双規措置を行使しない。この点について幹部職公務員としての被調査人は十分に承知している。ただし、取調の担当者がどこまで証拠を把握しているのか被調査人はわからない。証拠の威力により、多くの被調査人は協力的な態度を示し、寛大な処分を求めようとして、多かれ少なかれまだ把握されていない犯行事実を白状するのである。

第二に、被調査人の権力行使の一時停止による威力である。汚職の幹部職公務員の権力は私利を図る道具だけではなく、紀律違反ないし犯罪を隠蔽する保護措置でもある。しかし、双規（両指）が適用されると、被調査人の権力行使が一時に停止されることとなる。このような特殊な時間帯に内情を知る者、被害者等は被調査人の威嚇から解放され、大胆に被調査人の犯行事実を告発、告訴することができる。そして、事案に関与した者や受益者の違法問題も権力者の保護を失い、不正を隠すことができなくなる。これは明らかに被調査人の犯行事実の究明に役立つと思われる。

第三に、情報の不対称による威力である。双規（両指）の取調は検察機関の訊問や取調や裁判所での公開審理とは異なり、双規期間中は、被調査人は外部から隔離されるため、情報が不対称となり、不利な地位に置かれてしまうことになる。また、弁護士を依頼することが認められず、調書等の閲覧ができない。したがって、被調査人は自分の党紀・政紀違反ないし法規違反の問題がどれぐらい把握され、関連者からの告発があったかどうかを一切知らないのである。他方、経験豊かな取調の担当者

表12－1　双規措置導入後紀検・監察機関による汚職幹部公務員の取調・処分件数と人数の統計

党全国大会の期数	期間	立件数	終結件数	党紀政紀処分人数	内訳：党籍剥奪人数	党籍剥奪の上刑事処罰人数	処分を受けた党員出身の幹部人数		
							県(課長)級	局長級	知事・大臣級
14期大会	1992～1997年	731,000	670,100	669,300	121,500	37,492	20,295	1,673	78
15期大会	1997～2002年	861,917	842,760	846,150	137,711	37,790	28,996	2,422	98
16期大会	2002～2007年	677,942	679,846	518,484	不明	不明	不明	不明	不明
17期大会	2007～2012年	643,759	639,068	668,429	不明	24,584	不明	不明	不明
合計		2,914,618	2,831,774	2,702,363					

（出典：中共中央紀律検査委員会による第15期から第18期全国大会への歴年活動報告をもとに筆者作成）

はこの有利な地位を生かし、政治的、心理的な攻勢をかけ、その事実の自白を促し、証拠を突き止めることができる。

しかし、この3つの威力に対し異議を唱える者がいる。沈良慶がその一人である。彼は双規の経験者に対する訪問調査を経て、双規の最も大きな威力は取調の担当者による拷問または形を変えた拷問だと断言している。

(2)「双規」(両指)の効果

双規(両指)措置が導入されて以来、共産党および政府の清廉な政治の推進と幹部職公務員の腐敗防止において他の措置によって代替できない重要な役割を果たし、明らかな成果が収められた。成果の一つは大量の腐敗党員または幹部職公務員が摘発され、あるべき処分を受けた。表12－1は1992年から2012年にかけて紀検・検察機関が取調、処分を行った汚職の幹部職公務員または党員の人数と案件数の統計である。

それによると、前記20年間に立件件数は

291万4618件、期間内に調査が終結したのは283万1744件で、党紀・政紀の処分を受けた人数は270万2363人である。処分を受けた党員出身の幹部職公務員は公開された統計がないため、正確な数字を把握できないが、前記李永忠によれば、1990年から2003年までに県（課長）級の幹部6万人以上、局長級幹部5000人以上、大臣級幹部200人近くに及んだという[43]。その中には、陳希同、陳良宇、薄熙来といった中国共産党最高指導部の政治局委員、田鳳山、鄭筱萸、劉志軍のような大臣級高官、程維高、杜世成、許宗衡のような地方政府の省長、市長クラスの高官も多く入っている。

双規措置の行使により汚職のさらなる蔓延がある程度抑えられ、国家のために巨額な経済損失が避けられ、党紀国法の厳粛性が維持された。アンケート調査によると、国民の共産党指導部と政府主導の腐敗対策に対して満足度が少しずつ上がっている。たとえば、腐敗対策に対する満足度は2003年の51・9％から2011年の72・7％に上り、腐敗現象がある程度抑制されたかという問いに対し、肯定的な答えをした割合は2003年の68・1％から2010年の83・8％に上がった。

また、国際社会も中国の腐敗防止策について一定の評価を与えている。トランスペアレンシー・インターナショナルは中国の清廉指数に対する採点は1995年は2・16点、2001年は3・15点、2004年は3・40点、2009年は3・6点、2010年は3・5点、2011年は3・6点となり、まだ比較的腐敗の国家と評定されているが、腐敗問題が少しずつ改善していることが認められていると考えられる。また、清廉度の順位も2010年の78位から75位へと3位上昇した。

また、双規は被調査人に対する保護措置としての効果も果たしている。事件に関与した被調査人が告発され、立件された場合に、不正に組み込んだ関係者は自身の問題を摘発されないようにするために、ややもすれば被調査人に圧力ないし脅迫を施す手口をとるのである。この場合に、被調査人は義理人情により他人の不正や汚職問題を告発せず、または他人の問題を全部自分の責任として引き受ける。酷いときは精神的な圧力により逃亡または自殺を図るものもある。双規措置は特に組織的犯行があるとき、問題の全容の解明の一助になるとともに、圧力や脅迫を受けやすい被調査人を外部の干渉から遮断し、身の安全を守ることになる。したがって、双規措置が適用された被調査人の中に双規により精神的に解放されたと感じた者も少なくないという。

(3) 両刃の剣——「双規」(両指)の二重性

前述してきたように、双規は権力を独占している共産党支配の体制下に、ほとんど有効な監督を受けない各級の権力者が被調査人になったときに用いられる強制調査手段であり、被調査人を強大な権力から遮断しなければ、党紀・政紀違反の証拠の取調、事実の究明がきわめて難しい現状の中で使わざるを得なかった切り札である。しかし、この種の切り札は両刃の剣のようなもので、それを行使する手続にも不透明な部分が存在することに加え、少なからぬ問題が指摘されている。

まず、双規を悪用して政敵のライバルまたは告発者を陥れたり、それを汚職の手段にしたりすることが指摘されている。前者の例として河北省の党トップ程維高の不正、汚職を摘発した郭光允が報復を受けた事件、後者の例としては汚職幹部を取り締まるはずの湖南省郴州市元市委副書記・市紀委書記曾錦春は双規の措置を悪用し、汚職腐敗の容疑がある幹部職員を脅かしたりして3123・82万元の巨額賄賂を強要し、収入源泉の釈明不能の金額が952・72万元に及んだなどの罪があるとして死刑判決を言い渡された事件がある。

次に、前にも触れたように、双規は党紀・行政処分による権力腐敗者の刑事訴追の免罪符になったのではないかと疑われている。2007年2月13日、中央紀委副書記干以勝が記者招待会で発表した数字によると、2006年、各級の紀検・監察機関が党紀処分を下した党員幹部は9万7260人で、そのうち、社会管理秩序の妨害、瀆職、清廉自律の規定および財経紀律に違反したとして処分を受けた人数は7万8980人、犯罪の容疑があるとして送検し、刑事処分を受けたのは3530人で、党紀処分を受けた人数の3・6％に過ぎないという[44]。刑事処罰を受けた人数の少なさに注目した民間の腐敗反対闘士である沈良慶は腐敗分子を庇っていると厳しく批判した（沈良慶「『双規』問題民間調研報告」）。

（4）「双規」（両指）に対する評価

現在の中国において、双規は幹部職公務員の腐敗を取り締まり、根絶するという点では絶大な威力を発揮したといわざるを得ない。他方、双規措置の透明性、適法性の面では物議を醸すところが多いことも事実である。したがって、双規に対する評価は意見が分かれている。

双規には「相対的な合理性と有限の適法性がある」と双規を維持しながらそれを見直して法制の整備を主張する意見がある一方[45]、双規は深刻な人権侵害、共産党独裁のための道具だと厳しく指弾する意見もみられる。特に体制反対派の沈良慶は漢字6万字にも及ぶ詳しい調査報告を執筆し、双規の違法性を指摘している。その報告では、双規は中国の憲法、立法法、刑事訴訟法、刑法といった国内法に抵触するのみでなく、国際法の任意拘留不法性質、『世界人権宣言』『市民的及び政治的権利に関する国際規約』といった国際法にも抵触しているとし、双規の運用中に頻繁に発生している拷問による虐待問題は国内法および国際法の規範に抵触していると主張している。

1962年に生まれた沈は大学修了後、安徽省人民検察院に勤務し、書記、助理検察員を歴任したことがあるが、天安門事件後、反政府活動を行ったとして逮捕され、「反革命宣伝扇動罪」を犯したとして有期懲役1年半を言い渡された。釈放後、反政府活動に参加したとして、1998年2月に「労働教養」2年の処分を受けた。このような経歴を有する著者から見た双規は「中共当局が新しい歴史条件下で政治的支配への適応および選択的腐敗反対を行うために作り出したもので、法律、司法および人権を悪質に破壊し、組織的、大規模な制度化された任意拘留制度」だとされている。この批判は事実の一面を捉えたとはいえ、それを全面的に否定することには違和感がある。

どこの国でも完璧な制度がほとんどないのと同じように、双規制度も二面性を持っていることは中国政府によって認められている。中央紀律検査委員会所属の研究室に勤務している李永忠さえ双規は「法制社会へ過渡する便宜的な施策」だと承認し、法治社会の構築とともに双規発動のさらなる規範化、適用手続のさらなる厳格化、適用範囲のさらなる縮小、適用頻度および適用対象のさらなる減少を予測している。また、多くの識者から双規の適用について範囲、段階、主体、時間、場所等に制限を加え、検察機関による双規適用に対する監督の強化、被調査人の双規による不法行為に対する法的救済の請求権の付与などの面で改善策が出されている。[46]

中国の現状を鑑み、共産党の一党支配が続き、三権分立体制の導入が拒絶され続ける以上、共産党内の紀律を維持していくには双規は引き続き用いられるだろう。ただし、双規と法手続との関係を見直し、双規の透明性、公開性、適法性を高めるために改善措置が講じられると思われる。双規の措置は司法独立が推進され、裁判官による独立性を有する司法体制が整備された時点になって初めて歴史の舞台から退場するだろう。

(5) 政治体制の改革が腐敗撲滅の鍵

『2009年中国の流行語』の中に、「反省書」と題するものがある。そこには次のように書かれている。「私は紀律検査委員会に赴任した直後に厳重な政治的誤りを犯してしまった。事情の経緯は次のとおりである。一昨日、中央テレビ局のジャーナリストが本市に訪れ清廉な官僚役員のモデルを取材する予定というので、何人か評判の高い局長を執務室に集めてくださいという知らせが責任者から私に届いた。勤務時間が終わる直前なので、先方の退勤の時間をそれほど遅らせないために、各機関に詳しい説明を抜きに通知を出した。『お宅の局長に明日紀律検査委員会に行ってもらうよう連絡をお願いします』と。しかし、予想外のことが起きてしまった。国土局局長は通知を聞いたとたんに大小便を失禁し、心臓病の発作を起こして倒れてしまった。財政局局長は直ちに警察署に出頭し自首した。交通局局長はその夜、行方不明となり、カナダへ亡命したとのうわさだ。商工局局長はその日の深夜に愛人を殺害した。彼女に密告されたと思ったからである。衛生局局長は毒薬を仰いで自殺した。このような一連の惨事が起きてしまったのは私の執務方法にあまりにも配慮が足りなかったことによるもので、大変申し訳ない気がして深く反省しなければならない」。

他の一つには次のように書かれている。「深圳市市長許宗衡が検挙され身柄が拘束された。その家に大型の金庫があり、ドアが開けられない。その金庫のシステムがわかりそうな中央紀律検査委員会のある官僚は周りに『これは音声ロックで、パスワードは普通八文字が使われている』と得意気に教えた。そこで、事務担当者は職員を集め、交替でその八文字を推測させていわせてみた。『人不為己、天誅地滅』（自分のために利益を図らないものは天誅される）とか、『芝麻開門、芝麻開門』（ひらけゴマ、ひらけゴマ）とか、『上天保佑、升官発財』（昇進して金持ちになるよう神様に庇護を願う）とか、『八仙過海、各顕神通』（海を渡る八仙人の如くそれぞれの手腕を振るう）や、『人為財死、鳥為食亡』（人間は蓄財のために死に、鳥は餌を求めるために亡ぶ）などが交替でいわれたが、すべて的外れであって、金庫のドアがなかなか開かない。仕方なく許市長を現場に連行してドアを開けるように命じた。許市長は喉を清らかにした後、非常に重い湖南省なまりの言葉で『清正廉潔、執政為民』（行動が端正で清廉にして国民のために政治を行え）と発声したところ、金庫のドアが音声とともに開いた。金庫にびっしりと詰まった金銀の塊、宝飾や各種の貨幣等は現場の人々を驚かせた」。

前記2つの政治的冗談に示されたように、双規という宝刀を手にしている紀律検査委員会は強い威力をふるっている一方、役員の腐敗が止まらないことに対する国民の不満が読み取られる。

中国共産党指導部や中央政府は腐敗対策について、前述したように制度の整備と取締手段の強化に力強く取り組んできたにもかかわらず、予想された効果が一向に出てこない。現状はまさに「魔高一尺、道高一丈」（悪者の技が向上すれば、悪者を鎮める手段はさらに高まるという意味）という中国の諺と相反し、腐敗撲滅対策が強化されるたびに、腐敗行為は一段と深まっていく傾向がみられる。やはり双規という事後処罰の手段に限界があるのだろう。財産申告制度や巡視制度という未然防止の制度も導入されたが、その役割を有効に果たすようなシステムの整備はなぜか遅々として進まない。為政者にはその知恵がないのだろうか、それともなにかを危惧しているのだろうか。

どの国でも腐敗問題の根絶は不可能に近い。市場経済の整備がまだ途中にある中国にとってはさらに至難の事業であり、当面、腐敗の抑制が優先されるであろう。それを実現するために緊急に講じなければならない方法は恐らく幹部職公務員を完全に国民の監督下に置くことではないかと思う。ただし、将来的には *Corruption and Government: Causes, Consequences, and Reform*（中国語訳名『腐敗与政府』）の著者、アメリカ人学者スーザン・ローズ＝アッカーマンが指摘したように「広範な体制改革に着手しなければならない」であろう。

あとがき

拙著『現代中国の法制と法治』（明石書店）が２００４年に刊行されて、今年で丁度10年目となる。この10年間は中国にとってどんなものであっただろうか。「黄金の10年」という人もいるし、「失われた10年」という人もいる。経済だけみれば、ＧＤＰが２００３年の13兆５０００億人民元から２０１３年の56兆元以上になり、およそ4倍も増加したことでは「黄金の10年」といわれるに値する。ただし、環境の急激な悪化、構造的な腐敗の深刻化など自然生態および政治面に即してみるならば、「失われた10年」といわれても仕方がない。中国に関する評価がこれほど裏腹になるのは中国の複雑さそのものによると思われる。

しかし、このような極端な見方はさておき、平常心で中国をみる場合に、中国は経済のみでなく、政治、法制、社会、教育などの面でも足取りはそれほど速くではないながら大きな変化が遂げられたことは間違いないと考える。『現代中国の法制と法治』で扱われている分野でも同じようなことがいえる。したがって、このような新しい変化を反映するために同書の改訂版を作りたいと思い明石書店に相談したところ、快諾をいただいた。

ところが、この10年間に中国で遂げられた変化後の現状に即して書き直したところ、中国の法制、政治等の面でも着実に変わりつつあることを実感し、書き直したものは改訂版の許容範囲を大幅に超えてしまった。そのために、編集長森本直樹氏は新版として出したらどうかとお勧めしてくれた。その勧めに応えて、筆者は従来の内容を全般的に見直し、新しい現状を充実させて、『法制度からみる現代中国の統治機構――その支配の実態と課題』として刊行することにした。これが皆さんの手元にある本書の由来である。

無論、ある意味で本書は『現代中国の法制と法治』の延長線上にあり、両書は繋がりを持っている。具体的にいうと、本書は12章から構成されるが、『現代中国の法制と法治』の第3章～第7章の5章分を借用している。そのほかは新たに執筆または借用した章節の内容を基盤に大幅に書き直した。また、『現代中国の法制と法治』は中国の法制史、法制度、現行主要法律といった3つの部分から構成されているが、本書は法制史や現行主要法律に関する内容をカットした代わりに、中国の支配構造や公務員制度および進行中の腐敗撲滅キャンペーンについての内容を増やし、視点を中国の政治、法制の構造に絞ったのである。本書では中国の政権党たる中国共産党の中国社会における地位およびその仕組みを第1章に据えた。これは工業先進諸国と異なる中国の政治、法制の複雑な仕組みを理解し、それを解きほぐすには避けてはならない手がかりだからである。なお、中国のユニークな公務員制度、幹部職公務員の腐敗に対する摘発・防止の仕組みに関する最後の3章はいずれも筆者がこれまで発表した論文をもとに書き直したものである。

中国が「法治国家」を構築する目標を憲法に盛り込んだのは1999年である。それ以来15年の歳月を経たが、その目標までどれぐらい接近したか、読者諸君が本書に目を通したのちご判断ができたと思う。さぞ「任重道遠」（課題が重くて道のりがまだ遠い）と感じる方が多いのではなかろうか。この現状に対して、中国の指導部も含め、ほとんどの中国国民が満足していない。したがって、書中でも言及したように、習近平をはじめとする今の高層指導部は経済、政治、社会、文明、生態という五位一体の改革ビジョンを描いた。ただし、13・7億人の人口を有する発展途上の大国としては、これらの改革を推し進めるには、「転覆的な誤りを犯してはならず、歴史的な憾みを残してはならない」との姿勢をとり、「勇気をより大きくし、足取りがさらに穏やかで、取り扱い方がもっと配慮深く」でなければならないと呼びかけている。したがって、未来10年にわたり、中国の政治、法制に対する改革は一歩一歩模索しながら「法治国家、共治社会、自治基層、徳治公民」という方向へ進められ、中国のソーシャル・ガバナンスの方式と能力の面でさらなる近代化を遂げることができるだろうが、「三権分立」のような「法治国家」にはならないと思われる。そのとき、ぜひ本書で書かれた現状と見比べていただきたい。

最後に、読者が紙媒体の書籍から少しずつ離れていき、出版事情が空前に厳しくなりつつある現今に、思い切って本書を刊行してくれた明石書店、特に編集長の森本直樹氏、編集担当の遠藤隆郎氏に感謝を申し上げる。森本氏のバックアップと遠藤氏の仔細な編集および丁寧な手入れがなければ本書を世に出すことはできなかったかもしれない。

2014年5月

熊達雲

附表１　共産党員が履行すべき義務および享受する権利

履行すべき義務
①マルクス・レーニン主義、毛沢東思想等の政治理論、党の路線、方針、政策および決議、党の基本的知識、科学・文化および業務に関する知識を学習する。
②党の基本路線と各種の方針、政策を貫徹・執行し、先駆けて改革開放および社会主義の建設に参加し、人民大衆をリードして経済発展および社会的進歩のために刻苦奮闘し、生産、勤務および学習と社会生活に先兵模範的な役割を果たす。
③党と人民の利益がなによりも高いことを堅持し、個人の利益を党と人民の利益に服従させ、苦労を先にし、享受を後にし、自己を抑制して公にサービスを提供し、より多い寄与をする。
④党の紀律と国の法律を自動的に遵守し、党と国の秘密を厳粛に守り、党の決定を執行し、組織の配置に従い、党の任務を意欲的に完成する。
⑤党の団結と統一を維持し、党に忠誠、誠実であり、言行が一致し、あらゆる派閥および小グループの活動に反対し、面従腹背という裏返しの行為およびあらゆる陰謀術数に反対する。
⑥批判と自己批判を切実に展開し、勇敢に業務中の欠点、過誤を摘発し、それを正して、消極的な腐敗現象と断固として闘う。
⑦大衆と密接に提携し、彼らに党の主張を宣伝し、困難に遭遇した場合に大衆と協議し、適時に党に対し大衆の意見および要望を反映し、大衆の正当な利益を擁護する。
⑧社会主義的新風紀を発揚し、共産主義の道徳を提唱し、国および人民の利益を護るために、あらゆる困難と緊急な時期に勇敢に立ち上がり、果敢に闘い、犠牲を恐れない。
享受する権利
①党の関連会議に参加し、党の関係する書類を閲覧し、党の教育と研修を受けることができる。
②党の会議および党の機関紙または雑誌において党の政策問題に関する議論に参加することができる。
③党の業務に対して建言および嘆願を提出することができる。
④党の会議で根拠をもとに党のあらゆる組織と個人に対し批判を行い、責任を持って党に対しあらゆる組織および個人が法に違反し、紀律を破壊する事実を摘発し、前記の党員を処分するように要請し、職務不適格の幹部職員を罷免または免職するように要請することができる。
⑤表決権、選挙権を行使し、被選挙権を有する。
⑥党の組織が党員に対し党紀処分を討議、決定し、または評定結論を作成する場合に、本人がそれに参加し、意見を申し立てることができる。他の党員が証人として弁護を加えることができる。
⑦党の決議および政策に異議を有するとき、それを断固として執行する前提条件下に保留を声明し、かつ本人の意見を党の上級組織ないし中央に提出することができる。
⑧党の上級組織ないし中央に対し請求、申立および告発を提起し、かつ関係する党組織に対し責任を持つ解答を要求することができる。

（出典：『中国共産党党規約』第３条、第４条より）

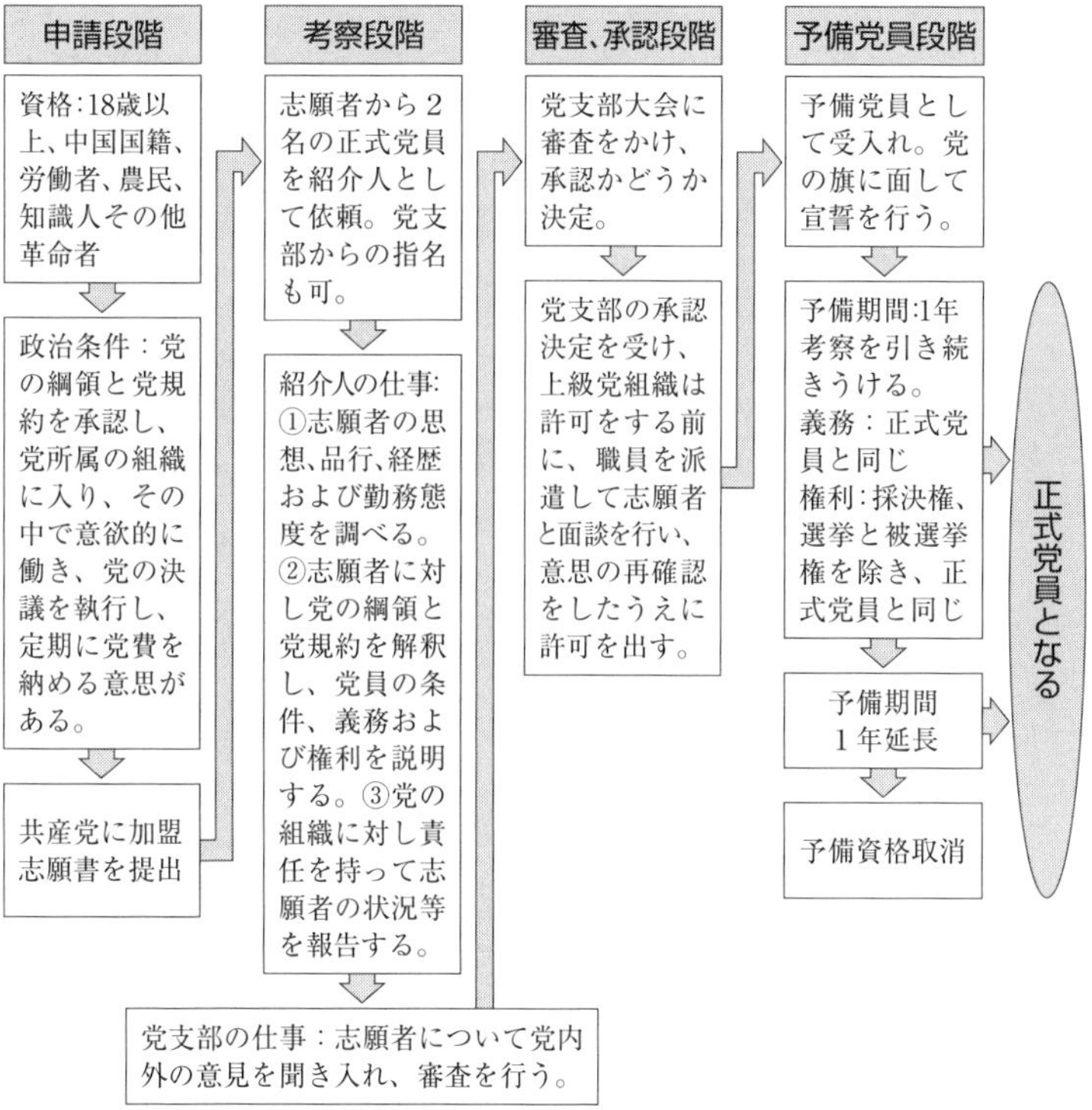
申請段階
考察段階
審査、承認段階
予備党員段階
資格:18歳以上、中国国籍、労働者、農民、知識人その他革命者
政治条件：党の綱領と党規約を承認し、党所属の組織に入り、その中で意欲的に働き、党の決議を執行し、定期に党費を納める意思がある。
共産党に加盟志願書を提出
志願者から２名の正式党員を紹介人として依頼。党支部からの指名も可。
紹介人の仕事:①志願者の思想、品行、経歴および勤務態度を調べる。②志願者に対し党の綱領と党規約を解釈し、党員の条件、義務および権利を説明する。③党の組織に対し責任を持って志願者の状況等を報告する。
党支部の仕事：志願者について党内外の意見を聞き入れ、審査を行う。
党支部大会に審査をかけ、承認かどうか決定。
党支部の承認決定を受け、上級党組織は許可をする前に、職員を派遣して志願者と面談を行い、意思の再確認をしたうえに許可を出す。
予備党員として受入れ。党の旗に面して宣誓を行う。
予備期間:1年考察を引き続きうける。
義務：正式党員と同じ
権利:採決権、選挙と被選挙権を除き、正式党員と同じ
予備期間1年延長
予備資格取消
正式党員となる

附図１　共産党に加入する手続の流れ

（出典：『中国共産党党規約』の内容をもとに筆者作成）

附表２　共産党所属の業務機関および行政機関における党の基層組織の構造

<table>
<tr><th>名称</th><th>党員の人数</th><th>設立方法</th><th>書記の任期</th><th>書記の選出および資格</th><th>職責</th><th>備考</th></tr>
<tr><td rowspan="2">基層委員会</td><td>100人以上</td><td rowspan="2">党員大会または党員代表大会による選挙</td><td rowspan="2">地級以上の場合は4年、県級の場合は3年</td><td rowspan="6">書記、副書記は選挙により、上級党組織に報告して承認を受ける。書記は行政機関の党員出身の責任者が兼任できると同時に、同級党員役員により担当可能。党員数が多く、所属機関が多い場合に、専任副書記を増設可。</td><td rowspan="6">①党の路線、方針、政策および党中央、上級組織と当該組織の決議に対する宣伝および執行。
②党員を組織して、政治理論、党の路線、方針、政策および科学、文化および業務に関する知識の学習に取り組む。
③党員に対する管理、党員が義務を履行するよう督促し、党員の権利が侵されないことを保障する。
④党員に対する監督を行い、党の紀律を遵守し、腐敗現象と闘う。
⑤党員の加盟勧誘を展開する。
⑥党組に協力して幹部の管理、考課、選抜の業務を行う。
⑧機関の組合、共青団、婦女連合会の業務を指導する。
⑨隷属関係に基づき、直属機関の党の業務を取り扱う。</td><td rowspan="5">専任書記、副書記の任期内の配置換えをする場合には上級機関の党組織の承認を必要とする。</td></tr>
<tr><td>100人以下の場合に上級の許可が必要</td></tr>
<tr><td rowspan="2">総支部委員会</td><td>50人以上</td><td rowspan="2">党員大会による選挙</td><td rowspan="2">3年</td></tr>
<tr><td>50人以下の場合に上級の許可が必要</td></tr>
<tr><td>支部委員会</td><td>7人以上</td><td rowspan="2">党員大会による選挙</td><td rowspan="2">2年</td></tr>
<tr><td>党支部</td><td>3人以上</td><td>書記1人、必要なとき副書記1人増配可</td></tr>
</table>

（出典：『中国共産党と国家機関における基層組織の業務条例』［1998年3月］の内容をもとに筆者作成）

附表3　農村における党の基層組織の構造

名称	党員の人数	設立方法	書記の選出および資格
党支部	3人以上	党員大会による選挙	ある程度の政策見識、組織力を有する。
総支部	50人以上		
基層委員会	100人以上		
党支部、総支部、基層委員会の職責			
①党の路線、方針、政策および上級組織と当該組織の決議に対する貫徹および執行。 ②村民委員会その他経済組織による決議が必要とされるものを除き、当該村の経済建設および社会発展中の重要問題の討議、決定。 ③村級の選挙、政策決定、管理および監督の民主化の推進を指導する。村民委員会その他の経済組織および共青団、民兵等大衆組織を指導し、これらの組織が法律および各自の定款に基づき職権を行使することを保障する。 ④党員の教育、管理および監督を行い、党員加盟の勧誘を展開する。 ⑤村、組の幹部および村営企業の管理職員に対する教育、管理および監督を行う。 ⑥村の精神文明、社会治安および計画出産の業務を取り扱う。			

注釈：3人以下の場合は隣村と連合党支部を設立可。50人以下の場合は村営企業で総支部を設立できるとき、承認が必要。村の党基層委員会は郷・鎮の党基層委員会と名称が同じだが、前者は後者の指導を受けなければならない。
（出典：『中国共産党の農村における基層組織の業務条例』［1999年2月］の内容をもとに筆者作成）

附表4　歴代政協全国委員会の概要

期次	時間	主席	構成団体数	委員の人数
第1期	1949～1954年	毛沢東	46	180
第2期	1954～1959年	周恩来	29	559
第3期	1959～1964年	周恩来	29	1,071
第4期	1964～1978年	周恩来	29	1,199
第5期	1978～1983年	鄧小平	29	1,988
第6期	1983～1988年	鄧穎超	31	2,039
第7期	1988～1993年	李先念	31	2,081
第8期	1993～1998年	李瑞環	34	2,093
第9期	1998～2003年	李瑞環	34	2,196
第10期	2003～2008年	賈慶林	34	2,238
第11期	2008～2013年	賈慶林	34	2,237
第12期	2013～	兪正声	34	2,237

（出典：http://www.cppcc.gov.cn/2011/11/23/ARTI1322013701379833.shtml による）

附表5　82年憲法に対する主な改正

時期	改正を受けた箇条	改正の主な内容
1988年4月	第11条、 第10条第4項	1．第11条に「法律に規定する範囲内の個人経済および私営経済等の非公有制経済は、社会主義市場経済の重要な構成部分である。国家は、個人経済、私営経済などの非公有制経済の合法的権利および利益を保護する。国は非公有制経済の発展を奨励、支持およびリードし、非公有制経済に対して法に基づいて監督および管理を行う」内容を増加する。2．第10条第4項に「いかなる組織または個人も、土地を不法に占有し、売買し、またはその他の形式により不法に譲り渡してはならない。土地の使用権は、法律の規定により譲り渡すことができる」と改正する。
1993年3月	前文第7自然段落、 前文第10自然段落、 第7条、 第8条第1項、 第15条、第16条、 第17条、 第42条第3項、 第98条	1．「社会主義初級段階」、「中国的特色を有する社会主義の建設」理論、「改革開放を堅持する」等を前文に書き込む。2．「社会主義市場経済」をもって「計画経済」に切り替わる。「国有経済」、「国有企業」をもって「国営経済」、「国営企業」に切り替わる。3．「農村人民公社」の文言を削除し、「家庭請負経営」に法的地位を与える。4．県レベルの人民代表大会の任期を3年から5年に改める。
1999年3月	前文第7自然段落、 第5条第1項、 第6条、 第8条第1項、 第11条、第28条	1．「鄧小平理論」を前文に盛り込む。「我が国は社会主義初級段階にある」を「我が国は、長期にわたり社会主義初級段階にある」と改正する。「社会主義市場経済を発展する」を増加する。2．「中華人民共和国は、法による治国を実行し、社会主義の法治国家を建設する」内容を増加する。3．「国家は社会主義初級段階において、公有制を主体とし、多種類の所有制経済がともに発展するという基本的経済制度を堅持し、労働に応じた分配を主体とし、多種類の分配方式が併存する分配制度を堅持する」と改正する。4．「農村集団経済組織は、家庭請負経営を基礎とし、統一と分散を結合させた二重経営体制を実施する」と改正する。5．「法律に規定する範囲内の個人経済および私営経済等の非公有制経済は、社会主義市場経済の重要な構成部分である」と改正する。6．「反革命活動」を「国家に対する反逆および国の安全に危害を及ぼす犯罪活動」に改正する。
2004年3月	前文第7自然段落、 前文第10自然段落、 第11条第2項、 第13条、第14条、 第33条、 第59条第1項、 第67条第20号、 第80条、第81条、 第89条第16号、 第98条、 第四章、 第136条	1．「三つの代表」を前文に盛り込む。2．「国家は人権を尊重し、保障する」を前文に盛り込む。3．「公民の合法的私有財産は侵されない」に改正する。4．土地の収用に対する補償の規定を増加する。5．「物質文明、政治文明および精神文明」を盛り込む。6．『義勇軍進行曲』を国歌として決める。7．「戒厳」を「緊急状態」に改正する。8．郷・鎮の人民代表大会の任期を3年から5年に改める。

（出典：『中華人民共和国憲法制定修改歴程』［2012-12-05］「新京報」http://ndnews.oeeee.com/html/201212/05/6703.html［アクセス：2013/10/22］をもとに筆者作成）

附表6　裁判所所属の各研修機関が分担する研修の項目

研修機関名称	研修を担当する項目	研修費用の負担
国家裁判官学院	①就任予定裁判官研修。 ②高級、中級人民法院の院長、副院長および基層人民法院の院長に初めて任命された裁判官の任職研修。 ③高級裁判官に昇進した裁判官の昇進研修。 ④最高人民法院の裁判官の続職研修。 ⑤地方各級人民法院の高級裁判官に対する続職研修。 ⑥地方裁判官研修機構の教員に対する研修。 ⑦最高人民法院が指定するその他の研修。	各級人民法院に裁判官の教育研修費用を単独に設け、その比例は同時期裁判所の業務経費の3％を下回ってはならず、研修者は研修機関に研修費用を納付する。
国家裁判官学院分院、省級裁判官学院その他の裁判官研修機関	①基層人民法院副院長に初めて任命された裁判官の任職研修。 ②地方各級人民法院所属の1級以下の裁判官に対する続職研修。 ③高級人民法院により指定されたその他の研修。 ④最高人民法院の委嘱を受けた研修。	
地（市）級裁判官研修機構	高級人民法院の授権を受けた研修。	

（出典：『裁判官研修条例』の内容をもとに筆者作成）

附表7　裁判官の等級の昇級または降級の手続

昇級の手続	降級の手続
①5級から3級の裁判官は1級上に昇進するには3年、3級から1級への昇進はそれぞれ4年が必要とされる。昇進期限が満了した場合に昇進が評定されるが、考課で職務適格に評定される必要がある。	①下級の職務に降級した場合に、その等級が新任職務の定員等級の最高等級より高いとき、新任職務の定員等級の最高等級に降級する。
②1級以上の裁判官への昇進は選任による。	②法規違反行為のある裁判官は規定に基づきその等級を降級することができる。
③高級裁判官に昇進するには専門研修に合格する必要がある。	③等級の降級は一度に1級しか降級しない。5級法官は等級の降級を適用しない。
④裁判官は職務の昇格によりその等級が新任職務の定員等級より低い場合に、新任職務の定員等級の最低等級に昇進しなければならない。	④等級が降級された場合に、等級の昇級期限は降級後の等級に応じて再計算する。
⑤考課で職務不適格に評定された場合に、昇進は延期される。昇進基準の項目が特に優秀である場合には、前倒しで昇進を受けることができる。ただし、等級の前倒しの昇進は最高人民法院の許可を必要とする。	⑤裁判官の職務が免除された場合に、裁判官の等級が取り消さなければならない。

（出典：『裁判官等級暫定規定』の内容をもとに筆者作成）

附表８　検察官が表彰を受けるべき事績、処罰を受けるべき行為

表彰を受ける事績
1．検察活動において公正に法律を執行し、成績が顕著である場合。 2．検察に関する建言または検察業務に関する建言が取り入れられ、効果が顕著である場合。 3．国、集団および人民の利益を守り、重大な損害を受けるのを免れさせ、事績が優れる場合。 4．違法犯罪の行為と勇敢に闘い、事績が優れる場合。 5．国の秘密および検察業務上の秘密を守り、業績が顕著である場合。 6．その他の功績がある場合。
処罰を受ける行為
1．国の名誉を損なう言論を散布し、不法組織に参加し、反国家を旨とする集会、デモ等の活動に参加し、ストライキに参加した場合。 2．横領および収賄。 3．私に殉じて法を曲げる行為。 4．拷問による自白強要の行為。 5．証拠を隠蔽または偽造する行為。 6．国の秘密または検察業務上の秘密を漏洩する行為。 7．職権を濫用して国民、法人その他の組織の適法権益を侵害する行為。 8．職務懈怠をして事件の誤りをもたらし、または当事者に重大な損害を与えた行為。 9．故意に事件の捜査を遅延して、業務を遅滞する行為。 10．職権を利用して自己または他人のために私利を謀る行為。 11．営利的な経営活動に従事する行為。 12．密かに当事者およびその代理人に会見し、当事者およびその代理人から接待、贈物を受け取る行為。

（出典：『中国検察官法』第 30 条、第 33 条の内容をもとに筆者作成）

附表9　裁判官、検察官、警察官等に対する中央政法委員会の禁止令（2003年3月）

1. 裁判官、検察官、警察官などが当事者から接待を受け、金銭を受け取ることを絶対に禁止すること。
2. 告発をし、または救済を要望する国民に対し冷淡、強直、野蛮、責任の押し付け合いといった官僚的な態度を絶対に禁止すること。
3. 裁判官、検察官、警察官などが殴打、罵詈、拷問による自白の強要などの不法行為を絶対に禁止すること。
4. 裁判官、検察官、警察官などが娯楽の施設の経営またはそれに対する保護の提供を絶対に禁止すること。

（出典：http://blog.sina.com.cn/s/blog_65019d750101ctwh.htmlより）

附表10　裁判官に対する最高人民法院の禁止令（2009年1月）

1. 事件当事者および関係者からの接待および贈答品を受けることを厳禁すること。
2. 規定に反し弁護士との不適切な付き合いを厳禁すること。
3. 他人が担当する事件に対する問合せを厳禁すること。
4. 委嘱を受けた価格の評定、競売等の活動において私情に殉じて不正行為を厳禁すること。
5. 裁判業務上の秘密の漏洩を厳禁すること。

（出典：http://blog.sina.com.cn/s/blog_65019d750101ctwh.htmlより）

附表11　弁護士が委託業務の引き受けができない事由と主体的に回避を申し出るべき事由

委託業務の引き受けができない事由
①弁護士が同一事件において双方の当事者のために代理人を務め、または本人もしくは近親者と利益相反を有する法律事務を代理するとき。 ②弁護士が訴訟または非訴訟事務を取り扱い、その近親者が相手方当事者の法定代表または代理人であるとき。 ③特定の事項または事件を過去に自ら処理し、または審理したことがある行政機関の職員、裁判官、検察官、仲裁員が弁護士になった後に当該事項または事件を取り扱うとき。 ④同一事務所所属の他の弁護士が同一の刑事事件の被害者の代理人および被疑者または被告人の弁護人を務めるとき。ただし、当該県域内に弁護士事務所が1か所しかなく、事前に当事者の承認を受けた場合は除く。 ⑤民事訴訟、行政訴訟または仲裁事件において同一事務所所属の他の弁護士が紛争当事者双方の代理人を務め、または当該事務所もしくはその従業員が一方の当事者であり、当該事務所所属の他の弁護士が相手方当事者の代理人を務めるとき。 ⑥非訴訟業務において各当事者が共同で委託する場合を除き、同一事務所の弁護士が同時に相互利害関係を有する各当事者の代理人を務めるとき。 ⑦委託関係が終了したのち、同一の事務所または同一の弁護士が同一事件の後続審理または処理において相手方当事者の委託を受けるとき。
主体的に回避を申し出るべき事由
①民事訴訟または仲裁事件の一方の当事者の委託を受け、かつ同一事務所所属の他の弁護士が当該事件の相手方当事者の近親者であるとき。 ②刑事事件の被疑者または被告人の弁護人を務め、かつ同一事務所所属の他の弁護士が当該事件の被害者の近親者であるとき。 ③同一事務所が代理している訴訟事件または非訴訟事件の当事者の相手方当事者が委託する他の法律事務を受けるとき。 ④事務所と委託者との間に法律サービス関係が存在し、特定の訴訟または仲裁事件において、当該事務所の弁護士が当該委託者の相手方当事者の代理人を務めるとき。 ⑤委託関係が終了した後1年以内に、弁護士が同一法律事務について原委託者と利害関係を有する相手方当事者の委託を受けるとき。 ⑥上記各号の事由に相似し、かつ弁護士業務の経験および常識により判断することができるその他の事由があるとき。 ただし、主体的に回避を申し出たにもかかわらず、委託者がその代理の継続を認めた場合を除く。

（出典：『弁護士業務取扱行為規範』第50条、第51条より）

附表 12　弁護士の行政責任を追及される事由

1. 弁護士法第 47 条に基づき処罰を科する事由
①同時に2つ以上の弁護士事務所で業務を取り扱う行為。 ②不正な手段により業務を引き受ける行為。 ③同一事件の中で同時に当事者双方の代理人を務め、または本人およびその近親者と利益の相反を有する法律事務を代理する行為。 ④人民法院または人民検察院を離任した後２年以内に訴訟代理人または弁護人を務める行為。 ⑤法律援助義務の履行を拒絶する行為。
2. 弁護士法第 48 条に基づき処罰を科する事由
①ひそかに委託を受け、または費用を収納し、委託者の財物その他の利益を受ける行為。 ②委託を受けた後に、正当な理由無しに弁護または代理を拒絶し、時間通りに訴訟または仲裁に出廷しない行為。 ③法律サービス提供の便宜を利用して当事者が係争する権益を取得する行為。 ④当事者のビジネス秘密またはプライバシーを漏洩する行為。
3. 弁護士法第 49 条に基づき処罰を科する事由
①規定に違反して裁判官、検察官、仲裁員その他の関係する職員と会見し、またはその他の不正な方式により法に基づき事件を取り扱うことに影響を及ぼす行為。 ②裁判官、検察官、仲裁員その他の関係する職員に対し贈賄し、賄賂を斡旋し、または当事者に対し贈賄するよう教唆もしくは誘導する行為。 ③司法行政機関に虚偽の資料を提供し、またはその他の虚偽を弄する行為。 ④故意に虚偽の証拠を提供させ、相手方当事者が適法な証拠取得を妨害する行為。 ⑤相手方当事者の財物その他の利益を受け、相手方当事者または第三者と悪意に通謀し、委託者の権益を侵害する行為。 ⑥法定または仲裁廷の秩序を乱し、訴訟または仲裁活動の正常な進行に干渉を加える行為。 ⑦当事者に対し公共秩序の破壊をするよう扇動・教唆し、または公共安全に危害を及ぼす等の不法な手段を講じて紛争を解決する行為。 ⑧国の安全に危害を及ぼし、悪意により他人を誹謗し、または法廷の秩序を厳重に乱す言論を発表する行為。 ⑨国の秘密を漏洩する行為。

（出典:『中国弁護士法』［2012 年修正］第 47 条、第 48 条、第 49 条より）

附表 13a　公務員等の職名と等級との対応表

職 名	対応の等級	その他の代表的な職務
国務院総理	1級	中共中央総書記、国家主席、中央軍事委員会主席、全人代常務委員会委員長、全国政治協商委員会主席、中共中央政治局常務委員会委員。
国務院副総理、国務委員	2～3級	国家副主席、中央軍事委員会副主席、中共中央政治局委員、中央紀律検査委員会書記、中央書記処書記、全国政治協商委員会副主席、全人代常務委員会副委員長、最高人民法院院長、最高人民検察院検察長。
省、部級正職	3～4級	省級行政区の省委書記、省長、市長、自治区主席、省政治協商委員会主席、省人大常委会主任、国家各部の部長および一部特定の副職、中共中央紀律検査委員会副書記、中共中央、全国人大常委会、全国政協の直属の部・委・室および事業体の（党組）正職の責任者（一部特定の副職を含む）、各人民団体（党組）の正職の責任者、国家正部級企業の正職責任者。
省、部級副職	4～5級	中共中央紀律検査委員会常務委員、中共中央、全人代常務委員会、国務院、全国政協の直属部・委・行・署・室および事業体の副職責任者（党組構成員）、副部級機関の（党組）正職（たとえば国家文物総局局長）、各人民団体（党組）の副職、各省・自治区・直轄市の党委副書記、常務委員、人代・政府・政協の副職責任者（たとえば安徽省副省長、重慶市副市長）、省紀律検査委員会書記、副省級都市の党委・人代・政府・政協の正職責任者（たとえば南京市市長）、国家正部級企業の副職責任者、国家副部級企業の正職責任者、副部級大学の党書記および学長。
司、庁、局級正職、巡視員	5～7級	中共中央、全人代常務委員会、国務院、全国政協直属の部・委・行・署・室および事業体に付属する司・局・室の正職（たとえば外交部新聞司司長など）、中共中央、全人代常務委員会、国務院、全国政協所属の副部級機関（党組）の副職、各省、自治区、直轄市党委員会、人代、政府、政協の直属機関および事業体の正職（たとえば江西省財政局局長など）、副省級都市の党委員会の副書記、常務委員、人代、政府、政協の副職責任者（たとえば寧波市副市長）、規律委員会の副書記、各地市（区を設ける市）の党委員会・人代・政府・政協の正職、国有副部級企業の副職および正庁級企業の正職責任者、省属の大学の党書記および学長。
司、庁、局級副職、副巡視員	6～8級	中共中央、全人代常務委員会、国務院、全国政協直属の部・委・行・署・室および事業体に付属する司・局・室の副職（たとえば外交部新聞司副司長など）、各省、自治区、直轄市党委員会、人代、政府、政協の直属機関および事業体の副職（たとえば江西省財政局副局長など）、副庁級正職（たとえば南京市教育局局長、江寧区区長）、副省級都市の党委員会、人代、政府、政協の直属機関の正職、地市（区を設ける市）の党委員会・人代・政府・政協の副職、規律委員会書記、国有副庁級企業の正職および正庁級企業の副職責任者、省属大学の副党書記および副学長、短大の党書記および学長。

附表 13b　公務員等の職名と等級との対応表

職名	対応の等級	その他の代表的な職務
県、処級正職、調研員	7～10級	中共中央、全人代常務委員会、国務院、全国政協直属の部・委・行・署・室および事業体に付属する処・室の正職、各省、自治区、直轄市党委員会、人代、政府、政協の直属機関および事業体に付属する処・室の正職（たとえば広東省科技庁農村科技処処長）、副省級都市の党委員会、人代、政府、政協の直属機関の副職、地市（区を設ける市）の党委員会・人代・政府・政協に付属する機関の正職（たとえば揚州市労働局局長）、各県市党委、人代、政府、政協の正職（たとえば上高県県長）、国有正県級企業の正職、省属大学の学院院長、処・室の責任者、重点中学校の党書記および校長。
県、処級副職、助理調研員	8～11級	中共中央、全人代常務委員会、国務院、全国政協直属の部・委・行・署・室および事業体に付属する処・室の副職、各省、自治区、直轄市党委員会、人代、政府、政協の直属機関および事業体に付属する処・室の副職、地市（区を設ける市）の党委員会・人代・政府・政協に付属する機関の正職（たとえば揚州市労働局局長）、各県市党委、人代、政府、政協の副職および副処級機関の副職（たとえば、南京市科技局科技成果処処長、玄武区衛生局局長）、各県市党委員会・人代・政府・政協の副職（たとえば昆山市副市長）、規律委員会書記、国有正県級企業の副職、副県級企業の正職、市属中学の党書記、校長。
郷、科級正職、主任科員	9～12級	各県市党委員会・人代・政府・政協所属機関の内設科・室の正職、各県市党委員会・人代・政府・政協に付属する機関の正職、各郷・鎮党委員会、政府の正職、国有正科級企業の正職、県属重点中学校の党書記、校長。
郷、科級副職、副主任科員	9～13級	（区を設ける市）の党委員会・人代・政府・政協所属機関内設の科・室の副職、各県市党委員会・人代・政府・政協に付属する機関の副職、各郷・鎮党委員会、政府の副職、国有正科級企業の副職。
科員	9～14級	
弁事員	10～15級	

なお、その他の職務の中にある国有企業および大学、高校、中学校等の職務は公務員範囲内にないが、任用上では公務員の等級に応じて行われている。

（出典：「党建網」http://www.dangjian.cn/syjj/mtjj/201202/t20120223_518141_4.shtml の内容をもとに筆者作成）

参考文献（刊行時間順）

マルクス＝レーニン主義研究所、レーニン全集刊行委員会訳『レーニン全集』第25巻、第27巻、大月書店、1961年7月

大内兵衛、細川嘉六監訳『マルクス＝エンゲルス全集』第17巻、大月書店、1966年8月

毛沢東『毛沢東選集』人民出版社、1991年6月

蔡定剣『中国人大制度』社会科学文献出版社、1992年

天児慧『中国――変容する社会主義大国』東京大学出版会、1992年10月

程栄斌『検察制度基礎理論』中国検察出版社、1992年10月

宮沢俊義編『世界憲法集』岩波文庫、1993年

宋汝棼『参加立法工作瑣記』中国法制出版社、1994年3月

鈴木敬夫編訳『中国の死刑制度と労働改造』成文堂、1994年8月

袁瑞良『人民代表大会制度形成発展史』人民出版社、1994年9月

中共中央文献編輯委員会編『鄧小平文選』（第二版）人民出版社、1994年10月

中華人民共和国外交部、中共中央文献研究室編『毛沢東外交文選』中央文献出版社、世界知識出版社、1994年12月

全国人大常委会法制工作委員会、国務院法制局研究室編『中華人民共和国法律集註　新編』中国法制出版社、

１９９５年9月
胡錦光、韓大元『中国憲法の理論と実践』成文堂、１９９６年11月
唐亮『現代中国の党政関係』慶應義塾大学出版会、１９９７年3月
徐家力『中華民国律師制度史』中国政法大学出版社、１９９８年
土屋英雄編著『中国の人権と法』明石書店、１９９８年4月
熊先覚『中国司法制度新論』中国法制出版社、１９９９年
厳軍興、羅力彦『律師責任与賠償』法律出版社、１９９９年
馬懐徳主編『中国立法体制、程序与監督』中国法制出版社、１９９９年
季衛東『超近代の法——中国法秩序の深層構造』ミネルヴァ書房、１９９９年3月
汪兆騫主編『中国当代監獄紀実』中国文聯出版公司、１９９９年4月
王平『中国監獄改革及其現代化』中国方正出版社、１９９９年7月
信春鷹、李林主編『依法治国与司法改革』中国法制出版社、１９９９年9月
殷嘯虎『新中国憲政之路』上海交通大学出版社、２０００年
通山昭治『現代中国司法「制度」史研究——一九五七年～一九五九年』明石書店、２０００年
周旺生主編『立法研究』第1巻、法律出版社、２０００年6月
譚世貴主編『中国司法改革研究』法律出版社、２０００年12月
陳業宏、唐鳴『中外司法制度比較』商務印書館、２００１年
李本森『中国律師業発展問題研究』吉林人民出版社、２００１年
王徳瑛主編『決不允許腐敗分子有蔵身之地』中国方正出版社、２００１年
中央弁公庁法規室他編『中国共産党党内法規選編』（１９９６～２０００）法律出版社、２００１年
王利明『司法改革研究』法律出版社、２００１年1月
蔡定剣、王晨光主編『人民代表大会20年発展与改革』中国検察出版社、２００１年2月

王利栄『行刑法律機能研究』法律出版社、2001年8月
黄学有『人大工作実務』中国民主法制出版社、2001年11月
夏宗素『労働教養制度改革問題研究』法律出版社、2001年12月
郭成偉、宋英輝主編『当代司法体制研究』中国政法大学出版社、2002年
王盼、程政挙『裁判独立与司法公正』中国人民公安大学出版社、2002年
曾憲義、小口彦太編『中国の政治』早稲田大学出版部、2002年
王盼、程政挙他著『裁判独立与司法公正』中国人民公安大学出版社、2002年1月
張建偉『刑事司法体制原理』中国人民公安大学出版社、2002年3月
孫晶岩『中国女子監獄調査手記』作家出版社、2002年4月
戚淵『論立法権』中国法制出版社、2002年6月
孫晶岩『重綻芬芳——中国女子監獄紀実』解放軍出版社、2002年（『人民日報・海外版』2002年7月22日からの連載）
羅昌平『検察改革理論与実務』上海社会科学院出版社、2002年8月
小林弘二『ポスト社会主義の中国政治——構造と変容』東信堂、2002年12月
秦永敏『中国労教制度内幕——我在武漢何湾労教農場』香港民主大学、2003年
王雲海『中国社会と腐敗』日本評論社、2003年3月
木間正道、鈴木賢、高見沢磨『現代中国法入門』（第三版）、有斐閣、2003年3月
西村幸次郎『現代中国法』成文堂、2003年10月
周国均『中国弁護士制度と弁護士実務』成文堂、2004年7月
北京市人民検察院公訴処編『検察機関公訴人』中国検察出版社、2004年7月
伊中卿主編『人大研究文萃』（全六巻）中国法制出版社、2004年8月
張柏峰『中国的司法制度』（第三版）法律出版社、2004年10月

孫謙、鄭良成『司法改革報告・中国的検察院、法院改革』法律出版社、2004年10月
張柏峰『中国的司法制度』(第三版)法律出版社、2004年10月
彭東、張寒玉『検察機関不起訴工作実務』中国検察出版社、2005年3月
李鵬『立法與監督――李鵬人大日記』新華出版社、2006年1月
加茂具樹『現代中国政治と人民代表大会』慶應義塾大学出版会、2006年3月
国分良成編『中国の統治能力』慶應義塾大学出版会、2006年9月
張善燚『中国律師制度専題研究』湖南人民出版社、2007年
甄貞他著『21世紀的中国検察制度研究』法律出版社、2008年12月
金一南『苦難輝煌』華芸出版社、2009年
李軍、薛少峰、韓紅俊『中国司法制度』中国政法大学出版社、2009年9月
孫謙主編『人民検察制度的歴史変遷』中国検察出版社、2009年9月
于卓『双規』電子工業出版社、2010年5月
諏訪春雄編『アジアのなかの日本官僚――歴史と現在』勉誠出版、2011年
汪豆豆『挙報貪官』香港明鏡出版社、2011年
中共中央党史研究室著『中国共産党歴史』(1949~1978)中国党史出版社、2011年
深圳大学当代中国政治研究所編『当代中国政治研究報告(第9集)』社会科学文献出版社、2012年
呉宗憲『監獄学導論』法律出版社、2012年5月
毛里和子『現代中国政治』(新版)名古屋大学出版会、2012年5月
中華全国弁護士協会『中国律師行業社会責任報告』2013年
武藤博己、申龍徹編著『東アジアの公務員制度』法政大学出版局、2013年
呉鵬森、章友徳主編『城市犯罪与基層治理』社会科学文献出版社、2013年7月
呉鵬森、章友徳主編『城市化、犯罪与社会管理』社会科学文献出版社、2013年7月

北川秀樹、石塚迅他編『現代中国法の発展と変容』成文堂、2013年7月
中共中央文献研究室編『17大以来重要文献選編』中央文献出版社、2013年7月
劉方『新中国検察制度史概略』法律出版社、2013年8月
中共中央文献研究室編『毛沢東年譜』（1893〜1949）修訂本、中央文献出版社、2013年12月
中共中央文献研究室編『毛沢東年譜』（1949〜1976）中央文献出版社、2013年12月
法務大臣官房司法法制調査部職員監修、中国総合研究所編集委員会編『現行中華人民共和国六法』（加除版）ぎょうせい
『中国統計年鑑』
『中国法律年鑑』

本文中引用および参照元URL

1 http://news.sina.com.cn/c/2013-06-30/150627537053.shtml および http://blog.sina.com.cn/s/blog_4efe65c30102egud.html（アクセス :2014/03/24）

2 http://news.ifeng.com/exclusive/scholar/detail_2013_11/11/31130690_0.shtml（アクセス :2013/11/15）

3 「党指揮槍、従勝利走向勝利的根本保証――献給中国共産党成立90周年」2011年6月25日 http://cpc.people.com.cn/90nian/GB/224207/14994232.html（アクセス :2014/03/22）

4 http://www.gov.cn/2012lh/content_2092003.htm（アクセス :2014/03/06）

5 http://article.chinalawinfo.com/Article_Detail.asp?ArticleID=23175 北大法律網・法学在線（アクセス :2014/03/07）

6 http://www.voachinese.com/content/article-20111001-independent-candidates-130905368/788501.html（アクセス :2014/03/07）

7 http://news.ifeng.com/opinion/wangping/weibozhibo/（アクセス :2014/03/05）

8 http://news.ifeng.com/shendu/dycjrb/detail_2014_01/02/32662467_0.shtml（アクセス :2014/03/05）

9 中国法学網　http://www.iolaw.org.cn/showNews.asp?id=13071（アクセス :2014/02/25）

10 中国法律文化網　http://www.law-culture.com/showNews.asp?id=4362（アクセス :2014/03/09）

11 新華網　http://news.xinhuanet.com/politics/2013-11/15/c_118164235.htm（アクセス :2013/11/15）

12 最高人民法院ホームページ　http://www.court.gov.cn/jgsz/rmfyjj/（アクセス :2013/06/14）

13 http://www.etest8.com/gwyuan/sichuan/jieshao/696317.html（アクセス :2014/03/02）

14 中国法院網　http://www.chinacourt.org/article/detail/2014/01/id/1206210.shtml（アクセス :2014/03/04）

15 法律図書館　http://www.law-lib.com/law/law_view.asp?id=336404（アクセス :2014/02/21）

16 法律図書館　http://www.law-lib.com/law/law_view.asp?id=405703（アクセス :2014/02/21）

17 中国法学網　http://www.iolaw.org.cn/showNews.asp?id=13071（アクセス :2014/02/25）

18 法律図書館　http://www.law-lib.com/law/law_view.asp?id=299379（アクセス :2014/02/21）

19 法律図書館　http://www.law-lib.com/law/law_view.asp?id=316979（アクセス :2014/02/21）

20 http://news.sohu.com/s2013/weixianzhiwei/　Sohu Nwes（アクセス :2014/03/13）

21 鳳凰網　http://news.ifeng.com/mainland/special/faguanjitizhaoji/content-4/detail_2013_08/05/28269835_0.shtml（アクセス：2014/03/05）

22 http://lianghui.people.com.cn/2014npc/n/2014/0310/c382480-24592011.html（アクセス :2014/03/13）

23 http://www.law66.net/ShowArticle.shtml?ID=20097611201111379.htm（アクセス :2013/12/15）

24 http://txrp.fyfz.cn/b/61408（アクセス :2013/12/16）

25 http://m.s1979.com/detail.jsp?did=1118004（アクセス :2014/01/11）

26 http://www.lawyerkp.com/120/html/?54.html（アクセス :2014/02/11）
27 中国警察網　http://www.cpd.com.cn/n2689562/n2698300/c397240/content.html（アクセス :2014/01/14）
28 http://news.163.com/05/1205/15/247HIRKV0001124T.html（アクセス :2014/02/16）
29 新華網　http://news.xinhuanet.com/legal/2013-07/08/c_124973261.htm（アクセス :2014/01/14）
30 http://www.henanpeace.org.cn/Article/pajszt/zfcz/201401/376171.html（アクセス :2014/02/18）
31 http://ja.wikipedia.org/wiki　官僚（アクセス :2012/11/06）
32 http://news.searchina.ne.jp/disp.cgi?y=2011&d=0610&f=column_0610_007.shtml（アクセス :2014/02/28）
33 www.backchina.com（アクセス :2010/11/13）
34 人民網《人民論壇》 http://world.people.com.cn/GB/157578/9685977.html（アクセス :2009/07/20）
35 网易論壇　http://bbs.local.163.com/bbs/localgx/258976831.html（アクセス :2012/10/30）
36 infzm.com http://www.infzm.com/content/82149（アクセス :2012/11/02）
37 求是理論网　http://www.qstheory.cn/dj/djyj/201210/t20121022_187933.htm（アクセス :2012/10/31）
38 17大以来全国巡視工作綜述　http://cpc.people.com.cn/n/2012/1022/c64387-19343104.html（アクセス :2012/12/05）
39 http://forum.dwnews.com/threadshow.php?tid=1146074（アクセス :2014/02/21）
40 李永忠「向法制社会過渡的権宜之策――正確認識『両規』、『両指』」（法制社会への過渡的な便宜策――『双規』『両指』への正しい認識）中央党校編集『中国党政幹部論壇（電子雑誌）』２００３年第９期　http://www.dzlt.com/200309ZZDJSYJ/2012/28/1228205227H8FD6HB6JJ0G08HI2GDG.html　公表時間：12-02-08（アクセス :2012/12/06）
41 中国共産党新聞網　http://cpc.people.com.cn/GB/33838/2539632.html（アクセス :2012/12/08）
42 人民網　http://politics.people.com.cn/GB/1026/9809170.html（アクセス :2012/10/12）
43 http://www.dzlt.com/200309ZZDJSYJ/2012/28/1228205227H8FD6HB6JJ0G08HI2GDG.html（アクセス :2012/12/06）
44 「中紀委監察部挙行新聞友布会通報去年反腐倡廉工作成效」 http://jcj.ndrc.gov.cn/lzrd/200702/t20070214_117043.

html（アクセス :2012/12/06）
45 http://www.cqvip.com/QK/80057X/200501/11450529.html（アクセス :2012/12/10）
46 http://www.whylaw.com/html/2306-1.html（アクセス :2012/12/10）

ナ行

タ行

サ行

索引

【著者紹介】
熊達雲（ゆう　たつうん / Xiong Dayun）
山梨学院大学法学部教授（中国法、中国政治等を担当）。1953 年、中国江西省高安市生まれ。上海外国語学院卒。中国社会科学院研究生院（大学院）にて法学修士号取得。1990 年に来日。早稲田大学政治学研究科博士号（政治学）取得。東京大学文学部外国人研究員、山梨学院大学法学部助教授を経て 1999 年より現職。主な著書に『近代中国官民の日本視察』（成文堂、1988 年）、『現代中国の法制と法治』（明石書店、2004 年）、『東アジアの公務員制度』（共同執筆、法政大学出版局、2013 年）など。

法制度からみる現代中国の統治機構
——その支配の実態と課題

2014 年 6 月 10 日　初版第 1 刷発行
2019 年 3 月 31 日　初版第 2 刷発行

著　者　　熊　達　雲
発行者　　大江　道雅
発行所　　株式会社　明石書店
〒 101–0021 東京都千代田区外神田 6-9-5
電話 03（5818）1171
FAX 03（5818）1174
振替　00100-7-24505
http://www.akashi.co.jp/
装丁　明石書店デザイン室
印刷　株式会社文化カラー印刷
製本　協栄製本株式会社

（定価はカバーに表示してあります）　ISBN978-4-7503-4021-0